유아교사론

Early Childhood
Teacher Education

신은수 · 유흥옥 · 안부금 · 안경숙 · 김은정 · 유영의 · 김소향 공저

학지사

머/리/말

유아교육에서 교사의 역할은 매우 중요하다. 영유아기 뇌 발달의 중요성이 과학적으로 증명되기 시작하면서 전 생애에 필요한 모든 능력의 기초가 형성되는 영유아기 환경의 중요성은 더욱 강조되고 있다. 유아교육기관을 이용하는 연령이 하향화되고 초등학교와의 연계성이 강화되면서 유아교사에게 요구되는 역할은 양적으로 늘어나고, 전문적 능력은 질적으로 강화되고 있다. 특히, 최근에는 OECD 교육 선진국을 중심으로 유아교육과정의 질적 수준과 교사의 전문성이 더욱 강화되고 있다. 한마디로 표현하자면, 세계적으로 점점 전문적 역량이 높은 유아교사를 요구하고 있는 추세다.

저자들은 유아교육을 전공하고, 대학에서 유아교사를 양성하면서 교사의 전문성이란 무엇인가에 대한 고민을 자주 하게 되었다. 유아교육기관이 유치원과 어린이집으로 이원화되어 있는 우리나라의 유아교육 현장에서는 유치원과 어린이집 모두 공립기관 및 사립기관의 교사에 대한 직무 역할의 전문적 개념 설정에 어려움이 있는 것이 현실이다. 특히, 유치원 교사와 보육교사의 전문성과 사회적 대우, 유아반과 영아반에 요구되는 교사의 역할과 전문성, 교사 · 원장 · 교육행정가 간의 관계, 교사의 현실적 보수 및 복지 문제 등에 대해 고민하며, 또한 어떻게 하면 좋은 교사를 유치하여 전문성을 높이고, 그러한 교사를 오랫동안 현장에 머물게 할 수 있을지에 대한 많은 대화와 토의를 하게 되었다.

3~5세 누리과정을 도입하는 올해를 기점으로 유아교육과정의 운영과 교사의 전문성 강화 등 유아교육제도에 새로운 변화를 겪게 될 것이다. 쉽지는 않겠지만, OECD 교육 선진국의 수준으로 유아교육제도와 교사양성제도를 개혁하여 질적으로 우수한 유아교육제도를 만들고, 좋은 교사를 유아교육 현장에 오랫

동안 머물게 해야 할 과제가 남아 있다.

이 책은 전체 4부, 총 10장으로 구성되어 있다. 제1부에서는 '유아교사의 자격과 역할'을 유아교사의 자격, 자질 및 역할을 중심으로 살펴보았고, 제2부에서는 '유아교사의 전문성'을 전문성에 대한 관점과 전문성 증진 방법, 교사의 권리와 의무, 교직윤리, 교사의 발달단계와 효능감을 중심으로 설명하였다. 제3부에서는 '유아교사의 직전교육과 현직교육'을 교사의 양성 과정, 교육실습, 직전교육과 현직교육 및 장학을 중심으로 살펴보았다. 마지막으로 제4부에서는 '유아교사 교육의 역사와 현대적 경향'을 우리나라의 유아교사 교육의 역사적 배경과 특징을 살펴본 후, 주요 교육 선진국인 미국, 영국, 프랑스, 일본, 스웨덴 및 싱가포르를 중심으로 변화되는 유아교사 양성제도를 살펴보았고, 마지막으로 현재 유아교사 교육의 정책적 쟁점을 중심으로 발전 방향을 제시하였다.

저자들은 이 책을 통하여 유아교사 교육에 대한 최근 이론과 연구뿐만 아니라, 유아교육 현장에서 요구하는 교사의 전문적인 역할과 발전 방안 등에 대하여 적절하게 제시하려고 노력하였다. 유아교사의 양성, 현직교육, 자격 체계에 대한 급진적인 변화가 절실히 요구되는 현실에서 글로 표현할 수 없는 아쉬운 부분이 많다. 이 부분들은 계속해서 변화되는 교사교육 정책의 모습을 첨가하며 보완해 갈 것을 약속하며, 더불어 독자 여러분의 많은 관심과 조언을 부탁한다.

끝으로 이 책이 출간될 수 있도록 도움을 주신 학지사 관계자 분들께 감사 드린다.

2013년 8월

저자 일동

차/례

유아교사론

제4부 유아교사 교육의 역사와 현대적 경향

제 1 부

유아교사의 자격과 역할

제1장

유아교사의 자격과 자질

1. 유아교사의 자격

현재 우리나라에서 유아교육을 담당하는 교사는 유치원 교사와 보육교사로 나뉜다. 유치원 교사의 자격은 교육부가 관할 · 운영하고 있으며, 보육교사의 자격은 보건복지부에서 인정 · 관리하고 있다.

우리나라에서 유아교사는 유치원 교사와 보육교사를 통칭하는 용어로 쓰이고 있다. 그러나 기준에 따르면, 유치원 교사는 학교에서 유아를 교육하는 교원에 속하는 반면, 보육교사는 보육시설에서 유아를 보육하는 시설 종사자로 분류된다.

1) 유치원 교사

(1) 자격 체계

유치원 교사의 자격 체계를 이해하기 위해서는 자격, 자격 기준 및 자격 부여에 대한 개념 정립이 필요하다. 먼저 자격이란, 어떤 임무를 맡거나 일을 하는 데 필요한 조건을 뜻하고, 한 개인이 이러한 조건을 갖추고 있음을 보여 주는 공식적인 인정의 증서가 자격증이라고 할 수 있다.

자격 기준은 전문직이나 기능직 분야에서 직무 수행에 필요한 자질을 제도적으로 규정한 것으로, 유치원 교사의 자격 기준이란 교직 분야 중 유치원 교육을 위한 직무 수행에 필요한 자질, 즉 만 3~6세 유아의 전인적 성장과 발달을 책임질 수 있는 전문적 능력을 인정하는 기준이다(신은수, 박은혜, 김희진, 이지현, 2010).

자격 부여는 직업의 전문성을 확보하기 위해 교육적 훈련을 통해 습득한 전문적 태도, 지식 및 기술을 사회적으로 인정받는 필수적인 단계다. 우리나라의 유아교사에 대한 자격 부여는 무시험 검정 방식으로 졸업과 동시에 자격이 부여되고 있으며, 국가 수준의 시험으로는 국공립 유치원 교원을 대상으로 하는 임용고시만 있다.

(2) 자격의 종류와 기준

유치원 교사의 자격 종류는 「유아교육법」(2004) 제22조 제1항과 제2항에 의하여 원장 · 원감 · 1급 정교사 · 2급 정교사 · 준교사로 구분되며, 신규 양성 교사는 「유아교육법」 제22조 제2항의 2급 정교사로 자격 기준이 제시되어 있다.

또한 유치원 교사의 자격 기준은 대통령령이 정하고, 자격증은 교육부 장관이 수여하고 있다. 「교육자격 검정령」(2013)에 따르면, 교육부 장관은 자격 검정에 합격한 자에 한하여 교육부령이 정하는 교원 자격증을 수여하도록 되어 있으며, 자격 검정의 합격 기준은 전공 과목 50학점 이상, 교직 과목 22학점 이상을 취득

〈표 1-1〉 유치원 교사 자격 기준

종별 자격	자격 기준
원장	• 유치원의 원감 자격증을 가지고 3년 이상의 교육 경력과 소정의 재교육을 받은 자 • 학식과 덕망이 높은 자로서 대통령령이 정하는 기준에 해당한다고 교육부 장관의 인정을 받은 자
원감	• 유치원 정교사 1급 자격증을 가지고 3년 이상의 교육 경력과 소정의 재교육을 받은 자 • 유치원 정교사 2급 자격증을 가지고 6년 이상의 교육 경력과 소정의 재교육을 받은 자
정교사 1급	• 유치원 정교사 2급 자격증을 가진 자로서 3년 이상의 교육 경력을 가지고 소정의 재교육을 받은 자 • 유치원 정교사 2급 자격증을 가지고 교육대학원 또는 교육부 장관이 지정하는 대학원의 교육과에서 유치원 교육과정을 전공하여 석사학위를 받은 자로서 1년 이상의 교육 경력이 있는 자
정교사 2급	• 대학에 설치하는 유아교육과 졸업자 • 대학(전문대학 및 이와 동등 이상의 각종 학교) 졸업자로서 재학 중 소정의 보육과 교직 학점을 취득한 자 • 교육대학원 또는 교육부 장관이 지정하는 대학원의 교육과에서 유치원 교육과정을 전공하여 석사학위를 받은 자 • 유치원 준교사 자격증을 가진 자로서 2년 이상의 교육 경력을 가지고 소정의 재교육을 받은 자
준교사	• 유치원 준교사 자격 검정에 합격한 자

하고, 졸업 평점 환산 점수가 100분의 75점 이상인 자에 한하여 무시험 검정을 통해 교사 자격증이 부여되고 있다.

현재 유치원 교사 자격 기준(「유아교육법」 제22조 제2항 관련)을 구체적으로 살펴보면 〈표 1-1〉과 같다. 〈표 1-1〉과 같이, 유치원 교사 자격은 유아교육과 졸업 여부와 학력의 경우 전문대학 이상의 최소 학력을 요구하고 있다.

2) 보육교사

2005년 4월부터 개정 「영유아보육법」에 의거하여 보육교사 자격증이 국가 자격증으로 도입되었다. 현재 보육교사 자격증을 부여하고 관리하는 업무를 보는 기관은 보건복지부 산하의 '보육자격 관리 사무국'이다. 2010년부터는 '보육진흥원'이라는 하나의 독립 기관으로서 운영되고 있다.

현재 「영유아보육법」 개정 이후 1년제 보육교사 교육원 졸업의 경우 3급 자격을 주는 반면, 대학 졸업자는 수업연한과 관계없이 보육교사 2급 자격을 부여하고 있다. 현행 보육교사 자격 기준은 〈표 1-2〉와 같다. 〈표 1-2〉와 같이, 보육교사 2급과 3급은 대학 졸업자와 고등학교 졸업 후 양성교육과정 이수자로 구분하면서 1급은 일정 수준의 경력을 갖춘 경우에만 취득할 수 있게 하여 경력과 승급교육을 강조하고 있다.

또한 과거에는 법에 명시된 관련 학과 출신자에게 보육교사 2급 자격증이 주어졌으나, 2005년 이후부터는 학과와는 무관하게 보육 관련 교과목을 이수하고 학점이 60점이 넘는 대학 졸업자에게도 2급 자격을 부여하였다. 즉, 소위 '학과

〈표 1-2〉 보육교사 자격 기준

등 급	자격 기준
보육교사 1급	• 보육교사 2급 자격을 취득한 후 3년 이상의 보육 업무 경력이 있는 사람으로서 보건복지부 장관이 정하는 승급교육을 받은 사람 • 보육교사 2급 자격을 취득한 후 보육 관련 대학원에서 석사학위를 취득하고 1년 이상의 보육 업무 경력이 있는 사람으로서 보건복지부 장관이 정하는 승급교육을 받은 사람
보육교사 2급	• 전문대학 또는 이와 같은 수준 이상의 학교에서 보건복지부령으로 정하는 보육 관련 교과목 및 학점을 이수하고 졸업한 사람 • 보육교사 3급 자격을 취득한 후 1년 이상의 보육 업무 경력이 있는 사람으로서 보건복지부 장관이 정하는 승급교육을 받은 사람
보육교사 3급	• 고등학교 또는 이와 같은 수준 이상의 학교를 졸업한 사람으로서 보건복지부령으로 정하는 교육 훈련 시설에서 정해진 교육과정을 수료한 사람

〈표 1-3〉 유치원 교사와 보육교사의 자격 체계 비교

구 분	유치원 교사	보육교사
근거 법	「유아교육법」(2007 개정)	「영유아보육법」(2005 개정)
주 소관 부처	교육부	보건복지부
자격 규정	교원의 자격(제22조)	보육시설의 장 및 보육교사의 자격 (제21조)
자격증	교육부 장관이 국가 자격증 검정 수여	보건복지부 장관이 국가 자격증 검정 수여
자격 취득 최소 학력	전문대학 졸업 이상	고등학교 졸업 이상
자격 체계	• 유치원 준교사 • 1급, 2급 정교사 • 원감/원장	• 1급, 2급, 3급 보육교사 • 보육시설장

제' 중심에서 '학점제'로 변환된 것이다.

이와 같은 유치원 교사와 보육교사의 자격 체계를 비교해 보면 〈표 1-3〉과 같은 차이점을 알 수 있다(신은수 외, 2010).

2. 유아교사의 자질

좋은 교사는 어떤 교사를 의미하는가? 어떤 교사를 좋은 교사라고 할 수 있는가? 이에 대한 의미를 명확히 규정하는 것은 매우 어려운 일이다. 그러나 좋은 교사란, 교사에게 요구되는 자질을 훌륭히 수행하는 사람, 즉 교사에게 필요한 자질을 충분히 갖추어 학습자에게 좋은 영향을 미치는 교사임에는 틀림없다.

이러한 좋은 교사가 되기 위해 필요한 자질은 크게 다음과 같은 두 가지로 나누어서 생각할 수 있다. 첫째, 개인적 자질로서 유아교사 자신의 인성과 신체적 · 정신적 건강과 관련된 자질을 말한다. 둘째, 전문적 자질로서 교사가 갖추어야 할 지식, 교수기술, 교육관 등을 포함한다.

1) 개인적 자질

유아교사의 개인적 자질은 교사의 심신 건강이나 인성 그리고 개인이 가지고 있는 삶에 대한 성향이나 가치관과 관련되는 것이다. 일반적으로 유아교사가 갖추어야 할 개인적 자질은 건강하고 안정된 정서를 소유하고 있으며, 유아를 좋아하고 존중하며, 인내심과 융통성 및 유머 감각이 있고, 창의적인 사람으로 요약될 수 있다(신은수, 2007).

유아교사가 갖추어야 할 개인적 자질을 선행 연구 결과를 토대로 요약하여 제시하면 〈표 1-4〉와 같다(이미화, 임승렬, 조형숙, 유은영, 송신영, 2007). 〈표 1-4〉

〈표 1-4〉 유아교사의 개인적 자질

구분	내용		
교육부(2006)	• 교사는 건전한 인성과 교직 사명감 및 윤리의식을 가진다. -교사는 건전한 이성을 가진다. -교사는 교직 사명감을 가진다. -교사는 윤리의식과 책임의식을 가진다. • 교사는 학생의 학습과 복지를 위해 헌신한다. -교사는 학생을 존중하고 공정하게 대우한다. -교사는 학생이 잠재력을 최대한 발휘할 수 있도록 돕는다. -교사는 학생 개개인의 교육적 요구에 적극 응한다.		
이병래 외 (2004)	• 영유아에 대한 사랑 • 적극성(자발성) • 공정성 • 봉사성 • 건전한 자아존중감	• 원만한 인간관계 • 융통성 • 성실성 • 협동심 • 긍정적인 인간관	• 자제력 • 도덕성(정직성) • 사례성 • 신체적 건강 • 정서적 안정
Gordon & Browne (1996)	• 헌신 • 융통성 • 자기 확신	• 동정심 • 인내심	• 통찰력 • 열정
Cartwright (1999)	• 친절함 • 심리적 안정감 • 공정성	• 용기 • 자기 확신	• 성실성 • 정직

와 같이, 유아교사가 갖추어야 할 개인적 자질에 대해서는 여러 가지 다양한 의견이 있다. 유아교사의 인성적 자질 중 대표적인 몇 가지를 구체적으로 살펴보면 다음과 같다.

(1) 유아에 대한 사랑과 관심

유아에 대한 사랑과 관심은 교직 생활에 필수적이다. 교사에게 유아는 교직 생활의 만족과 보람의 원천이다. 그러므로 유아교사는 유아에 대한 사랑과 더불어 유아가 진정으로 필요로 하는 관심과 요구가 무엇인지 헤아릴 줄 알아야 한다.

교사의 사랑과 관심은 모든 유아에게 보편적이고 공정하게 적용되어야 한다. 즉, 모든 유아에게 공평한 관심을 보이는 것과 있는 그대로를 수용하는 것이 중요하다. 교사의 사랑이 유아를 성장시킬 수 있는 힘이 될 수 있는 반면, 교사의 편애와 무관심은 유아에게 큰 상처가 될 수 있다(Bolin, 1990).

한편, 유아에 대한 사랑과 관심은 유아에 대한 존중으로도 나타난다. 즉, 유아에게 민감하고 적절하게 반응해 줌으로써 유아의 가치를 인정해 주어야 하고, 자신의 가치를 인정받은 유아는 결국 긍정적인 자아존중감을 갖게 된다(신은수, 유영의, 2006).

(2) 책임감

유아교사는 자신의 자질과 능력을 발휘하여 직무를 수행하고, 그 과정과 결과에 대하여 책임을 지거나 과오를 개선하려는 의욕 및 능력이 필요하다. 책임감 있는 교사는 '해야 할 일이라 생각하면 즉시 실천에 옮긴다.' '다른 사람에게 책임을 전가하거나 비난하지 않는다.' '행동의 결과가 어떠할 것이라 예측하고 행동한다.' '자기통제를 잘한다.' 등의 행동 특성을 보인다(Feeney et al., 2000).

(3) 열정과 몰입

열정을 가지고 수업에 몰입하는 교사는 자신의 학력과 경력에 상관없이 좋은 교사일 가능성이 매우 높다. 직무를 성공적으로 수행할 수 있을 만큼 충분한 조건을 갖춘 사람들이 오히려 자신이 맡은 일을 제대로 수행하지 못하는 경우를 흔히 볼 수 있다. 좋은 교사가 되기 위해서는 열정과 몰입이 필요하다(오욱환, 2006). 실제 유아교육 현장의 교사들도 교사와 유아가 혼연일체가 되어 활동에 몰입할 때 좋은 수업이 이루어진다고 밝히기도 하였다(이순자, 2008). 반면에 적당하게 타협하며 교직을 지속하는 생활을 정상이라고 인식하는 것은 심각한 문제로 지적될 수 있다.

(4) 신 념

이 세상을 살아가는 사람 누구에게나 신념이 있다. 신념이란, 경험, 교육 및 가치로부터 형성된 내용을 굳게 믿어 의심치 않는 마음으로, 어떤 상황 속에서 선택과 결정을 이끄는 근거가 되어 사고와 행동에 영향을 주는 인간의 정신 상태다.

유아교사는 현재 자신의 교육에 대한 신념을 확인해 볼 필요가 있으며, 유아에 대한 교육관, 발달관 및 아동관에 대한 올바른 신념 체계를 가지고 있어야 한다. 교사의 신념은 교사가 수업을 계획하고 의사결정을 내리는 과정에 중요한 영향을 미치며, 나아가 유아의 교수-학습에도 영향을 미치기 때문이다(Hargreaves, 2001).

(5) 협동심과 공동체 의식

유아교사는 실제로 동료 교사와 선후배 교사, 원감 및 원장으로부터 다양한 지원과 도움을 받으며 업무를 수행한다. 그러므로 교사는 유아교육기관에서 함께 일하는 다른 교사들과 개방적인 상호작용을 하고, 공동체적인 생활을 성공적으로 수행할 수 있어야 한다.

또한 유아교사는 동료 교사와 원만한 관계를 맺고, 상호 협력하는 분위기를 조성하는 것이 중요하다. 동료 관계가 원만할 때는 유아와의 관계나 교육에 집중할 수 있지만, 관계가 원만하지 못할 때는 근무 만족도가 떨어지며, 심지어 이직의 원인이 되기도 한다(Hargreaves, 2001; 신은수, 2007).

(6) 지속적인 연구와 배움

교사는 가르치는 사람인 동시에 성인 학습자다. 유아교사는 새롭고 다양한 학습자와의 만남, 예측할 수 없는 교실 상황, 교육과정 및 사회적 기대의 변화 등에 따라 고도의 역할 수행이 요구되며, 이에 따른 끊임없는 연구와 노력을 전제로 해야 한다. 더구나 초·중등 교육과는 달리 형식적 교과서 없이 놀이 중심, 흥미 중심 및 통합적 접근을 취해야 하는 유아교육과정의 특성과 더불어 이 모든 것이 교사의 재량과 융통성에 달려 있다는 측면에서 유아교사의 지속적인 연구와 배움은 더 큰 중요성을 지닌다(안부금, 2002).

이처럼 교사는 더 잘 가르치기 위해서 지속적으로 배워야 한다. 배움이 끝난 다음에 가르침이 시작되는 것이 아니다. 가르침은 배움의 연속이며, 스스로 배울 때 더 잘 가르칠 수 있다. 좋은 교사는 어느 수준에서 만족하지 않고 지속적으로 시간과 에너지를 투입한다. 다시 말해서, 일정 수준에 이미 도달한 교사보다는 현재는 다소 미흡하더라도 자기 계발을 위해 전력을 다하는 교사가 좋은 교사라고 할 수 있다.

(7) 창의성

유아교사에게 지식 못지않게 요구되는 것이 창의성이다. 일반적으로 창의성은 호기심, 자신감, 독자성, 모험심 등의 특성을 비롯하여 독창적이고 비관습적으로 생각하고 행동하는 특성을 포함한다. 창의성이 높은 교사일수록 유아의 창의성 증진에 기여할 수 있고, 활동의 구성과 운영 시 창의적 사고와 활동을 자극할 수 있는 환경을 구성하며, 개방적이고 수용적이며 허용적인 분위기를 조성할 수 있다는 측면에서 유아교사의 창의성이 강조되고 있다(고경희, 2003).

(8) 효율적인 의사소통 능력

유아들은 부모, 가족, 사회 그리고 기타 인적 환경에 의해 영향을 받는 존재이므로, 유아교사는 이들과 긴밀한 협력 관계를 지녀야 한다. 즉, 유아교사는 학부모와 유아와의 의사소통은 물론 원장과 동료 교사, 나아가 지역사회 인사들과도 밀접한 관계를 형성함으로써 교육의 효과를 높이고, 기관의 분위기를 활기차게 만들어 나가야 한다(Hargreaves, 2001; 안부금, 2002).

특히, 학부모와 지속적으로 교류하며 원만한 관계를 형성하는 의사소통 능력을 갖추는 것이 필요한데, 학부모는 자녀가 하루를 어떻게 보냈는지, 기관에서 무엇을 배웠는지, 특별한 문제는 없었는지 등에 대한 정보를 알고 싶어 한다. 이때 교사는 전화, 쪽지, 면담 등의 다양한 방법을 통하여 학부모와 효율적으로 의사소통할 수 있어야 한다.

(9) 성실성

유아교사는 무엇보다 유아교직에 성실한 자세로 임해야 한다. 성실한 유아교사는 항상 최선을 다하며 최상의 것을 추구하고, 가치 있는 목표의 달성을 위해 어려움이나 희생을 무릅쓰며, 자기관리를 철저히 한다. 또한 목표를 세우고 실천하려고 노력하며, 일이 어렵다고 느껴도 포기하지 않는 인성적 특성을 지녀야 한다.

(10) 건 강

어린 유아와 오랜 시간 생활하는 유아교사는 신체적으로 건강하고 활력이 넘쳐야 하며, 심리적으로 건강하고, 정서적으로 안정되어 있으며, 밝고 긍정적인 사고를 해야 한다. 신체적, 정신적으로 건강하지 못한 교사는 결국 유아에게 좋지 못한 영향을 미치고 부정적인 결과를 초래할 수 있으므로, 평소에 건강관리에 유의하고 체력 증진에도 관심을 기울여야 한다.

한편, 여성가족부(2005)는 영아를 대상으로 하는 보육교사에게 필요한 개인적 자질로 영아를 사랑하는 따뜻한 마음, 신체적 · 정신적 건강, 원만한 성격, 보육 현실의 직시와 이를 바탕으로 미래를 준비하는 안목, 영아 개개인이 귀중한 가치를 지닌 존재임을 확실히 믿는 태도, 자기 분야에 대해 연구하는 자세 등을 제시하였다.

지금까지 살펴본 유아교사가 갖추어야 할 개인적 자질을 살펴보면, 결론적으로 단지 아이를 좋아한다고 좋은 교사가 되는 것은 아니며, 많이 안다고 유아를 잘 가르칠 수 있는 것도 아니다. 유아교사의 개인적 자질은 복잡하고 다양하다. 어떤 자질은 학교 교육을 통해 길러질 수도 있지만, 어떤 자질은 이미 형성되어 변화하기 힘든 것도 있다. 그러므로 교사가 갖추어야 할 이러한 자질들에 대해 항상 관심을 가지고 부단히 노력하는 과정을 통하여 좋은 교사의 모습을 서서히 갖추어 나갈 수 있다.

2) 전문적 자질

(1) 유치원 교사

유치원 교사와 초 · 중등 교사는 기본적인 범주에서 같은 종류의 자격을 요구받지만, 교육과정의 측면에서 보았을 때 유치원 교사에게는 통합적 교육과정 운영에 대한 자질을, 초 · 중등 교사에게는 교과에 대한 지식과 자질을 갖출 것이 요구된다. 또한 교과서와 과목별 시간표에 의해 학습을 진행하는 초 · 중등 교사와는 달리, 유치원 교사는 활동의 계획, 실행 및 평가 등이 어떤 의미에서 교사에 의해 전적으로 좌우된다고 할 수 있다(Sharon, 2010).

유능한 교사, 잘 가르치는 교사는 어떠한 교사인가? 이에 대한 해답은 유능한 교사의 자질을 무엇으로 보는가에 따라서 달라진다. 유치원 교사로서 갖추어야 하는 전문적인 자질에 대해 많은 학자들이 중요성을 강조하며 그 본질을 밝히려고 노력해 왔지만, 아직 유아교육 분야에서 훌륭한 교사, 유능한 교사의 특성이나 자질에 대해 일반적인 합의점을 찾지 못하고 있다.

일반적으로 유치원 교사의 역할을 유아가 전인적으로 성장하고 발달할 수 있도록 보호하고 교육하는 것으로 볼 때, 이 역할을 성공적으로 수행하는 데 필요한 교육 프로그램을 계획하고 수행하는 능력, 교육활동을 선택하고 적절한 교수 방법 및 매체를 이용하여 수행하는 능력, 적절한 교육 환경을 구성하고 교육자료를 선택 · 준비하는 능력, 유아를 관찰하고 바르게 평가하는 능력, 학부모와 가족 구성원에게도 필요한 도움을 줄 수 있는 능력, 적절한 영양적 · 건강적 도움을 줄 수 있는 능력이 전문적 자질에 속한다고 볼 수 있다(Hyson, 2003; Sharon, 2010).

이러한 맥락에서 유치원 교사의 전문적 자질과 능력 기준, 수업 전문성, 핵심역량에 대해 구체적으로 살펴보고자 한다.

① 전문적 자질과 능력 기준

교육인적자원부(2006)는 '교원정책 개선 방안 실행 계획'을 통해 유치원 교사의 전문적 자질과 능력 기준을 〈표 1-5〉와 같이 제시하고 있다.

〈표 1-5〉 유치원 교사의 전문적 자질과 능력 기준

기 준	내 용
1	교사는 인성과 교직 사명감 및 윤리의식을 가진다.
2	교사는 학생들의 학습과 복지를 위해 헌신한다.
3	교사는 학생과 학생의 학습 발달을 이해한다.
4	교사는 교과에 대한 전문 지식을 가진다.
5	교사는 교과, 학생, 교육 상황에 적절한 교육과정을 개발 및 운영한다.
6	교사는 수업을 효과적으로 계획 및 운영한다.
7	교사는 학습을 모니터하고 평가한다.
8	교사는 학습을 지원하는 환경과 문화를 조성한다.
9	교사는 교육공동체 구성원들과 협력 관계를 구축한다.
10	교사는 전문성 개발을 위해 끊임없이 노력한다.

② 수업 전문성

한편 유치원 교사의 전문적 자질 중 수업 전문성은 그 핵심이 된다. 이러한 맥락에서 최근 '좋은 수업' '수업 잘하는 교사'에 대한 연구(이경민, 엄은나, 2005; Danielson, 2003)가 활발하게 이루어지고 있으며, 수업 전문성의 요소들이 밝혀지고 있다. 국가에서도 교사의 전문적인 자질은 수업 전문성이 핵심이 되어야 한다는 전제하에 교사의 수업 전문성에 초점을 맞춘 교원정책을 중점적으로 추

〈표 1-6〉 유아교사의 전문적 자질

영 역	내 용	구성 요소
영역 1 계획과 준비	좋은 수업을 위해 교사가 계획하고 준비해야 할 내용	• 교과 및 교육학적 지식의 이해 • 영유아에 대한 이해 • 교육목표 설정 • 자원에 대한 준비 • 일관된 교수 설계 • 유아 학습 평가
영역 2 학습 환경	좋은 수업을 위해 교사가 준비하고 조성해야 하는 학습 환경에 관한 내용	• 존중과 신뢰의 라포 형성 • 학습 지향적 문화 형성 • 학급 운영 관리 • 유아 생활 지도 • 물리적 공간 구성
영역 3 수업	좋은 수업을 하기 위해 필요한 요소	• 명확하고 정확하게 의사소통하기 • 다양한 학습 전략 사용하기 • 유아를 주도적, 능동적으로 활동에 참여시키기 • 유아를 위한 피드백 제공하기 • 융통성 있게 교육과정 운영하기
영역 4 전문가 되기	유아교사의 전문성에 관한 내용	• 수업에 대해 반성적 사고하기 • 기록의 체계적 관리하기 • 가족과 의사소통하기 • 유아교육기관과 지역사회에 기여하기 • 전문적인 성장과 실천하기 • 전문가로서의 자질을 갖추기

진함으로써 유아교육의 공교육 강화에 주력하고 있다(교육인적자원부, 2005).

Danielson(2003)은 좋은 수업에 관한 기준을 제시함으로써 유치원 교사가 갖추어야 할 전문적 자질에 대해 밝히고 있다. 이를 자세히 살펴보면 〈표 1-6〉과 같다.

③ 핵심 역량

유치원 교사의 전문성 발달에 대한 새로운 관심으로 세계 각국은 생애 주기별 핵심 역량을 개발하고 있다(신은수, 박은혜, 김희진, 이지현, 2010). 유치원 교사의 생애 주기별 핵심 역량(안)은 경력과 직급에 따라서 필요한 지식과 기술, 태도의

〈표 1-7〉 유치원 교사의 핵심 역량

영 역	핵심 역량	요 소
영역 1	교직 인성 및 전문성 개발	• 교직에 대한 열정 • 창의성 • 반성적 자기 계발 • 교직 윤리
영역 2	학습자에 대한 이해	• 유아의 보편적 발달 특성의 이해 • 유아의 개인적 · 사회문화적 발달 특성의 이해
영역 3	교육과정 운영	• 유아교육과정에 대한 이해 및 실행 • 교과 지식 이해 • 다학문적 지식 이해 및 활용 • 교수-학습 과정에 대한 이해 및 실행 • 평가의 이해 및 실행
영역 4	대인관계 및 의사소통	• 공동체 의식 및 태도 형성 • 공동체 형성 및 지원 • 의사소통 기술 형성
영역 5	정보화 소양 개발	• 정보화 기술 이해 • 정보화 기술 활용
영역 6	학급 운영	• 교실 문화 조성 • 문서 작성 및 관리

전문적 발달로 정의될 수 있다. 유아에게 질적인 환경과 경험 및 관계를 제공하고, 유아의 발달적 요구를 충족시키기 위해서는 유치원 교사의 지식, 기술, 태도 등의 핵심 역량이 필요하다(신은수 외, 2009).

우리나라는 유치원 교사의 핵심 역량을 미래 사회의 특성과 외국의 핵심 역량 내용 분석을 기초로 6개 핵심 역량 영역과 18개의 요소로 구성한 유치원 교사 핵심 역량(안)을 제시하였다(박은혜 외, 2010). 유치원 교사의 핵심 역량 영역과 각 영역에 해당하는 요소는 〈표 1-7〉과 같다.

(2) 보육교사

보육의 성격과 특성상 보육교사에게는 무엇보다 어머니와 같은 모성적 특성을 필요로 하는 것이 사실이다. 그래서 보육교사는 이성적인 표현보다 감성적인 표현을 사용하여 영유아를 격려하고, 어머니처럼 안아 주고 쓰다듬어 주면서 영유아와 신체 접촉을 많이 하는 것으로 인식되어 왔다.

그러나 이러한 특성과 아울러 보육교사에게도 여러 가지 전문적 자질이 필요하다. 보육교사의 전문적 자질은 영유아의 성장과 발달을 위해 영유아를 교육하고 보호해야 하는 보육교사로서의 역할 수행에 직접적인 영향을 미칠 수 있으

〈표 1-8〉 보육교사의 전문적 자질

자 질	특 성
교양 및 전문 지식	정보화 관련 지식, 환경 및 통일에 관한 지식, 영유아 발달 특성에 관한 지식, 영유아보육개론 기초 지식, 보육과정에 관한 지식, 생활지도 및 상담 지식, 영유아 교육적 요구에 대한 지식, 교수 방법에 대한 지식, 통계 방법 및 활용 지식, 영유아 보육 관계 법령에 관한 지식 등
교육 기술	보육과정 재구성 능력, 프로그램 실천 능력 평가 기술, 동기 유발 기술, 지역사회 자원 및 인사 활용 기술, 교수 매체 선정 · 제작 · 활용 능력, 활동에 적절한 개입 및 자극 능력, 융통성, 의사소통 기술, 영아 발달상 문제 조력 능력 등
교직에 대한 태도	수업에 대한 열의, 보육 현실 직시, 자신에 대한 긍지, 교직에 대한 신념, 영유아에 대한 긍정적 시각, 전문성 신장을 위한 노력 등

며, 교육활동의 계획과 수행 능력, 교육 환경 구성 능력 등이 포함된다. 이러한 맥락에서 보육교사의 전문적 자질을 통합적으로 정리하면 〈표 1-8〉과 같다.

한편 이미화 등(2006)은 보육교사의 자질을 크게 5개 영역, 즉 교육 프로그램, 자기 계발, 교육 신념, 자율성 및 책임성으로 구분하여 〈표 1-9〉와 같이 각 영역별로 구체적인 역할을 제시하였다.

이처럼 모든 영유아에게 균등한 양질의 보육을 제공하기 위해서는 보육교사

〈표 1-9〉 보육교사의 영역별 역할

영 역	역 할
교육 프로그램	• 균형 있는 활동 계획 및 제공 • 유아의 건강 · 영양 · 안전 고려 • 적절한 상호작용 • 개방적인 상호작용 • 효과적인 교실 환경 구성 • 상황에 따른 수업 내용 및 방법 조절 • 유아의 체계적인 관찰, 기록 • 특별한 요구를 지닌 유아의 이해 • 행사 기획 및 실행 • 학부모 상담
자기 계발	• 지속적으로 효과적인 지도 방법 연구 • 연수 및 세미나 참여 • 새로운 지식 및 기술을 수업에 적용 • 학급 내 문제해결을 위한 방법 모색
교육 신념	• 유아 교육 · 보육에 대한 일의 중요성 • 교사직의 사회적 중요성 • 교사로서의 사명감 • 교사직 선택에 대한 만족감
자율성	• 자율적인 학급 운영 • 자율적인 교육 내용 및 방법 선정
책임성	• 학급 운영에 대한 교사의 책임 • 근무 시간 엄수 • 업무 처리 능력

의 개인적 자질뿐만 아니라 전문적 자질 또한 중요하다. 영아를 대상으로 하는 보육교사에게 필요한 자질은 영아에 대한 사랑과 관심, 신체적 · 정신적 건강, 원만한 성격 등(이미화 외, 2007)과 같은 개인적 자질이 큰 비중을 차지하는 반면, 연령이 높은 유아를 대상으로 하는 보육교사는 전문적 자질에 대한 인식을 보다 중요하게 해야 할 것이다.

요점

현재 우리나라 유아교육을 담당하는 교사는 유치원 교사와 보육교사다. 유치원 교사 자격은 유아교육과 졸업과 전문대학 이상의 최소 학력을 요구하고 있으며, 전공 과목 50학점 이상, 교직 과목 22학점 이상을 취득하고, 졸업 평점 환산 점수가 100분의 75점 이상인 자에 한하여 무시험 검정을 통해 교사 자격증이 부여되고 있다. 보육교사는 1년제 보육교사 교육원 졸업의 경우 3급 자격을 주는 반면, 대학 졸업자는 수업연한과 관계없이 보육교사 2급 자격을 부여하고 있다.

유아교사는 좋은 교사가 되기 위해 개인적 자질과 전문적 자질을 갖추어야 한다. 개인적 자질은 교사의 심신의 건강이나 인성, 개인이 지니는 삶에 대한 성향이나 가치관과 관련되는 것으로, 일반적으로 유아에 대한 사랑과 관심, 책임감, 열정과 몰입, 신념, 지속적인 연구와 배움, 협동심과 공동체 의식, 창의성, 효율적인 의사소통 능력, 성실성, 건강 등의 자질을 필요로 한다.

유아교사의 전문적 자질에는 교육 프로그램을 계획하고 수행하는 능력, 교육활동을 선택하고 적절한 교수 방법 및 매체를 이용하여 수행하는 능력, 적절한 교육 환경을 구성하고 교육 자료를 선택 및 준비하는 능력, 유아를 관찰하고 바르게 평가하는 능력, 학부모와 가족 구성원에게도 필요한 도움을 줄 수 있는 능력, 적절한 영양적 · 건강적 도움을 줄 수 있는 능력 등이 속한다고 볼 수 있다.

유아교사의 자질을 요약하면, 좋은 교사란 유아에 대한 사랑과 이해를 바탕으로 교직에 대한 바림직한 태도와 가치관을 가지고 신체적 · 정신적 건강 및 교직 수행에 필요한 전문적 지식과 기술을 갖춘 사람이라고 정의할 수 있다.

토의 문제

- 유아교사의 자격과 초 · 중등 교사의 자격을 비교 · 검토해 봅시다.
- 유아교사로서 자신의 자질을 점검해 봅시다.

참고문헌

고경희(2003). 자기 결정성 이론에 따른 학업적 자기조절 동기유형 탐색. 이화여자대학교 석사학위 논문.

교육인적자원부(2005). 교사의 전문성 신장을 위한 동료장학 자료. 교육인적자원부.

권건일, 이미정, 이희경, 정선아, 정혜손(2007). 유아교사 자격의 강화 및 단일화. 유아교육체재 정립을 위한 교원정책 발전방안. 한국유아교육학회 · 한국교원교육학회 공동 세미나.

국가교육통계정보센터(2006). 고등인적자원 취업통계.

김이경, 한유경, 김현철(2006). 저출산 및 학교교육 변화에 따른 교원정책 수립 기초자료 조사 · 정책연구. 교육인적자원부.

박은혜(2006). 유아교사 측면에서 본 유아교육학제 개편. **유아교육대표자연대 제2차 정책 토론회 자료집.**

박은혜(2008). 유치원 교사의 경쟁체제 구축 방안. **한국교원교육학회 52차 학술발표 자료집**, 25-44.

신은수(2007). 유치원 교사의 자격기준 요구 및 지원과제. **교육력 제고를 위한 교사 자격기준 개선 정책 워크숍 자료집.** 한국교육개발원, pp. 93-121.

신은수, 유영의(2006). 유아교육 학제 선진화 방향 모색: 2000년 이후 미국의 K-grade 체제 반성과 Pre-Kindergarten 체제 구축 과정. **미래유아교육학회지**, 13(4).

신은수, 조형숙(2006). 초등학교 입학 연령을 통하여 분석한 유아교육의 사회 경제적 효과. **유아교육학논집**, 10(4).

신은수, 유영의(2007). 유아교육 학제의 세계 동향 분석. **유아교육연구**, 27(4), 57-78.

신은수, 정미라, 박은혜(2009). 유아무상공교육 체제 구축에 관한 요구조사. 서울: 한국교육

개발원.

신은수, 박은혜, 김희진, 이지현(2010). 미래지향적 유치원 교육과정 개발 방향 설정을 위한 소고. 육아지원연구, 15(1).

안부금(2002). 구성주의 유아과학 교사교육 프로그램 개발과 효과에 관한 연구. 덕성여자대학교 박사학위 논문.

오욱환(2006). 교사 전문성: 교육전문가로서의 교사에 대한 논의. 서울: 교육과학사.

이경민, 엄은나(2005). 유아교사 자질에 대한 유치원 1급 정교사 자격 연수 참여 교사의 기대와 자기평가. 유아교육학논집, 9(4), 133-152.

이미화, 임승렬, 조형숙, 유은영, 송신영(2007). 육아지원인력 양성교육과정 모형 개발연구. 육아정책개발센터.

이미화, 장명림, 신나리, 김문정, 김현철(2006). 육아지원인력의 수급전망과 전문성 제고 방안 연구. 육아정책개발센터.

이병래, 김선영(2007). 대학교육과정에서의 유치원 교사와 보육교사 양성을 위한 통합교육과정 구성 방향. 유아교육연구, 27(5), 53-79.

이순자(2008). 공립 유치원 교사의 유치원 조직구조 유형에 따른 교직생활 특성 탐구. 열린유아교육연구, 13(5), 1-45.

Bolin, F. S. (1990). Helping student teachers think about teaching: Another look at Lou. *Journal of Teacher Education, 4*(1), 10-19.

Bullough, R., & Knowles, J. (1991). Teaching and nurturing: Changing conceptions of self as teacher in a case study of becoming a teacher. *Qualitative Studies in Education, 4*, 121-140.

Carter, K. (1990). Teachers knowledge and learning to teach. In W. R. Houson (Ed.), *Handbook of research on teacher education* (pp. 291-310). New York: Macmillan.

Early, D. M., Bryant, D. M., Pianta, R. C., Clifford, R. M., Burchinal, M. R., Ritchie, S., Howes, C., & Barbarin, O. (2006). Are teachers' education, major, and credentials related to classroom quality and children's academic gains in pre-kindergarten? *Early Childhood Research Quarterly, 21*, 174-195.

Feeney, S., Freeman, N. K., & Moravcik, E. (2000). *Teaching the NAEYC code of ethical conduct: Activity sourcebook*. Washington, D.C.: National Association for the Education of Young Children.

Hargreaves, A. (2001). Emotional geographics of teacher's relations with colleague. *International Journal of Education Research, 35*, 503-527.

Hyson, M. (Ed.) (2003). *Preparing early childhood professionals: NAEYC's standards for programs*. Washington, D.C.: National Association for the Education of Young Children.

Kats, L. G. (1988). Where is early childhood education as a profession? In B. Spodek, O. N. Saracho & D. L. Peters. (Eds.), *Professionalism and the early childhood practitioner* (pp. 75-83). New York: Teachers College Press.

Marilou H., Heather B. T., & Carol A. S. M. (2010). *Quality improvement in early childhood teacher education: Faculty perspectives and recommendations for the future*. New York: Macmillam.

Sharon L. K. (Ed.) (2010). Professional development: A legacy of similarities and differences. Smart Start Presentation: February 18, 2010.

제2장

유아교사의 특성과 역할

1. 유아교사직의 특성

우리 사회에는 여러 종류의 직업이 수없이 많다. 유아교사는 이러한 직업 중 교직에 속한다. 교직은 일반적으로 고도의 지적 능력과 기술을 필요로 하며, 장기간의 훈련 기간을 거쳐야 하는 전문적 직업으로 인식되어 왔다.

유아교사직은 인간을 대상으로 하는 직업이며, 인간의 전인적 측면을 대상으로 하는 동시에 주로 미성숙자를 대상으로 하는 직업이라는 측면에서 일반 교직과 동일한 특성을 지닌다.

그러나 유아교사직은 일반 교직과는 구별되는 다음과 같은 독특한 특성을 지니고 있다(Bolin, 1990; Kremenitzer & Webber, 2008; 박은혜, 2010).

① 유아교사직은 어린 연령의 유아를 대상으로 하는 직업이다.

유아는 일반 초·중등 학생과 다른 발달적 특성을 지니며, 이러한 발달적 특성은 교수 목표, 내용, 방법 등에서 차이가 나는 접근을 해야 함을 의미한다. 즉, 예전에 우리가 초등학교 때 배웠던 내용과 방법으로 유아를 가르칠 수는 없으며, 유아의 발달 특성에 대한 이해 그리고 이를 토대로 한 교수 계획에 필요한 전문적 지식이 반드시 요구된다.

② 유아교사직은 유아의 전인적 발달을 도와주는 직업이다.

유아의 신체·언어·인지·사회성·정서 발달을 통한 전인적 발달은 유아교육의 궁극적 목표이자 지향점이다. 그러므로 유아교사는 이 목표를 잘 인지하여 특정 발달에만 치우치거나 혹은 경시하는 교육을 해서는 안 되며, 이 다섯 가지 영역의 발달을 조화롭게 이루어 전인적 인간으로서의 유아가 되도록 도와주어야 한다.

③ 유아교사직은 가르치는 일과 돌보는 일을 조화롭게 유지해야 하는 직업이다.

사실 가르치는 일과 돌보는 일을 뚜렷이 구별하기는 어렵다. 유아교육 현장에서는 가르치는 일과 돌보는 일이 매 상황마다 동시에 일어난다. 그러므로 유아교사는 유아의 연령과 상황을 고려하여 이 둘의 비중과 우선순위를 잘 결정함으로써 가르치는 일과 돌보는 일의 조화를 유지해야 한다.

④ 유아교사직은 전문직이다.

유아교사직은 고도의 전문적 지식과 기술을 필요로 하고, 자율성을 발휘하며, 봉사하고, 국가 발전에 지대한 공헌을 하며, 끊임없는 자기 갱신 과정을 필요로 하고, 교원 단체 및 윤리강령이 제정된 직업이라는 측면에서 분명 전문직이라고 할 수 있다.

이와 같은 유아교사직의 특성에도 불구하고 초·중등 교직과는 다른 여러 가지 사회적인 편견과 고정관념에 의해 교사의 전문성은 물론 유아교사직에 대한 정확한 인식과 평가가 부족한 실정이다.

1) 유아교사에 대한 고정관념

보통 사람들은 '누구나 교사가 될 수 있다.'고 생각한다. 그들은 교사의 직무를 훤히 꿰고 있다고 생각하며, 그래서 자신도 교사직을 수행할 수 있다고 쉽게 확신한다. 사람들은 유치원부터 고등학교까지 수업 장면을 오랫동안 보고 경험했기 때문에 가르치는 일을 쉽게 생각하는 경향이 있지만, 그들은 어디까지나 배웠을 뿐이며 가르치지는 않았다. 비유하자면, 자동차나 비행기를 자주 타 보았다고 그것을 운전할 수 있는 것은 아닌 것과 같다.

가르치는 일을 쉽게 생각하는 사람들은 유아보다 더 많이 알기만 하면 가르칠 수 있다고 생각하고, 별 다른 준비 없이 유아를 가르치려고 든다. 또는 자녀 양육 경험과 어릴 적 경험만 있으면 특별한 교육을 받지 않아도 유아를 충분히 잘 가르칠 수 있다고 생각한다. 그래서 유치원 교사의 일이 초·중등 학생을 가르치는 것보다 쉽고 낮은 수준의 일이라고 생각하기 쉽다.

이러한 특정 직업에 대한 고정관념은 그 직업에 대한 오해에서 비롯된다. 이러한 오해는 그 직업에 종사하지 않는 일반인뿐만 아니라 직접 종사하는 사람들에게서도 흔히 일어나는 현상이다. 즉, 특정 직업에 종사하는 사람도 자신의 직업에 대해 잘못 이해하고 있거나 전혀 엉뚱하게 알고 있는 경우가 허다하다. 유아교사직 역시 마찬가지다. 유아교사의 교직에 대한 왜곡은 교직이 실패하는 중요한 원인 중 하나가 된다(Bullough & Knowles, 1991; 안부금, 2003).

(1) 이미지 고정관념(image-stereotype)

우리나라에서 유아교사에 대한 이미지는 부모 같은 사람, 순수하고 예쁘고 다재다능한 사람 혹은 아이를 잘 돌보는 사람의 이미지로 인식되어 왔다. 여기에는 여러 가지 고정관념, 대표적으로 유아교사에 대한 정형화된 이미지가 큰 몫을 한다. 구체적으로 살펴보면, 유아를 교육하는 전문가로서의 교사보다는 아이를 좋아하고, 아이와 잘 놀아 주며, 아이의 요구를 무조건적으로 들어주는 사람 또는 많은 교육 경력을 가진 교육 숙련자로서의 교사보다는 20대 초반의 마냥 순수하고 예쁜 사람 혹은 고도의 전문적 지식과 기술을 갖춘 교수자로서의 교사보다는 음악, 미술, 춤 등 예능에 뛰어난 사람을 유아교사의 이미지로 잘못 인식하고 있다.

이처럼 잘못 형성된 유아교사에 대한 고정적 이미지는 유아교사가 사회에서 정당한 대우를 받지 못하게 할 뿐 아니라, 유아를 교육하는 데도 방해 요인이 될 수 있으므로, 고정관념에 의한 이미지를 적극적으로 개선할 필요가 있다.

(2) 성 고정관념(sex-stereotype)

유아교육기관에서 유아와 함께 호흡하며 하루를 보내는 교사는 대부분 여성들이다. 이러한 현상은 다른 나라도 마찬가지여서 미국, 영국, 스웨덴에서도 5세 이하 유아교사 중 남성의 비율은 겨우 1~3% 정도만 차지한다. 학습자의 연령이 낮을수록 교사의 역할에 돌봄의 중요성이 강조되어 유아교육은 어린 유아를 돌보고 양육하는 것과 동일시되면서 전형적인 여성의 일로 인식되어 온 것이 사실이다.

이것은 유아교육 분야에 널리 퍼져 있는 성에 대한 편견, 즉 사랑, 돌봄, 양육은 여성의 일이라는 사회적 인식의 결과라고 할 수 있다. 전통적으로 유아교육은 전문적 지식이 필요 없는, 여성이면 누구나 할 수 있는 타고난 '여성의 일'로 간주되면서 결과적으로 저임금과 낮은 사회적 지위를 초래하고, 제대로 된 가치를 인정받지 못하는 현상을 낳았다.

유아교사의 이러한 성적 불균형은 유아의 성에 대한 편견을 양산하고, 유아의 양성성의 발달뿐만 아니라 유아교사의 전문성 발달 면에서도 매우 제한적인 환경을 제공하게 된다. 그러므로 우리 사회가 가지는 유아교사의 성 역할에 대한 편견을 극복하고, 나아가 유아를 가르치고 돌보는 데 남성의 보다 적극적인 참여가 필요하다고 하겠다.

2) 유아교사의 이미지

이미지(image)는 어떤 사람이나 사물로부터 받는 느낌을 말하며, '심상' '영상' '인상'으로 순화하여 표현될 수 있다(국립국어원, 2009). 유아교사의 이미지는 전문직으로서의 유아교사에 대한 신념, 관념 및 인상의 총합으로서, 개인의 생각 속에 존재하는 이상적인 유아교사의 모습 또는 상으로 정의될 수 있다.

유아교사에 관한 이미지는 유아교육의 본질을 가장 잘 드러내 준다. 그러므로 바람직한 유아교사 이미지의 계발은 유아에게 양질의 교육을 제공하는 동시에 교사에게 직업적 만족을 가져다주고, 대중으로부터 교육의 진가를 인정받는 데 필수적이다(류칠선, 1996). 또한 유아교사의 이미지를 알아보는 일은 현재 유아교사의 실제 모습을 파악하여 부정적인 면은 개선하고 긍정적인 면은 발전시켜

[그림 2-1] 유아교사의 이미지

바람직한 교사상을 정립하고, 유아교사의 사회적 인식을 높이며, 유아교사가 전문직으로 인정받을 수 있도록 하기 위해서도 필요하다(이금란, 2000).

유아교사는 교사로서 자신에 대한 이미지를 명확하게 인식하고 있을 때 자신의 교수 경험을 재해석할 수 있고, 그에 대한 반성적 사고가 가능해진다. 이러한 의미에서 유아교사 자신이 지각하는 교사 이미지의 요인은 교사의 자질 향상에 결정적인 역할을 한다.

일반적으로 유아교사에 대한 이미지는 인성적 이미지, 외형적 이미지 및 전문가 이미지로 나누어 살펴볼 수 있다.

(1) 인성적 이미지

'유아교사' 하면 일반적으로 떠오르는 이미지는 '상냥하고 친절하며 사랑과 애정이 넘치는 사람' '피아노를 잘 치고, 뭔가를 잘 만들고 꾸밀 수 있으며, 춤과 노래를 좋아하는 사람' '아이를 좋아하고, 아이와 함께 놀며, 아이를 돌보는 것을 좋아하는 사람' 등으로 요약될 수 있다.

유아교사직에 대한 사회적 인식의 단면을 잘 보여 주는 대표적 대중매체인 TV 드라마에 나타난 유아교사의 인성적 이미지도 이와 유사하다. TV 드라마에 나타난 유아교사의 인성적 이미지를 요약해 보면 〈표 2-1〉과 같다(이현숙, 조형숙, 2008).

〈표 2-1〉 유아교사의 인성적 이미지

이미지	특 성
천사형	유아를 사랑하는 사람, 온정적인 사람, 밝은 사람, 이타적인 사람
청순가련형	순수한 사람, 여린 사람
현모양처형	도덕적인 사람, 검소한 사람, 가정적인 사람
외유내강형	열성적인 사람, 인내심이 강한 사람

(2) 외형적 이미지

유아교사의 외형적 이미지는 주로 교사의 옷차림과 머리 모양, 몸가짐, 외모 및 음성과 관련된다. 특히, 유아교사는 다른 직업에 비해 여성성이 두드러지는 외형, 즉 항상 치마를 입고, 구두를 신으며, 머리는 길게 기르고, 체격은 아담하여 귀엽고, 애교가 있으며, 목소리는 상냥하고 부드러운 전형적인 '공주풍'의 외형 이미지가 강하다.

각종 대중매체에 소개된 유아교사의 외형 이미지도 이와 유사하여 여성스럽고 청순한 사람, 즉 단정하고 수수한 사람, 다소곳하고 얌전한 사람, 젊고 밝고 예쁜 사람, 자상하고 부드러운 사람 등으로 나타난다. 유아교사의 외형적 이미지로서 키 크고 힘센 교사, 건강하고 씩씩한 남성적인 교사, 60세가 넘은 할머니 교사 등의 이미지는 찾아보기 힘들다.

(3) 전문가 이미지

일반인은 유아교사를 교육하는 전문가로서의 교사로 보기보다는 아이를 보살펴 주고 함께 놀아 주는 사람 정도로 보는 경우가 많다. 또한 유아를 가르치는 일은 초 · 중등 학생을 가르치는 것보다 쉽고 낮은 수준의 일이라고 흔히 생각한다.

이러한 인식은 비단 일반인에게만 국한되지 않는다. 유아교사직에 종사하는 교사들조차도 초 · 중등 교사보다 자신의 전문가 이미지가 부족하다고 생각하는 경향이 있다. 유아교사 이미지에 관한 연구(류칠선, 이성희, 2005)에 따르면, 우리나라 유아교사는 교사로서의 전문적 지식과 기술 획득, 폭넓은 교양 지식 형성과 같은 전문적 자질보다는 유아에 대한 사랑 · 관심 · 보살핌, 근면 · 성실한 태도와 같은 인성적 자질을 통해 자신의 교사 이미지를 형성한다고 보고하고 있다. 이는 교사 자신도 유아교사직에 대해 전문가로서의 이미지가 부족하다고 인식한다는 것을 의미한다(안부금, 2003).

또한 대중매체를 통해 나타난 전문가 이미지도 부적절하다. TV 뉴스나 드라

마는 전문가로서 유아교사의 모습을 주로 미술 · 음악 · 신체 활동 등 예체능 관련 지도 장면만 편중적으로 보도함으로써 전문적 지식과 기술을 토대로 교수를 계획하고 실행하는 전문가로서의 교사 모습보다는 춤추고 노래하는 예능이나 특기교육 위주의 교사 이미지를 부각하고 있다. 이와 같이 유아교사에 대한 이미지는 상당히 왜곡되어 있는 편이다.

유아교사는 자신의 이미지를 점검하고, 그것이 고정관념에 의한 이미지일 경우 변화시키려는 노력이 필요하다. 이러한 이미지 변화 노력은 유아교사가 어떤 일을 하는 사람인지, 어떤 능력과 자질을 필요로 하는지, 즉 교사의 역할과 자질에 대한 정확한 규명에서부터 시작된다고 할 수 있다.

3) 유아교사직 선택의 동기

예비 유아교사의 유아교사직 선택 동기는 대략 유아에 대한 환상, 어린 시절 유아교육 및 교사에 대한 추억, 유아 지도 경험 그리고 예능에 대한 소질 등 네 가지로 요약될 수 있다(안부금, 2007).

(1) 유아에 대한 환상

유아교사들에게 교사직을 선택한 동기를 물으면 대부분 다음과 같이 대답한다.

> 저는 어릴 때부터 아이를 좋아했어요. 그래서 크면 꼭 유치원 교사가 되어야겠다고 생각했어요. ……아이들이 웃는 모습을 떠올리면 천사가 따로 없어요. 제 마음까지 깨끗해지는 것 같아요.

> 저는 아이를 굉장히 좋아해요. 아이를 바라보고 있으면 제 마음도 밝고 순수해지는 것 같아요. 그런 아이들과 하루 종일 함께 생활하면 행복할 것 같아서 유아교육과에 오게 됐어요.

이들은 '유아를 좋아하고, 유아에 대한 관심이 많아서 어릴 때부터 진로를 교직으로 결정했다.'고 말한다. 그러나 이들이 말한 유아에 대한 막연한 사랑과 관심이라는 환상은 깨지기 쉬우며, 이와 같은 동기는 유아교사직의 복잡하고 어려움이 따르는 특성을 전혀 고려하지 않은 것이다. 즉, 유아교사가 유아교직을 선택하는 동기가 상당 부분 유아교육 또는 유아교사에 대한 환상적 이미지나 고정관념에서 비롯된다고 할 수 있다.

교사는 유아의 보편적 발달 특성과 유아 개인의 발달적 독특성을 잘 알아야 할 뿐 아니라, 그들의 관심, 흥미, 호기심 그리고 그 관심과 호기심을 충족시키는 방식 등 유아에 대한 객관적이고 과학적인 지식을 지녀야 한다. 유아는 항상 밝고 순수하고 천사 같은, 그림 속에나 있을 법한 환상적이고 수동적인 인물이 아니다. 유아교사로서 자신이 가르칠 유아를 정확하게 파악하는 일은 유아교사의 역할을 성공적으로 수행하기 위한 필수적인 요소다.

(2) 어린 시절 유아교육 및 교사에 대한 추억

유아교사직을 선택하는 또 다른 동기는 자신의 유년기를 떠올리며 아름다운 추억으로 간직하고 있는 유치원 시절과 유아교사에 대한 경험이다.

> 어렸을 때 시골에서 병설유치원에 다녔어요. 지금 생각해 보면 그때가 제 인생에서 가장 행복한 시기였어요. 친구들과 함께 놀고, 맛있는 간식도 먹고, 즐거운 운동회도 하고, 멀리 있는 도시로 견학도 갔지요. 이 모두가 행복한 기억이에요. 그리고 선생님도 너무 상냥하고 친절하고 예뻤어요. 그 선생님을 보며 나도 꼭 유치원 교사가 되어야겠다고 생각했어요.

유아교사들의 많은 선택 동기인 어린 시절 유아교육과 교사에 대한 추억은 아름답지만, 그 시절의 유아는 교사가 아니라 유아의 입장에 있었다는 사실을 명심해야 한다. 유아의 입장에서 자신이 이미 수업 장면을 경험했기 때문에 본인 역시 가르칠 수 있다고 쉽게 생각할 수 있지만, 그것은 어디까지나 배웠던 경험일 뿐이며 교사의 입장에서 가르치지는 않았다는 것이다.

어린 시절의 경험만으로 유아를 가르칠 수는 없다. 유아교사는 유아의 발달 특성을 정확히 이해하고, 이를 토대로 교수를 계획하고 운영하는 전문가로서의 역할과 자질이 중요하다.

(3) 유아 지도 경험

유아교사직을 쉽게 선택하는 이유 중 하나는 유치원이나 어린이집 또는 관련 기관에서 유아를 가르쳐 보고 지도해 본 경험 때문이다.

> 고등학교 방학 때 어린이집 캠프에 자원봉사자로 참여한 적이 있었어요. 처음으로 아이들을 가르쳐 본 기회였는데, 아이들이 무척 말을 잘 듣고 따라 주어서 원장님께 칭찬을 받았어요. 이때 제가 아이를 가르치는 일에 적성과 소질이 있다고 생각하게 되었어요. 그래서 대학 진학도 꼭 유치원 선생님이 될 수 있는 학과로 가야겠다고 생각했어요.

> 교회 주일학교에서 유치반 아이들을 가르친 경험이 있어요. 아이들이 저를 선생님이라 부르며 따르는 것도 좋았고, 그 아이들에게 춤과 노래를 가르쳐 줄 때 아이들이 무척 즐거워하는 것을 보고 아이를 가르치는 일이 저에게 딱 맞는 천직이라는 생각이 들었어요.

이 사례에서 볼 수 있듯이, 이들이 유아에 대한 전문적 지식 없이 경험한 '가르치는 일'은 전문적 교수 행위가 아니라 단순히 교사와 가르치는 일을 모방했을 뿐이다. 단지 자신이 어릴 적 학습자로서 경험한 것을 토대로 유아를 가르친 것은 '교사 놀이'를 하듯이 교사를 흉내 내 보고 그대로 따라해 본 것에 불과하다.

유아교사는 단순히 경험 있는 다른 교사와 그들의 교수 행위를 흉내 내며 모방하는 사람이 아니다. 유아교사는 학교에서 다양한 전공 지식과 폭넓은 교양 지식을 갖추어야 하며, 현장에서 유아와의 만남을 통해 형성된 자신만의 실천적 지식을 토대로 개별 유아와 상황에 적합한 교수 내용과 방법을 선택하여 교수 행위를 해야 하는 고유한 의사결정자 역할을 수행하는 사람임을 명심해야 한다.

(4) 예능에 대한 소질

예능에 대한 소질 또한 유아교사직을 선택하는 하나의 동기가 된다.

> 저는 어릴 때 피아노 학원과 무용 학원을 다녔어요. 무용 학원은 중간에 그만두었지만 피아노 학원은 중학교를 졸업할 때까지 다녔어요. 그래서 이 두 가지는 자신 있어요. 피아노를 잘 치고 율동도 잘해서 유아교사를 하면 다른 교사보다 훨씬 유리할 것 같아 지원했어요. 아이들과 피아노를 치며 함께 노래 부르는 것이 즐겁고 재미있어요.

물론 이 사례처럼 유아교사는 유아와 노래도 부르고, 춤도 추며, 그림도 그린다. 그러나 이것이 전부는 아니다. 유아교육은 단편적인 기능이나 기술을 익히는 것이 아니라 유아의 신체 · 언어 · 인지 · 사회성 · 정서 발달을 통합적으로 이루어 전인적 발달을 추구하는 것이 고유한 목표이며, 이를 위해 초등학교처럼 교과서 내용을 가르치는 것이 아니라, 활동을 중심으로 통합적으로 운영하는 독특한 교육 방식을 취한다. 그러므로 유아교사는 이에 대한 정확한 지식과 올바른 이해가 선행되어야 한다.

여러 사례를 통해 살펴보았듯이, 유아교사직에 대한 선택 동기가 다소 낭만적이고 관념적인 이상에 치우쳐 있음을 알 수 있다. 유아교사직은 단순한 환상이나 선입견 또는 오해로는 지탱하기 어려운 직업이다. 유아교사직은 다른 직업에 비해 고도의 능력과 노력을 요구하며, 때로는 많은 어려움이 따르는 일이다. 즉, 유아교사는 유아교육과정의 통합적 운영, 각기 다른 개인차를 가진 유아들, 수업 계획 및 운영, 장시간의 고된 업무, 까다로운 학부모와의 관계, 다루기 힘든 유아, 일과 운영에 대한 부담 등 현실적으로 많은 장애 요소들이 있다(안부금, 2007).

그러므로 자신의 교직 선택에 대한 동기를 반성적으로 살펴보고, 유아교사직에 대한 보다 정확하고 올바른 이해를 바탕으로 교직 선택의 동기를 재정립하는 것이 필요하다. 이러한 과정을 통해 유아교사직이 어떤 직업인지, 유아교사는

〈표 2-2〉 인성 및 적성과 교직 적합성과의 관계 측정 질문지(나의 인성과 적성이 교직에 적합한가?)

하위 차원	하위 요인	내 용	점 수				
교수 능력	언어 표현력	나는 친구들과 이야기할 때 대화를 이끌어 가는 편이다.	1	2	3	4	5
	응용력	나는 이해하기 어려운 내용을 비유나 예를 들어 설명한다.	1	2	3	4	5
	상황 판단력	나는 일을 결정하기 힘들 때 다른 사람의 의견에 잘 따른다.	1	2	3	4	5
생활 지도 능력	신뢰감	나는 나보다 잘하는 사람을 은근히 질투한다.	1	2	3	4	5
	지도력	나는 친구들과의 모임에서 내가 주도해 나가는 편이다.	1	2	3	4	5
	포용력	나는 다른 사람들을 될 수 있는 한 너그럽게 대한다.	1	2	3	4	5
연구 능력	행동 관찰력	나는 상대방의 기분을 금방 알아차릴 수 있다.	1	2	3	4	5
	탐구력	나는 궁금하면 해결될 때까지 다양한 자료를 찾아본다.	1	2	3	4	5
	문제해결력	나는 문제가 일어난 상황에 대해 관심이 많은 편이다.	1	2	3	4	5
창의성	독창성	나는 일상적이지 않은 새로운 것을 좋아한다.	1	2	3	4	5
	통찰력	나는 추리영화를 볼 때 범인이 누군지 빨리 알아챈다.	1	2	3	4	5
	융통성	나는 정해진 규칙은 반드시 지켜야 한다고 생각한다.	1	2	3	4	5
소명감	소명감	나는 보수가 높을수록 좋은 직업이라고 생각한다.	1	2	3	4	5
	성실성	내가 맡은 일은 힘들더라도 끝까지 해내는 편이다.	1	2	3	4	5
	열성	나는 가르치는 일에는 시간 가는 줄 모른다.	1	2	3	4	5
도덕성	도덕성	잘 몰라도 아는 체하는 것이 체면상 필요할 때가 있다.	1	2	3	4	5
	인간 존중	나는 다른 사람의 입장을 이해하려고 노력한다.	1	2	3	4	5
	공정성	나는 첫인상으로 사람을 판단하는 경향이 있다.	1	2	3	4	5

어떤 일을 하는 사람인지 정확하게 이해하게 될 것이며, 이것은 유아교사의 전문성을 향상시키는 기본적인 토대가 될 수 있다.

2. 유아교사의 역할

역할이란, "자기가 마땅히 하여야 할 맡은 직책이나 임무"(표준국어대사전, 2009)로 정의된다. 유아교육은 다양한 유아를 대상으로 다양한 환경에서 실시되므로, 유아교사의 역할을 분명하게 정의하기란 쉽지 않다. 그러나 유아교사의 역할이 유아의 전인적 성장과 발달을 위해 유아를 보호하고 교육하는 것이라는 데는 이견의 여지가 없다.

유아교사는 유아의 발달적 특징의 복잡성과 다양성으로 인해 초·중등 교사보다 더 복잡하고 다양한 역할이 요구되며, 특히 유아교육기관은 타 교육기관과 달리 형식적인 교과서 없이 교육 내용, 교육 방법, 교재·교구의 제작 및 선정 등 모든 교육활동이 교사의 역량에 의해 이루어질 수 있는 특성을 지니므로 유아교사의 역할이 더욱 중요하다.

한편, 유아교사의 역할에 대한 관점은 초기에는 어머니의 역할에서 점차 교육과정을 계획하고 실행하며 평가하는 역할로 그 중요성이 변화되어 왔다. 그러나 최근에는 유아교육 대상 연령의 하향화, 종일반 운영 증가 등의 사회적인 요구로 인해 보호의 역할이 다시 강조되고 있는 추세다.

이러한 현상은 '가르치는 일이 더 중요한가? 돌보고 보호하는 일이 더 중요한가?' '가르치는 일과 보호하는 일의 비중을 어떻게 달리해야 하는가?' 혹은 더 나아가 '유치원 교사는 가르치는 일을 비중 있게 다루어야 하고, 보육교사는 보호하는 일을 비중 있게 다루어야 하는가?' 등과 같은 유아교사의 역할을 명확히 규정짓는 데 혼란을 초래한다.

이에 대해 신은수 등(2009)은 교사 자격증의 범위와 성격이 다른 외국의 사례

〈표 2-3〉 유아교사의 역할

역 할	성 격
교사	공교육제도 안에 포함되어 초등학교 저학년까지 담당함
유치원 교사	교육부 관할하에 교육제도 안에서 주로 교육만을 담당함
보육교사	여성가족부 관할하에 교육을 중점으로 하되, 보육의 개념이 보충됨
사회교육사	교육 이외의 상황에서 주로 사회복지를 담당함

를 토대로 유아교사의 역할을 〈표 2-3〉과 같이 네 가지로 구분할 필요가 있음을 주장하고 있다. 여기서는 이 구분을 토대로 하여 유아교사의 역할을 유치원 교사와 보육교사로 구분하여 제시하고자 한다.

1) 유치원 교사

(1) 가르치는 일

유치원 교사는 가르치는 역할을 수행한다. 가르치는 행위는 유아에게 의미 있고, 교육적으로 가치 있는 경험을 제공하고 안내해 주어야 하는 교사에게 주어진 가장 중요한 책무이자 고유한 역할이다. 따라서 유치원 교사가 되는 것은 어렵지만, 가르치기는 더 어려우며, 특히 어린 연령의 유아를 잘 가르치기는 무척 어렵다. 유아를 실제로 가르쳐 본 사람은 이 일이 얼마나 힘든 일인지 절실히 깨닫는다.

유치원 교사의 가르치는 일은 단순히 지식의 전달에 그치는 것이 아니다. 교육 목표를 설정하고, 유아를 진단하고, 수업활동을 계획 · 운영하며, 학습 성과를 평가하는 등 일련의 복잡한 과업을 수행해야 한다. 이처럼 유아를 가르친다는 것은 매우 복잡하고 역동적이며 가치 지향적인 독특한 활동이므로, 유치원 교사는 특수한 자질과 기술 및 지식이 요구되며, 육체적, 정신적으로 매우 고단하고 많은 인내력을 필요로 한다.

다음의 사례는 유아교육 현장에서 가르친 일을 기술한 것이다.

> 오늘 우리 학급의 활동 주제는 '지렁이'였다. 남자아이들은 호기심을 가지고 관찰하였고, 심지어 손으로 만지면서 큰 관심을 보였다. 그러나 몇몇 여자 아이들은 지렁이에 대해 관심이 없었을 뿐 아니라 가까이서 관찰할 엄두도 못 내었고, 심지어 비명을 지르는 유아도 있었다. 교실은 금방 아수라장이 되고 말았다. '지렁이'가 분명 유아들에게 적합한 과학 주제라고 배웠지만, 그것이 모든 유아에게 해당되는 것은 아니었다. 사실 교사인 나도 지렁이가 징그럽게 느껴졌고, 그러다 보니 지렁이에 대해 아는 것이 별로 없어 유아와의 상호작용을 효과적으로 이끌어 내지 못한 것 같다.

이 사례에서 볼 수 있듯이, 유치원 교사에게 가르치는 일이 얼마나 어렵고 복잡한 일인지 짐작할 수 있다. 유치원 교사의 '가르치는 일'은 결코 일회적인 것이 아니며, 모든 상황에 적용되는 것도 아니다. 또한 다양한 교실 상황에서 언어

유아 가르치기

적 상호작용이 미숙하거나 각기 다른 집중력을 보이는 등 다양한 발달 특성을 가진 유아들을 대상으로 진행되는 수업은 유치원 교사에게 많은 부담이 된다.

바람직한 유치원 교사는 유아를 가르치는 데 필요한 모든 것을 사전에 완벽하게 습득한 사람이 아니라, 오히려 유아를 가르치면서 자신도 함께 배우고 끊임없이 연구해야 하는 학습자라는 사실을 인식하는 것이 무엇보다 중요하다.

(2) 일과를 통한 구체적인 역할

유치원 교사는 유아가 전인적으로 성장하고 발달할 수 있도록 유아의 기본적인 욕구를 충족시키며 보호하는 동시에 교육 프로그램 계획, 교육활동 선정 및 수행, 교수 방법 및 교수 매체 선정, 교육 환경 구성, 교육 자료 선택 및 준비, 유아 관찰 및 평가 등의 여러 가지 역할을 수행한다.

이처럼 유치원 교사는 현장에서 실제로 상당히 다양한 일을 수행한다. 김은영(2006)의 '유치원 교사 직무 분석 결과'에 따르면, 유치원 교사가 수행해야 할 직무는 무려 190여 개나 된다. 그중 정해진 일과표에 따라 유아를 지도하고 관리하는 일은 유치원 교사의 중요한 책무 가운데 하나다.

유치원 교사의 구체적인 역할은 실제 교육 현장의 일과 중 유아가 등원해서 귀가하기까지의 업무와 유아의 귀가 후부터 퇴근까지의 업무로 나누어 살펴볼 수 있다.

① 유아가 등원해서 귀가하기까지(수업지도 활동 시간)

유아가 등원해서 귀가하기까지 교사는 교육과정 계획 및 운영 등 주로 교수-학습 실제와 관련된 수업지도 역할을 수행한다. 순서대로 살펴보면, 등원, 놀이 계획 및 자유선택 활동, 정리 정돈 및 자유선택 활동 평가, 이야기 나누기 대집단 활동, 간식 및 휴식, 수 · 과학 활동, 조형활동 등의 대 · 소 집단 활동, 점심 식사 및 휴식, 바깥놀이, 음악활동, 게임활동, 신체활동 및 동요 · 동시 · 동극 활동 등의 대 · 소 집단활동, 동화 및 동시 듣기 등의 대집단 활동, 평가 및 귀가

〈표 2-4〉 유치원 교사의 일과(수업지도 활동)

시 간	활동 내용
8:50 ~ 9:00	등원
9:00 ~ 10:10	놀이 계획 및 자유선택 활동
10:10 ~ 10:30	정리 정돈 및 자유선택 활동 평가
10:30 ~ 10:50	대집단 활동(이야기 나누기)
10:50 ~ 11:10	간식 및 휴식
11:10 ~ 11:50	대 · 소 집단활동(수 · 과학 활동, 조형활동 등)
11:50 ~ 1:00	점심 식사 및 휴식
1:00 ~ 1:30	바깥놀이
1:30 ~ 2:00	대 · 소 집단활동(음악활동, 게임활동, 신체활동, 동화 · 동시 · 동극 활동 등)
2:00 ~ 2:20	대집단 활동(동화, 동시 듣기)
2:20 ~ 2:30	평가 및 귀가

로 일과가 진행된다.

유치원 교사의 일과 중 수업지도 활동 시간을 표로 정리하여 제시하면 〈표 2-4〉와 같다. 〈표 2-4〉에 제시된 활동 내용에 대한 교사의 구체적인 역할은 다음과 같다.

• 등 원

유치원 교사의 하루는 출근과 동시에 유아가 등원하는 순간부터 시작된다. 교사는 유아들의 등원 시간 전에 간단한 교실 점검과 그날의 교육활동 자료를 준비해야 한다. 유아가 등원하면 교사는 유아를 반갑게 맞이하여 유아가 하루를 즐겁게 시작하도록 해야 하며, 유아의 전체적인 건강과 심리 상태도 이때 점검하도록 한다.

유아들이 도착한 후에는 옷이나 가방 등 소지품을 개인 보관함에 정리하게 하고, 친구들과 인사를 나누도록 지도한다.

• 놀이 계획과 자유선택 활동

놀이 계획은 유아가 어느 영역에서 어떤 놀이를 하고 싶은지 계획하는 것을 말한다. 놀이 계획은 교사가 유아에게 어느 영역에서 어떤 놀이를 할 수 있는지 소개하거나 유아와 함께 교실에 준비된 활동을 둘러본 후에 이루어진다.

놀이 계획 후 자유선택 활동이 이루어지는데, 이를 위해 교사는 진행 중인 생활 주제나 주제의 교육 목표, 내용, 유아의 흥미와 발달 정도를 고려하여 다양한 활동과 교재·교구를 마련해야 하고, 주제의 변화에 따라 활동·교재·교구를 수시로 보완하거나 교체하여 유아의 흥미를 지속시켜 주어야 한다.

또한 교사는 유아의 놀이 과정을 관찰하며 놀이가 잘 이루어질 수 있도록 적절한 언어적 개입, 자료 첨가 등 다양한 방법으로 유아를 도울 수 있어야 한다. 자유선택 활동이 이루어지는 흥미 영역은 쌓기놀이 영역, 역할놀이 영역, 언어 영역, 수·조작 영역, 과학 영역, 조형 영역, 음악 영역 등으로 구성될 수 있다.

자유선택 활동－블록 영역

• 정리 정돈 및 자유선택 활동 평가

교사는 유아가 자유선택 활동을 마무리한 후 유아가 사용한 놀잇감이나 놀았던 자리를 정리 정돈하도록 지도해야 한다. 정리 정돈을 효과적으로 하도록 하기 위해 쓰레기통, 빗자루 등 필요한 물품을 일정한 장소에 마련해 두며, 이때 서로 협동하여 정리 정돈할 수 있도록 유도해야 한다.

정리 정돈 후에는 유아로 하여금 자신이 활동했던 놀이를 회상하며, 놀이 계획과 관련지어 어느 영역에서 어떤 놀이를 어떤 방식으로 하였으며, 또 무엇을 알게 되고 느꼈는지 평가해 볼 수 있는 기회를 제공해야 한다.

• 대집단 활동

대집단 활동 중 이야기 나누기는 교사나 유아가 함께 모여 앉아 정보를 교환하거나 서로의 생각을 들어 보거나 의사결정을 하는 활동이다. 이야기 나누기의 주제는 주로 일과 계획 및 평가, 날씨나 계절의 변화, 주변 사물이나 사회현상, 사람들의 활동 등 일상생활 및 진행 중인 교육 주제와 관련된 것으로 이루어질

대집단 활동 – 이야기 나누기

수 있다.

교사는 이야기 나누기 시간에 수용적인 분위기를 만들어 주어 유아로 하여금 다양한 질문과 의견을 제시하도록 격려해야 하며, 이야기 나누기에 필요한 각종 그림 및 사진 자료, 책, 화보, 비디오 자료 등을 미리 준비하여 정보가 충분히 공유될 수 있도록 해야 한다.

• 간식 및 휴식

간식 시간은 유아의 심신 발달에 필요한 영양을 공급하는 시간이다. 유아는 간식을 먹으며 먹는 즐거움과 올바른 식생활 태도를 익힐 수 있으므로, 교사는 유아에게 영양적으로 균형 잡힌 간식을 충분히 제공해 주어야 한다.

또한 유아는 일과 시간 동안 활동량이 많아 피곤해지기 쉬우므로 휴식이 필요하다. 유아는 피곤해하면서도 스스로 쉬어야 한다는 것을 인식하지 못하거나 잊어버릴 수 있으므로, 교사는 유아의 상태를 잘 관찰하여 휴식의 필요성을 적절하게 판단해야 한다.

• 대 · 소 집단활동

대 · 소 집단활동은 유아들이 전체 또는 소집단으로 함께 모여서 여러 가지 교육활동을 하는 것이다. 대 · 소 집단활동에는 수 · 과학 활동, 조형활동, 동화 · 동시 · 동극 활동, 음악활동, 신체활동, 게임활동, 요리활동 등이 포함된다.

유아교육 현장의 대 · 소 집단활동은 주제의 종류나 특성에 따라 오전과 오후에 한 번씩 20~40분 정도로 적절하게 계획하고 운영하되, 기관의 특성이나 유아들의 흥미와 욕구 및 상황에 따라 융통성 있게 운영하도록 한다.

소집단 활동 – 과학활동

대 · 소 집단활동 – 신체 · 동극 활동

• 점심 식사 및 휴식

점심시간은 간식 시간과 마찬가지로 유아의 심신 발달에 필요한 영양을 공급하며, 음식과 식생활에 관한 지식을 넓히고, 바른 식생활 태도를 기를 수 있는 시간이다.

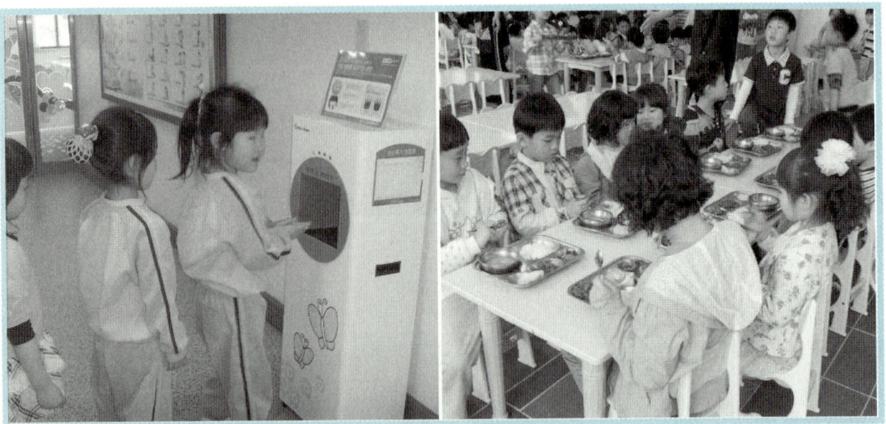

점심 식사

교사는 점심 식사 전, 식사 시, 식사 후 등 다양한 상황에서 유아가 지켜야 할 식사 예절이나 바른 식생활 태도와 습관을 지닐 수 있도록 지도해야 한다. 즉, 음식 먹기 전 손 씻기, 바른 자세로 골고루 먹기, 수저 바르게 사용하기, 음식 소중하게 여기기, 감사 인사하기 등을 지도해야 한다. 또한 음식을 먹는 시간은 즐거운 마음으로 먹을 수 있도록 배려해야 한다.

- 바깥놀이

바깥놀이란 실외에서 이루어지는 모든 놀이를 말하며, 실내에서 이루어지는 활동들 못지않게 매우 중요한 놀이활동이다. 바깥놀이는 유아의 신체적 발달과 운동 능력을 발달시키는 것 외에도 실내활동에서 생길 수 있는 긴장감을 해소하고 편안함을 느끼게 하는 데 도움을 준다. 이러한 바깥놀이 활동에는 운동놀이, 물 · 모래 놀이, 동식물 관찰하기와 기르기, 산책하기, 현장학습 등이 포함된다.

교사는 바깥놀이가 특정 시간대에만 이루어지지 않도록 사시사철 날마다의 일과 속에 포함시켜야 하며, 오전 · 오후 · 저녁 등 다양한 시간대에 배치하여 날씨에 따라 바깥놀이 활동이 소홀해지지 않도록 계획 및 운영해야 한다.

바깥놀이 - 산책하기

• 평가 및 귀가

평가는 주로 일과를 끝내고 집으로 돌아가기 전에 반 전체의 유아들이 모여 일과에 대한 이야기 나누기를 통해 이루어진다. 교사는 유아들에게 하루를 보내면서 새롭게 알고 느끼게 된 점, 가장 재미있었던 일이나 힘들었던 일을 회상해 보게 하고, 그 이유와 해결책 등도 이야기해 보게 한다.

일과 평가 후 귀가 시간에 교사는 전달 사항이나 다음 날 이루어질 활동을 미리 소개할 수도 있고, 귀가 안전 등에 대하여 이야기할 수도 있다. 또한 유아들이 귀가할 때는 가정통신문이나 작품, 옷 등의 소지품을 빠뜨리지 않고 가져갈 수 있도록 지도해야 하며, 반드시 유아의 부모나 대리인을 통해 안전하게 귀가시켜야 한다.

이와 같이 유치원 교사는 초 · 중등 교사와 달리 어린 유아들을 대상으로 하므로, 일과가 시작되는 등원부터 집으로 돌아가는 귀가 시간까지 교사가 일일이 지도해야 하는 직업적 특성을 가지고 있다.

② **유아가 귀가한 후 교사가 퇴근하기까지(수업 준비 및 업무지원 활동 시간)**

유아가 귀가한 후 교사가 퇴근하기까지의 교사 역할은 주로 수업 준비 및 업무지원 활동과 관련된다. 즉, 교육 계획 수립, 수업 자료 · 교재 · 교구 준비, 평가활동 등의 수업 준비활동이 이루어지며, 수업 준비활동이 이루어진 후에는 각종 행사 준비를 하거나 공문 작성 및 행정 업무 처리 또는 학부모 면담을 하기도 한다. 또한 동료 교사들과 원내장학을 실시하기도 한다(이미화 외, 2006). 유치원 교사의 일과 중 수업 준비 및 업무지원 활동을 요약하면 〈표 2-5〉와 같다.

〈표 2-5〉 유치원 교사의 일과(수업 준비 및 업무지원 활동)

시 간	업무 내용
2:30 ~ 퇴근까지	• 교실 청소 및 환경 정리 • 평가 • 일일 교육 계획안 작성 • 수업 자료 및 교재 · 교구 준비 • 학부모 면담 • 공문 작성 및 행정 업무 • 원내 장학 • 특별행사 준비

• **교실 청소 및 환경 정리**

교사는 유아들이 귀가하고 나면 교실을 정리 정돈하고 청소한다. 이때 교사는 교재 · 교구의 상태를 점검하고 적절하게 관리해야 하며, 신규 교재 · 교구 구입 및 대체, 폐기 등을 고려한다. 또한 생활 주제와 흥미 영역에 적합하게 환경을 구성하고 정리하기도 한다.

• **평 가**

유아들과의 일과 활동 후에는 반드시 평가가 이루어져야 한다. 교사는 자신의 수업이나 교육활동 등에 대해 평가하며, 아울러 유아에 대한 평가도 실시한다. 구체적으로 자신의 수업을 돌아보며 선정한 교육 목표가 적절하였는지, 그에 따라 목표가 잘 달성되었는지, 만약 달성되지 못했다면 무엇이 문제였는지 평가해야 하며, 또한 유아들의 생각과 의견을 충분히 존중하며 수업하였는지, 유아의 개인차와 요구 및 흥미를 고려한 수업이었는지 등에 대해서도 평가해 보아야 한다. 또한 평가의 내용을 기록하여 다음 수업 계획 및 운영 시 반영하도록 한다.

교사는 유아에 대한 평가도 실시해야 하는데, 주로 유아의 작품 결과물이나 교사의 관찰 기록을 토대로 이루어진다.

- 일일 교육 계획안 작성

교사는 오늘 수업의 평가 결과를 토대로 내일의 수업을 계획하고, 구체적인 일일 교육 계획안을 작성한다. 일일 교육 계획안에는 생활 주제, 교육 목표, 활동명과 활동 목표, 활동 소요 시간, 준비물, 활동 방법, 유의 사항 등을 기록한다.

- 수업 자료 및 교재 · 교구 준비

교사는 유아의 경험 세계를 교육적으로 안내하기 위한 수업 준비를 철저히 해야 한다. 수업 준비는 교재 · 교구를 포함하여 여러 가지 학습 준비물을 포함하는 것으로서, 유아의 발달 특성상 유아가 수업 내용을 잘 이해하도록 하고, 수업을 원활하게 진행하도록 하기 위한 필수적인 활동이다. 유아에게 매력적이고 흥미를 지속시키기 위한 수업 준비는 많은 시간과 노력을 요구한다.

일단 다음 날 이루어질 수업 계획안을 작성하고 나면, 교사는 수업에 필요한 각종 자료, 준비물, 교재 · 교구 등을 준비해야 하며, 필요한 환경도 적절하게 구성하고 재정비한다.

- 학부모 면담

유치원 교사는 질 높은 유아교육을 위해 학부모와 긴밀한 관계를 형성하는 것이 중요하다. 그중 학부모 면담은 교사와 학부모의 가장 적극적인 의사소통 방법 중의 하나로서, 면담을 통해 교사는 유아의 가정환경에 대해 알 수 있고, 학부모는 유아교육기관에서의 유아들의 생활을 이해할 수 있다.

• 공문 작성 및 행정 업무

교사는 유아교육 관련 공문을 작성하고 처리하는 데 많은 시간을 할애한다. 유치원 교사는 공문 작성 및 행정 업무에 대한 전문적 지식 및 기술이 부족한 실정이며(이미화 외, 2006), 따라서 많은 시간이 소요되므로 공문 작성 및 행정 업무를 위한 보조 인력이 시급하다.

• 원내장학

유치원 교사의 전문성 향상을 위해서는 다양한 원내장학이 이루어져야 한다. 의 방법으로는 동료 교사의 수업 관찰하기, 동료 교사와 토의 및 협의하기, 수업 사례 분석하기, 전문 서적 읽고 토론하기 등이 있으며, 이러한 방법을 통한 지속적인 장학이 이루어져야 한다.

• 특별행사 준비

유아교육 현장에서는 입학, 졸업, 생일, 현장학습, 소풍, 가족 참여 등 다양한 특별행사가 이루어진다. 이러한 행사는 준비하기 위해 많은 시간이 필요한데, 교사는 자칫 유아의 교육활동에까지 악영향을 미치지 않도록 행사 본래의 의미보다 더 확대되거나 형식적인 보여 주기 식의 행사가 되지 않도록 주의해야 한다.

이와 같이 유치원 교사는 초・중등 교사와 달리 어린 유아들을 대상으로 하므로, 유아가 등원할 때부터 귀가할 때까지, 그리고 유아가 귀가한 후부터 교사의 퇴근 시간까지 다양하고 방대한 업무 특성과 업무량에 의해 교사의 손길은 쉼이

특별행사 – 생일 · 크리스마스 잔치

없이 바쁘게 돌아간다.

2) 보육교사

보육교사는 영유아의 신체적 · 정서적 · 사회적 보호를 위한 '보살핌'과 관련된 역할을 수행해야 한다. 영유아에게 가정과 같은 편안한 분위기를 제공하면서 영유아를 안전하게 돌보는 모성적 역할은 보육교사의 기본적이며 필수적인 부분이고, 가장 우선적으로 요구되는 역할이기도 하다.

최근 여성의 보살핌, 돌봄의 행위에 대한 가치는 페미니스트의 시각을 통해 새롭게 인식되고 있다. 돌보는 행위는 여성에게만 국한된 생물학적 특성이거나 개인적인 속성이 아니라 전문성을 갖춘 지적 기술을 필요로 하는 행위다(염지숙, 2005). 즉, 보살핌이란 인성적 요소뿐만 아니라 지적 · 사회적 요소가 포함되는 개념으로서, 여성만이 하는 것이 아니라 모든 유능한 성인에 의해 공유되어야 하는 일이다.

이러한 맥락에서 유아교육은 여성이냐 혹은 남성이냐, 가르침이냐 혹은 보살핌이냐 하는 흑백논리가 아니라 여성과 남성이 함께하는, 좋은 가르침과 보살핌이 결합된 하나의 통합적인 개념으로서 유아교육을 이해해야 함을 시사한다. 그러므로 보육교사는 일반인이 쉽게 비전문적인 것으로 보는 돌봄(보살핌) 역할의 의미와 중요성을 새롭게 인식해야 할 것이다.

(1) 돌 봄

보육교사는 발달적으로 돌봄(care)을 필요로 하는 영유아를 돌보고, 정서적으로 안정시키며, 영유아 중심의 보육과정을 운영하는 등 돌봄의 역할이 가르침의 상당 부분을 차지하고 있다(박은혜, 2010). 다음의 사례는 유아교육 현장에서 보육교사의 돌보는 일을 기술한 것이다.

> 내가 맡은 반은 만 3세 학급이다. 처음에는 작년에 맡은 만 5세 학급보다 쉬울 것이라고 생각했다. 그런데 3월 초 한 유아가 감기에 걸렸는데 금방 다른 유아들에게도 번져 7~8명의 유아들이 기침을 콜록거려 거의 수업을 할 수 없는 지경이 되었다. 더욱 심각한 것은 감기가 옮은 한 유아의 어머니가 원으로 찾아와 다른 유아 때문에 자기 아이도 감기에 걸렸다면서 이에 대해 미리 대처하지 않은 나를 원망하는 눈치였다. 매우 당황스러움을 느끼면서 유아의 건강과 안전에 대해 더 많은 관심을 가져야 하고, 이에 대한 전문적 지식도 갖추어야겠다고 생각했다.

이 사례에서 보듯이, 영유아를 돌보는 일은 가르치는 일 못지않게 중요함을 다시 한 번 느낄 수 있다. 최근에는 보다 어린 연령의 증가, 종일반 증가 등 사회적인 요구로 보호의 역할이 다시 강조되고 있는 추세다. 특히 영유아가 기관에서 종일 지내는 종일반을 담당하는 보육교사에게는 영유아를 잘 보살피는 능력도 중요한 역할이 된다.

영유아 보살피기

(2) 직업적 특성에 따른 업무

보육교사의 직업적 특성에 따른 업무는 영유아 보육 관련 업무, 보육 지원 업무 및 운영 관련 업무로 구분된다(한국보육교사회, 2001).

- 영유아 보육 관련 업무

보육교사의 전문성이 가장 핵심적인 직무로서 영유아와의 상호작용을 포함한 보육활동, 보육일지를 포함한 보육 계획안 작성, 일상적 양육활동, 영유아 관련 관찰일지 쓰기 등의 직접적인 보육과정 편성 운영 업무가 포함된다.

- 보육 지원 업무

보육 관련 업무 이외에 보육을 지원하기 위한 업무로서 보육실과 화장실 등의 청소, 교구장 및 기기류 세척, 간식 및 점심 식사 준비, 놀잇감 및 침구류 세탁 등 보육 환경의 위생과 청결을 위한 업무가 포함된다.

• 운영 관련 업무

영유아에게 직접 영향을 주는 업무 이외에 보육시설의 운영 및 관리 업무로서 교사 회의, 출석부 포함 각종 문서 처리, 실습생 및 자원봉사자 활동 관리, 차량 지도와 전화 받기 등의 업무가 포함된다.

(3) 일과를 통한 구체적 역할

보육교사의 일과를 통한 역할은 매우 다양하다. 보육교사의 일과를 통한 역할 및 업무를 구체적으로 살펴보면 〈표 2-6〉과 같다(유희정, 이미화, 2004).

〈표 2-6〉 보육교사의 주요 업무 내용

주요 업무	업무 내용	소요 시간
오전 당직	• 일찍 등원한 영유아 보육	60~90분
등원 지도	• 등원한 영유아의 옷, 가방 및 소지품 정리 • 교실 환기, 정리 및 청소 • 수업 자료 및 교구 정리	60~90분
오전 차량 지도	• 오전 차량 지도	30~90분
오전 간식	• 오전 간식 지도	30~40분
오전 자유놀이	• 자유놀이 활동에의 참여 격려 • 대집단 활동 교재 · 교구 · 자료 준비 • 교실 정리 및 놀잇감 정리	30~90분
오전 대집단 활동 및 실외활동	• 대집단 활동 및 실외활동 • 교구 및 놀잇감 정리	30~60분
점심시간	• 손 씻기 지도, 점심 준비, 점심 식사 지도 • 그릇 정리, 이 닦기 지도	40~90분
낮잠 및 자유선택 활동	• 교실 청소, 낮잠 지도, 잠자리 정리 정돈 • 손 씻기 및 화장실 이용 지도, 일일 보육 계획안 평가 • 일일수첩 기록, 교구 제작, 교사 회의	90~120분
오후 간식	• 오후 간식 준비, 간식 지도, 그릇 정리	30~40분
오후 자유선택 활동 및 특별활동	• 놀이활동 참여, 특별활동 보조 및 진행	1~2시간

오후 대집단 활동	• 귀가 전 이야기 나누기 등의 활동 • 옷, 가방 정리 및 알림장 챙겨 주기, 머리 빗기기	30~60분
오후 차량 지도	• 오후 차량 지도	30~90분
일과 정리	• 교실 청소 및 교재 · 교구 제작 • 교사 회의 및 행사 준비	1~2시간
초과 근무	• 업무 내용에 따라 초과 근무 상이함	1~5시간

이와 같이 보육교사는 영유아를 돌보고 보호하는 일뿐만 아니라 이들을 '가르치는 일'과 관련된 역할도 함께 수행해야 한다. 영아(0~2세)를 담당하는 보육교사는 돌보고 보호하는 역할을 비중 있게 수행해야 할 것이며, 유아(3~5세)를 담당하는 보육교사는 가르치는 역할의 비중이 보다 커져야 할 것이다.

요점

유아교사직은 일반 교직과는 다른 특성을 지닌다. 이것은 유아교사에 대한 고정관념, 즉 사회적 편견에 따른 유아교사의 이미지 고정관념, 성 고정관념에 의해 야기되며, 또한 유아교사직 선택의 동기 역시 이러한 사회적 편견 및 고정관념을 반영한다.

이처럼 잘못 형성된 유아교사에 대한 고정적 이미지는 유아교사가 사회에서 정당한 대우를 받지 못하게 할 뿐 아니라, 유아를 교육하는 데도 방해 요인이 될 수 있다. 그러므로 유아교사는 자신의 이미지를 점검하고, 그것이 고정관념에 의한 이미지일 경우 적극적으로 변화시키려는 노력이 필요하다.

유아교사는 유아의 전인적 성장과 발달을 위해 유아를 가르치는 일과 보호하는 일을 한다. 가르치는 일은 매우 복잡하고 역동적이며 가치 지향적인 독특한 활동이므로, 유아교사는 특수한 자질과 기술 및 지식을 갖추어야 하며, 육체적, 정신적으로 매우 고단하고, 많은 인내력을 필요로 한다.

또한 유아교사는 유아의 신체적 · 정서적 · 사회적 보호를 위한 '보살핌'과 관련된 역할도 수행해야 한다. 유아교사는 일반인이 쉽게 비전문적인 것으로 보는 '보살핌' 역할의 의미와 중요성을 새롭게 인식해야 한다. 구체적으로 유아교사는 일과를 통해 교육 프로그램 계획, 교육활동 선정 및 수행, 교수 방법 및 교수 매체 선정, 교육 환경 구성, 교육 자료 선택 및 준비, 유아 관찰 및 평가 등 다양한 역할을 수행한다.

토의 문제

- 자신이 이전에 가지고 있던 유아교사의 이미지와 바람직한 유아교사의 이미지를 비교해 보고 이에 대해 토의해 봅시다.
- 자신의 유아교육과 선택 동기를 기술해 봅시다.
- 유아교사의 역할에 비추어 자신이 가지고 있는 유아교사의 편견에 대해 이야기해 봅시다.

참고문헌

교육문화연구회 역(2000). **프레이리의 교사론**. 서울: 아침이슬.

구수연, 곽현주, 나성식(2006). 사립유치원 교직 문화의 특질에 관한 연구. **유아교육학논집, 10**(4), 103-124.

김이경(2005). 교원의 직무수행 실태분석 및 기준개발 연구. 한국교육개발원.

김영란, 강효정, 임부연(2006). 표상활동을 통한 예비유아교사의 심미감 인식. **미술교육논총, 20**(3), 179-208.

김은영(2006). 유치원 교사의 직무 분석. 이화여자대학교 박사학위 논문.

김은주, 서영희(2008). 기혼 유아교사의 교직생활의 의미와 어려움에 관한 연구. **열린유아교육연구, 13**(1), 103-127.

김완석, 김선희(2003). 고등학생 및 대학생의 직업에 대한 고정관념. **청소년상담연구, 11**(2), 12-22.

류칠선(1996). 유치원 교사 이미지 연구: Q-방법론적 접근. **유아교육연구, 16**(2), 125-141.

류칠선, 이성희(2005). 한국과 독일 유아교사의 교사 이미지 평가 비교연구. **한국영유아보육학, 41**, 137-155.

마지순, 고은현(2010). 예비유아교사의 모의수업과 현장수업 경험에 대한 의미 탐색. **유아교육연구, 30**(1), 249-271.

박은혜(2010). **유아교사론**. 서울: 창지사.

박은혜, 이진화, 위수경, 조혜선 공역(2007). **열정으로 가르치기**. 서울: 파란마음.

백윤정, 백양희(2010). 만다라 집단 미술치료가 유치원 교사의 직무 스트레스에 미치는 효과. 미술치료연구, 17(4), 953-974.

서경혜(2004). 좋은 수업에 대한 관점과 개념: 교사와 학생 면담 연구. 교육과정연구, 22(4), 165-187.

신은수(2000). 놀이에 대한 교사 효능감이 교사와 유아의 상호작용과 유아 놀이 발달에 미치는 영향. 유아교육연구, 20(1).

신은수, 권미경(2004). 유치원 초임교사의 역할수행에 대한 인식과 역할수행에 영향을 주는 유의미한 타인에 관한 연구. 사회과학연구, 10.

신은수, 정미라, 박은혜(2009). 유아무상공교육 체제 구축에 관한 요구 조사. 한국교육개발원.

신은수, 박은혜, 김재춘(2010). 유아교육 정책 현안 분석 및 발전 방향 연구. 육아정책연구소.

신은수, 박은혜, 김희진, 이지현(2010). 미래지향적 유치원 교육과정 개발 방향 설정을 위한 소고. 육아지원연구, 15(1).

안부금(2002). 구성주의 개념도 전략을 통한 유아교사의 과학적 지식 증진에 관한 연구. 열린유아교육연구, 7(2).

안부금(2003). 구성주의 교사교육을 통한 유아과학 교수 절차 개발에 관한 분석연구. 한국교사교육, 20(2).

안부금(2007). 예비유아교사의 유아교사직 선택 경향. 창신대학 논문집, 13.

엄은나, 서동미(2009). '좋은 교사'에 대한 예비유아교사들의 인식. 유아교육학논집, 13(2), 5-35.

유희정, 이미화(2004). 보육교사의 근무환경 및 직무실태 분석. 한국여성개발원.

이금란(2000). 유치원 교사의 이미지에 관한 연구. 이화여자대학교 교육대학원 석사학위 논문.

이경민, 서동미, 엄은나(2009). 유치원 교사들이 인식한 좋은 수업의 의미. 한국교원교육연구, 26(1), 109-144.

이대균, 박지선(2008). 예비유아교사의 유치원 보조교사 경험의 의미. 열린유아교육연구, 13(5), 115-143.

이미화, 장명림, 신나리, 김문정, 김현철(2006). 육아지원 인력의 수급 전망 전문성 제고 방안 연구. 육아정책개발센터.

이순자(2009). 공립유치원 교사들의 교직 문화에 대한 질적 사례 연구. 열린유아교육연구,

14(3), 1-50.

이현숙, 조형숙(2008). TV 드라마에 나타난 유아교사의 이미지. 어린이미디어연구, 7(2), 57-85.

이춘자(2010). 예비유아교사의 유치원 교사에 대한 이미지 변화. 교원교육, 26(1), 1-19.

염지숙(2005). 유아교육 현장에서 돌봄의 실천과 한계. 유아교육연구, 25(5), 147-171.

조경자, 이현숙(2005). 유아교육과 학생들의 전공 선택 동기와 유아교사직에 대한 동기. 미래유아교육연구, 12(1), 289-312.

최연철(2007). 「유치원에 간 데이빗」에서 그려진 유아교사의 모습. 동화와 번역, 13.

탁진국(1995). 한국 대학생의 직업에 대한 성 고정관념. 한국심리학회지, 8(1), 161-174.

한수진(2001). 어린이집 교사 자질에 대한 기대수준 및 자기평가에 대한 연구. 성균관대학교 석사학위 논문.

황혜정(2007). 교직 인성 · 적성 검사에 따른 유아교육과 학생들의 전공에 대한 인식 및 만족도 연구. 학생생활연구, 19.

Bolin, F. S. (1990). Helping student teachers think about teaching: Another look at Lou. *Journal of Teacher Education, 4*(1), 10-19.

Burchinal, M. R., Cryer, D., Clifford, R. M., & Howes, C. (2002). Caregiver training and classroom quality in child care centers. *Applied Developmental Science, 6*(1), 2-11.

Cassidy, D. J., Hestenes, L. L., Hegde, A., Hestenes, S., & Mims, S. (2005). Measurement of quality in preschool child care classrooms: An exploratory and confirmatory factor analysis of the early childhood environment rating scale-revised. *Early Childhood Research Quarterly, 20,* 345-360.

de Kruif, R. E. L., McWilliam, R. A., Ridley, S. M., & Wakely, M. B. (2000). Classification of teachers' interaction behaviours in early childhood classrooms. *Early Childhood Research Quarterly, 15,* 247-268.

Hargreaves, A. (2001). Emotional geographics of teacher's relations with colleague. *International Journal of Education Research, 35,* 503-527.

Hargreaves, A. (2002). Teaching in a box: Emotional geographics of teaching. In C. Surge & C. Day (Eds.), *Developing teachers and teaching practice* (pp. 2-25). London: Routledge Falmer Press.

Kats, L. G. (1988). Where is early childhood education as a profession? In B. Spodek, O. N. Saracho & D. L. Peters. (Eds.), *Professionalism and the early childhood practitioner* (pp. 75–83). New York: Teachers College Press.

LoCasale-Crouch, J., Konold, T., Pianta, R., Howes C., Burchinal, M., Bryant, D., Clifford, R., Early, D., & Barbarin, O. (2007). Observed classroom quality profiles in state-funded pre-kindergarten programs and associations with teacher, program, and classroom characteristics. *Early Childhood Research Quarterly, 22,* 3–17.

Marilou H., Heather B. T., & Carol A. S. M. (2010). *Quality improvement in early childhood teacher education: Faculty perspectives and recommendations for the future.* New York: Teachers College Press.

Mashburn, A. J., Pianta, R. C., Hamre, B. K., Downer, J. T., Barbarin, O. A., Bryant, D., Burchinal, M., & Early, D. M. (2008). Measures of classroom quality in prekindergarten and children's development of academic, language, and social skills. *Child Development, 79*(3), 732–749.

Sharon L. K. (Ed.) (2010). Professional Development: A Legacy of Similarities and Differences. Smart Start Presentation: February 18, 2010.

제2부

유아교사의 전문성

제3장 유아교사 전문성에 대한 관점 및 방안

제4장 유아교사의 권리와 의무 및 교직윤리

제5장 유아교사 전문성 증진 방법

제3장

유아교사 전문성에 대한 관점 및 방안

유아교육의 질을 결정짓는 가장 중요한 열쇠는 유아교사의 질이며, 이는 얼마만큼 잘 교육되고, 훈련되며, 잘 지원해 주는 교사가 존재하느냐에 달려 있다. 즉, 유아교사의 전문성은 유아교육의 질을 논할 때 함께 거론되는 문제로서, 유아교사의 전문성과 역할, 책임 등은 매우 중요하다. 그 이유는 유아를 가르친다는 것은 유아를 사랑하는 것 이상의 많은 것을 요구하기 때문이다.

그런데 아직도 많은 사람들은 유아를 가르치는 일을 전문가가 아니더라도 누구나 쉽게 할 수 있는 쉬운 일로 생각하고 있다. 이는 곧 유아교사의 전문성에 대한 사회적 인식이 낮음을 보여 주는 것이다. 정말로 유아교사가 전문가인지, 전문가라면 앞으로 어떻게 변화해야 하는지에 대한 이슈가 끊임없이 제기되고 있으며, 지금까지도 논쟁이 되고 있다.

이 장에서는 유아교사의 전문성에 대한 개념과 유아교사의 전문성에 대한 입장 및 관점을 살펴보고, 유아교사가 전문가로서 전문성 발달을 위해 지속적으로 할 수 있는 구체적인 방법을 모색해 보고자 한다.

1. 전문성에 대한 개념

1) 전문직, 전문화 및 전문성

인간을 대상으로 하는 교사라는 직업은 고도의 전문적 지식과 기술, 독창적인 판단을 필요로 하는 전문성을 요구한다. 교사는 교수기술이나 교실 운영과 같은 업무뿐만 아니라 자율적 의사결정과 같은 많은 역할을 수행하는 전문가이기 때문이다.

'전문가'라는 용어는 원래 법과 의학, 신학 분야의 직업에 적용된 말이었는데, 점차 광범위하게 확산되어 교육 분야에도 적용되고 있다. 전문가의 의미를 구체적으로 정의해 보기 위해서는 먼저 전문직, 전문화 및 전문성에 대한 개념을 이해해야 한다.

전문직(profession)은 전통적으로 법학, 의학, 신학과 같이 높은 수준의 학식을 요구하는 직업을 의미하지만, 시대에 따라 그 개념이 조금씩 변화되어 왔다. 전문화(professionalization)는 전문직으로서 그 직업의 기초가 되는 이론적 지식을 확장할 기회를 제공받고, 그 직업이 실제 일의 수행 시 자율성을 인정받게 되는 과정을 의미한다. 전문성(professionism)은 직업에 종사하는 사람이 보여 주는 태도나 행동과 관련지어 전문성의 기준에 적합할 때 사용된다(Fromberg, 2003).

즉, 전문성이란 개인이 전문적인 지식과 기술이 요구되는 어떤 직업에 종사할 때 그러한 지식과 기술을 토대로 신념을 가지고 자율적으로 판단하고, 행동하며, 의사결정을 내릴 수 있음을 의미한다.

2) 전문성의 특성

현대사회에는 수많은 직종이 존재하는데, 그 직종이 전문직에 속하는지 또는 일반직에 속하는지는 전문성의 기준에 의해 구분 지을 수 있다. 일반적으로 전문직으로 인정받기 위해서는 다음과 같은 전문성의 특성을 가지고 있어야 한다.

- 직업과 관련된 연구소가 설립되고, 관련된 봉사를 제공한다.
- 사회에 필요한 부분이면서 기능 분야와 관련이 있다.
- 일반인이 가지고 있지 못하는 지식과 기술을 가지고 있다.
- 전문가의 결정은 이를 뒷받침해 주는 이론에 기초하여 이루어진다.
- 전문가는 자율권을 가지고 있는 연합체로 조직되어 있다.
- 전문가로 승인받기 위한 기준이 있다.
- 전문가가 되기 위한 대학에서의 준비 과정이 매우 길다.
- 전문직과 그 종사자에 대하여 일반인이 높은 수준의 신뢰를 가지고 있다.
- 전문가는 자신의 일에 전념하고, 봉사에 대한 동기도 가지고 있다.
- 고객이 권위를 인정하며, 전문성에 대한 책무성을 가지고 있다.
- 전문성을 통하여 자신의 행동을 책임질 수 있어야 한다.
- 일정한 윤리 강령이 마련되어 있고, 윤리적 실천이 이루어진다.

이와 같이 전문성에 대한 기준을 토대로 유아교사의 전문성을 고려해 본다면, 유아교사는 전문가가 될 수 있는 요건을 모두 갖추고 있다고 할 수 있다.

한편, 양옥승(2002)은 유치원 교사에게 요구되는 전문성을 함양하기 위해서는 유아교육에 대한 전문적 지식, 개방화와 융통성, 보살핌과 협력, 개방성과 의사소통 능력, 의사결정 능력, 현장성과 정보 기술의 이해, 지속적인 자기 갱신, 삶에 대한 비전 등 여덟 가지 능력이 필요하다고 하였다. 그러나 유아교사의 전문성에 대한 입장에 대해서는 여전히 몇 가지 측면에서 논쟁이 지속되고 있다.

2. 유아교사 전문성에 대한 논쟁

1) 유아교사를 준전문가로 보는 견해

우리나라 유아교육 현장에서도 교사의 질이 교육의 질을 결정한다는 맥락에서 유아교사의 전문성 향상을 요구하며 관심을 가지고 있다. 그러나 교사교육 분야에서 유아교사를 전문가로 볼 수 있는가에 대해서는 오랫동안 논쟁이 있었다. 유아를 대상으로 하는 교직의 특성을 볼 때 유아교사가 전문가여야 한다는 것에는 대부분의 학자들이 동의하고 있지만, 전문화 수준에 대해서는 아직도 부족한 측면이 많아 유아교사를 전문가로 보는 것에는 상반된 시각이 존재해 왔다. 아직도 유아교사에 대한 사회적 인정도가 낮고, 전문가에게 요구되는 체계적 지식의 기초도 부족하며, 봉사의 기능도 적기 때문에 유아교사를 전문가로 보기 어렵다는 주장이 계속되고 있다.

또한 교사교육 분야의 일부 전문가들은 유아교사를 준전문가로 봐야 한다고 주장한다. Howsam과 동료들은, 유아교사는 진정한 전문가들과는 다르게 낮은 직업적 지위를 가지고 있고, 짧은 훈련 기간을 거쳐 교사가 되며, 사회적 수용도도 낮은 수준으로서 여성이 압도적으로 많다고 설명하고 있다.

이와 같이 유아교사를 전문가로 보기 어려운 가장 큰 이유는, 어떤 분야에서의 전문가는 높은 수준의 지식과 기술을 갖추고, 전문가가 되기 위해 많은 준비 단계를 거쳐야 하는데, 유아교사는 이런 조건이 만족스럽지 않기 때문이다.

2) 유아교사를 전문가로 보는 견해

유아교사를 준전문가로 보는 입장과 달리 몇몇 학자들은 유아교사는 반드시 전문성을 확보해야 하며, 준전문가가 아니라 진정한 전문가라고 주장한다. 이와 같은 주장은 교직의 특수성과 유아교직의 전문성에 근거를 둘 수 있다. 즉, 교직은 직무 수행 시 이론적 배경과 고도의 지적인 기술이 필요하고, 교직에 종사하기 위해서는 장기간의 전문적인 훈련 및 이론과 실제의 준비교육이 필요하므로 진정한 창조적 전문직이라고 할 수 있다(Hildebrand, 1979). 특히, 유아교사는 유아의 전인적 발달에 결정적인 영향을 미치는 존재이므로 전문적인 자질과 역할이 반드시 필요하다.

Saracho와 Spodek(1993)에 따르면, 교사가 유아를 가르치는 데 필요한 의사결정은 교사로서의 전문가적인 신념과 실천적 지식에 근거하기 때문에 교사의 전문성은 교수 행동의 기초가 된다. 특히, 유아교육 현장에서의 교수 상황은 교과서나 이론에서 답을 구할 수 없는 여러 가지 복잡한 문제가 일어나기 마련이며, 이러한 불확실한 상황에서 유아교사는 여러 가지 문제에 직면하게 되고, 상황에 따라 즉각적인 결정을 내려야 한다.

그러므로 유아교사는 교수 기술이나 교실 운영과 같은 업무뿐만 아니라, 유아의 발달과 행동에 대한 진단, 교수 행위에 대한 의사결정 등 전문적인 지식을 가지고 많은 역할을 수행해야 하는 전문가라고 본다.

지금까지 살펴보았듯이, 유아교사의 전문성에 대해 찬반의 입장이 있으나, 유아교사직은 전문직이어야 하며, 유아교사가 전문가가 되어야 하는 것에는 유아교육자 대부분이 동의하고 있다. 그 이유는 영유아의 발달 특성 및 교육과정의 성격상 유아교사의 역할은 다른 어떤 시기보다도 절대적이며, 어떠한 물리적 환경이나 내용보다도 더욱 중요하므로, 유아교육에 대한 풍부한 지식을 바탕으로 고도의 전문성이 필연적으로 요구되기 때문이다.

Katz(1987)는 유아교사가 전문가가 되기 위해서는 적어도 사회적 필요성, 이타주의, 자율성, 윤리강령, 고객으로부터의 심리적 거리, 유아교육 실제를 위한 기준, 장기간의 훈련 과정, 전문적 지식과 같은 기준을 만족해야 한다고 지적하고 있다. 유아교사의 전문성이 확실히 보장되기 위해서는 전문직에서 요구하는 전문성의 특성을 토대로 유아교사의 전문성을 증진시킬 수 있는 방법을 모색하여야 하며, 사전교육과 현직교육, 사회적인 기여도 등 전반적인 측면에서의 노력이 지속적으로 이루어져야 할 것이다.

3. 유아교사 전문성에 대한 다양한 관점

전문성에 대한 개념과 입장에 대해 다양한 주장이 존재해 왔는데, 사실 유아교사의 전문성에 대한 개념은 고정되어 있지 않고 지속적으로 변화한다. 무엇을 유아교사의 전문성으로 볼 것인가는 상황과 시대의 변화에 따라 요구되는 전문성의 내용에 따라 달라질 수 있기 때문이다. 즉, 유아교사의 전문성도 유아교육에 대한 상황의 변화를 고려하고, 유아교육 현장의 요구를 반영할 수 있어야 한다.

유아교육 분야에서는 유아교사에 대한 다양한 관점이 존재하는데, 유아교사 전문성 또한 이와 같은 다양한 관점의 영향을 받아 강조점에 있어 조금씩 차이가 있다. 이러한 맥락에서 현대사회에서 유아교육에 지속적인 영향을 미치고 있는 구성주의 관점, 포스트모더니즘 관점 그리고 생태적 관점에 따라 유아교사의 전문성에 대한 강조점이 어떻게 다른지 살펴본다.

1) 구성주의 관점

구성주의 관점에 입각한 교사교육의 목적은 교사로 하여금 스스로 탐구하고 실천하며, 교수-학습에 대한 이해를 구성해 보도록 하여 자신의 전문성을 신장하는 것에 있다. 구성주의 관점에서는 교사의 전문성 증진을 위해 근본적인 변화를 요구하고 있으며, 무엇보다도 교사 스스로 지식을 구성하도록 돕는 다양한 전략이나 도구의 사용이 필요함을 강조하고 있다. 즉, 교사 자신과 유아, 교사가 행하고 있는 교육, 유아교육의 현황과 유아교사직에 대한 이해를 명료화하여 유아교사로서의 전문성을 강화시켜야 한다는 것이다.

구성주의 관점에서 보면, 교사교육자가 되도록 많은 내용과 지식 및 방법 등을 교사에게 전달하는 전통적 방식에 근거한 교사교육은 진정한 의미의 교사의 전문성 발달을 돕기에는 한계가 있다. 구성주의적 관점은 교사교육자를 절대적 지식의 소유자로 보지 않고, 교사의 지식 구성을 통한 전문성 발달을 돕는 조력자이자 안내자, 연구자로 바라본다.

구성주의에서는 교사가 학습자로서 새로운 내용을 학습할 때 자신이 이미 알고 있는 내용과 새로운 내용을 관련시켜 이해할 때 가장 잘 학습한다고 가정하기 때문에, 교사가 스스로를 반성적으로 평가해 보는 전략이 중요하다. 이와 같은 입장에서 Carter와 Curtis(2001)는 실제적으로 교사의 전문성을 돕는 다양한 도구를 개발하여 제안하였다. 이들은 교사의 자아 인식을 돕는 도구로, 어린 시절 회상하기, 지식과 경험을 명료화하기, 반성적 글쓰기, 관찰을 통해 점검하기와 같은 전략을 제안하였다. 또한 동적 활동을 활용한 도구로, 모의 경험하기, 재발견을 위해 탐색하기, 게임과 신체활동 전략을 제시하였다. 그리고 이야기를 활용한 도구로, 이야기나 시나리오, 역할극, 책과 비디오 등을 활용하는 전략을 활용해 볼 것과 상징을 활용한 도구 등을 제시해 주고 있다.

이처럼 구성주의는 교사교육의 대안 이론으로 그 필요성이 강조되고 있으며, 실제로 교사교육에 대한 적용이 점차 확대되어 가고 있다.

2) 포스트모더니즘 관점

유아교사의 전문성을 증진시키고자 하는 교사교육 측면에서 전통적으로 교사를 기술자로 바라보고, 효율적으로 교사의 행동에 초점을 맞춘 교사교육이 주로 이루어져 왔다. 그러나 현대사회가 모더니즘(modernism) 사회에서 포스트모더니즘(postmodernism) 사회로 변화해 감에 따라 최근 들어 교사교육에서도 질적이고 해석학적인 패러다임의 변화가 영향을 미치고 있다.

포스트모더니즘 관점은 20세기의 지배적 패러다임으로서, 과학적이고 객관적인 사실이나 원리에 근거하여 획일적이고 보편적인 교육을 지향하는 모더니즘 관점을 비판하면서 보편성보다는 특이성을, 절대성보다는 상대성을, 객관성보다는 주관성을 그리고 획일성보다는 다양성을 강조하고 있다.

과거의 모더니즘 관점에서 유아교사의 전문성이 돌봄과 보살핌에 근거한 수동적 양육자에 초점이 맞춰져 있었다면, 포스트모더니즘 관점에서는 배려와 사랑을 통한 전문적인 능동적 주체자로서 교사의 역할에 초점을 둔다. 포스트모더니즘 관점에서 유아교사의 전문성은 '교사 됨(become)'이 아닌, 유아와의 상호작용을 통해 끊임없는 반성과 성찰로 자신의 삶을 재구성하는 존재로서 '교사가 되어 감(becoming)'을 의미하며, 계속적으로 성숙해 가는 과정이라고 할 수 있다(권성민, 2010; 박세원, 김윤미, 2010).

즉, 유아교사가 전문성을 갖추기 위해 유아교육에 대한 어떤 절대적인 지식과 진리를 알아야 하는 것이 아니라, 유아교사의 반성적이고 비판적인 앎의 과정을 통해 자신의 역량을 끝까지 발전시키는 것이 필요하다고 본다. 또한 유아교사가 전문성을 발달시키는 방법 면에서도 정답이 되는 한 가지 방법이 존재하는 것이 아니라 다양한 대안이 가능하며, 교사가 처한 상황이나 맥락에 따라 적합한 방법을 선택하는 것이 바람직하다고 본다.

이와 같은 포스트모더니즘 관점에서 본다면, 교사교육자는 일방적이고 권위적으로 정한 방식을 전달하는 형식을 거부하고, 개방적이고 비판적인 대화를 통한 교사교육과 상호 협력 및 존중을 통한 교사교육의 방향으로 나아가는 것이 중요하다.

3) 생태적 관점

현대사회는 과학기술이 발달되면서 생태계가 파괴되어 환경문제가 야기되었고, 인간성이 상실되면서 유아교육에 대한 생명과 생태 중심적 패러다임이 등장하였다. 이와 같은 패러다임의 영향으로 생태적 관점에서의 교사 전문성 교육은 정보화 사회와 지식 기반 사회의 지식과 정보의 내용에만 초점을 맞추는 것을 지양하고, 생태적 세계관에 입각한 유아교사 교육과 전문성 증진이 필요함을 주장한다. 즉, 유아교사의 전문성에는 생태적 전문성이 포함되어야 하며, 생태적 전문성이란 생명 존중을 몸으로 실천하는 삶의 태도, 생명 · 생태주의 세계관에 대한 이해, 생태 유아교육 관련 지식 그리고 유아교육 프로그램의 생태적 운영 및 실천 능력 등을 말한다(하은옥, 허우정, 황해익, 2007).

생태적 관점에서 유아교사의 전문성을 위한 교사교육의 목적은 생태교육이 궁극적으로 나아가고자 하는 생명공동체, 사람공동체 그리고 행복한 아이를 위한 섬김과 사랑을 실천하는 유아교사를 만드는 것이라고 할 수 있다(권미량, 2005). 그러므로 이와 같은 목적을 달성하기 위한 교사교육은 교사의 지식을 통한 전문성에 대한 내용이 아니라, 영성이나 생명의 세계에 대한 이해를 중시하는 내용으로 구성된다. 미국교사교육협의회(National Council Accreditation of Teacher Education: NCATE)에서는 유아교사 양성 과정에 포함되어야 할 교육 내용으로서 아동발달 지식, 가족 관계, 유아 및 교육 프로그램 평가, 교수전략, 현장에서의 실습 등을 포함시키면서 이것들이 교사교육의 기준 요소가 되어야 함을 제시하고 있다(박은혜, 2002). 즉, 생태적 관점에서 교사의 전문성 교육에는 이러한 요소뿐만 아니라 생태적 각성에 의한 철학, 이론, 실천 전반에 걸친 생태적 요소를 강조하는 관점에 대한 내용이 더 포함되어야 함을 주장한다. 또한 이와 같은 교사 전문성 교육을 위한 내용을 다루는 교육 방법에 대해서도 교사가 자신의 삶 속에서 다른 교사들과 협동하는 공동체적 관계를 통해 터득하도록 하고 있다. 즉, 생태적 관점에서는 유아교육 현장에서 생명과 생태교육에 대한 이해와 관심 및 실천이 필요함을 강조하고, 이러한 내용을 유아교사의 전문성에도 포함시켜야 한다고 보는 것이다.

이와 같이 유아교사의 전문성에 대해 어떠한 관점을 가지고 있느냐에 따라 강조하는 내용이 조금씩 다를 수 있으나, 궁극적으로는 유아교사가 전문성을 가진 전문가여야 한다는 것에는 모두 동의하고 있다고 할 수 있다.

4. 유아교사의 전문성 제고 방안

1980년대 이후로 유아교사의 전문성에 대한 연구와 논의가 지속적으로 이루어지면서 유아교사의 전문성 제고를 위한 개선 방안이 연구되어 왔다. 그 결과, 유아교사의 전문성을 인정받기 위해서는 무엇보다도 교사에게 요구되는 자질이나 능력 면에서 더욱 강력한 전문적 기준이 마련되어야 하고, 현재 전문성 증진에 문제가 되는 제도나 정책에 대한 개선이 이루어져야 한다는 것을 강조하고 있다. 여기서는 미국의 유아교사 전문성 증진을 위한 기준을 구체적으로 살펴보고, 우리나라의 전문성 제고를 위한 개선 방안을 제안하고자 한다.

1) 유아교사를 위한 전문성 기준 마련

미국유아교육협회(NAEYC, 2005)에서는 전문성을 갖춘 유아교사의 성향과 전문적 수행의 측면에서 유아교사는 지속적인 반성과 장학 담당자, 동료 교사와 유아의 가족으로부터의 피드백을 통해 자신의 수행을 평가하고 전문성을 증진시켜야 함을 명시하고 있다. 또한 교사는 지식을 계속 쌓아 가고, 지식을 실제와 연결하는 능력을 증진하며, 장학 담당자와 함께 매년 전문성 발달 계획을 개발하고, 자신의 전문성을 계속적으로 발달시키기 위해 노력하도록 권고하고 있다. 또한 미국유아교육협회는, 모든 교사는 지속적으로 자신의 리더십 기술과 다른 사람들과의 관계를 강화하고, 프로그램과 지역사회와 지역 안에서 유아와 그 가족을 위한 조건을 증진시키기 위해 일하도록 권고한다. 그리고 교사는 다양한 모임에 참여하거나 사람들과 정보를 공유하는 방식을 통해 자신의 전문성을 발달시켜야 한다. 이러한 차원에서 미국유아교육협회가 제시한 유아교사의 전문성 발달을 위한 준거를 구체적으로 살펴보면 〈표 3-1〉과 같다.

〈표 3-1〉 미국유아교육협회(NAEYC)의 교사 전문성 발달을 위한 준거

내 용	준 거
교사를 위한 준비, 지식, 기술	• 유아교사는 유아교직의 구성원으로서 자신이 수행해야 할 윤리적 지침을 알고 활용해야 한다. • 유아교사는 다음과 같은 능력을 가지고 있음을 증명해야 한다. -정신적 학대나 신체적 처벌 없이 유아와 상호작용한다. -건강과 안전의 위험 요소를 인식하고, 위험으로부터 유아를 보호한다. -다양한 학습 기회를 인식하고 제공한다. -유아에게 다양한 사회적 경험을 제공하고 격려한다. -프로그램의 질을 높이기 위해 여러 조건을 적용하여 변화를 모색한다. -유아 및 그 가족과 항상 의사소통한다. • 초임교사는 반드시 유아를 가르치기 전에 다음과 같은 내용에 대해 예비교육을 받도록 한다. -유아교육 프로그램의 철학과 가치, 목적 -윤리적인 수행에 대한 기대 -건강과 안전, 응급 사태 시 절차 -적합한 유아 지도 방법과 교실 운영, 교수기술 -유아교육 프로그램의 일과와 매일의 활동 -유아교육 프로그램 교육과정 -아동학대와 방임 등에 대한 보고 절차 등 • 대리 교사, 자원봉사자, 다른 성인의 경우에도 유아를 만나기 전에 프로그램의 모든 측면에 대해 예비교육을 받아야 한다. 유아와 함께하는 성인은 장학을 통해 질적으로 검증되어야 한다. • 유아교사는 최소한의 학위과정을 이수해야 한다. 적어도 교사의 75%는 최소한 유아교육, 아동발달, 초등교육, 출생부터 유치원 연령에 대한 아동발달과 학습을 포함한 유아교육 및 유아특수교육에 대한 학사학위를 소지하거나

이에 준하는 과정을 이수한다.
- 가족과 지역사회와의 관계
- 유아를 관찰 · 기록 · 평가하기
- 교수-학습, 전문성 발달과 실제 등

- 직접적 장학하에 프로그램 활동을 수행하는 보조교사는 고등학교 졸업장이나 고졸학력인증서(GED)를 가지고 있어야 한다.
  - 보조교사의 50%는 적어도 아동 발달에 대한 신임장(CDA)을 소지한다.
  - 신임장을 소지하지 않은 보조교사의 100%는 신임장을 받기 위해 코스에 등록되어 있어야 하며, 프로그램에 능동적으로 참여하고, 신임장을 받게 되는 쪽으로 진보하고 있음을 증명한다.

- 대학 수준의 코스 과정이 지역적으로 인증된 고등교육기관에 의해 개설되어 있다면, 원격 온라인 코스 과정이 포함될 수 있다.

- 만약 보조교사가 한 명뿐이라면 앞의 요구 사항에 모두 부합되어야 한다.

- 모든 유아교사는 다양한 민족, 문화, 언어를 가진 유아들과 함께 일하는 데 필요한 전문성 발달 훈련이나 전문화된 대학 수준의 과정을 이수한다. 전문화된 대학 수준의 과정에는 핵심 교과가 포함되어 있어야 하며, 교직원은 다양한 유아들을 고려하여 가르치는 것에 적용한다.

- 모든 유아교사는 전문화된 코스 과정을 이수하거나 전문성 발달 훈련 과정을 거친다.

- 장학을 하거나 멘터가 되는 교직원은 대학 수준의 코스 과정을 밟았거나 성인 장학, 멘터링, 리더십 발달에 대한 전문성 발달 훈련과 준비를 한다. 전문화된 대학 코스 과정에는 이와 유사한 핵심 교과가 포함되어 있어야 한다.

- 모든 유아교사나 보조교사는 유아의 발달적 진보와 프로그램 질에 대한 프로그램의 평가 과정을 정확히 사용하는 방법에 대해 전문성 발달 훈련을 받는다.

- 모든 유아교사나 보조교사는 특별한 요구를 지닌 유아에 대한 전문성 발달 훈련을 받거나 전문화된 대학 코스 과정을 밟는다.

이와 같은 미국 유아교사의 전문성 발달을 위한 준거에 기초해 볼 때, 유아교사직은 높은 수준의 전문성을 가질 수 있는 잠재적인 능력을 가지고 있다고 할 수 있다. 그러나 유아교사의 수준이 다양하므로 그 수준에 따라 전문성의 인정 범위가 달라질 수 있다. 특히, 우리나라는 유아교사가 될 수 있는 체제가 교육부가 자격을 부여하는 유치원 교사와 보건복지부가 담당하는 보육교사로 이원화되어 있으며, 유치원 교사나 보육교사의 자격 기준이 교사가 되기 전의 준비 기간과 책임 부분 면에서 다양한 수준이 존재하고 있어 자격 기준에 대한 전문성이 부족하고, '전문가가 되기 위한 대학에서의 준비 과정이 매우 길어야 한다.'는 전문가의 특성에 기초해 볼 때도 부족한 측면이 있다.

또한 우리나라는 미국의 유아교사 전문성 발달 기준의 구체성에 비해 아주 간단한 자격 기준만을 명시하고 있다. 현실적으로 현재 유아교사의 위치는 사회적으로도 초·중등 교사에 비해 더 낮은 수준의 지위를 갖고 있는 것이 사실이다. 유아교사의 봉급 수준도 초·중등 교사의 수준에 못 미치고 있고, 대부분의 유아교사가 여성으로 이루어져 있어 여성에 대한 편견 등으로 인해 사회적 인정도도 낮다. 그러나 유아교사직의 중요성을 고려해 볼 때 유아교사의 전문성은 반드시 구체적인 기준이 마련되어야 하며, 유아교사 교육의 전반적인 측면이 재고되어야 한다.

2) 유아교사의 전문성 확보를 위한 방안

유아교사의 전문성 확보를 위한 구체적인 방안을 네 가지로 나누어 살펴보면 다음과 같다.

첫째, 유아교사의 전문성 확보를 위한 중요한 단계는 전문적 태도, 전문적 지식 및 전문적 기술을 습득하는 사전교육(pre-education)이 이루어지는 유아교사 양성 과정이라고 할 수 있다. 우리나라의 유아교사 사전교육은 대학교와 보육교사교육원에서 이루어지고 있는데, 양성 과정에 대한 수업연한과 교육과정 등이 다양하고 편차가 크다고 볼 수 있다.

유치원 교사의 경우 전문대학 및 대학교의 유아교육과에서 배출되고 있으며, 유아교육 관련 학과[아동복지학과, 가정학과, 초등교육학과, 심리학과, 특수교육학과, 간호(학)과, 사회복지학과, 유아교육(학)과, 아동학과, 사회사업학과, 가정교육학과, 가정관리학과, 보육학과]에서도 정원의 10~30%에서 유치원 2급 정교사 자격증을 주어 유아교사를 배출하고 있다.

보육교사의 경우는 매우 다양한 경로를 통해 양성되고 있어 유아교사의 전문성 수준에 문제가 제기되고 있다. 유아교사의 전문성이 확보되려면 무엇보다도 예비교사 교육 기간이 일반적으로 전문가라고 인정받는 수준으로 길어져야 한다. 전문가들은 유아교사로서의 준비 기간에 대해 초·중등 교사들처럼 적어도 4년의 준비 과정이 가장 바람직하다고 제안하고 있다. 그러나 현실적으로 전문대학의 유치원 교사와 보육교사의 양성을 제한할 수는 없는 상황이므로, 장기적으로는 4년의 준비 기간을 지향하되 전문대에서 배출하는 유아교사의 자격 기준을 강화하는 방안이 마련되어야 할 것이다.

둘째, 유아교사의 사회경제적 지위 향상을 위한 노력이 지속적으로 이루어져야 한다. 사회적으로 중요하고 힘든 일을 하고 있는 유아교사는 전문성을 높이기 위해 더욱더 노력하고, 이에 상응하는 적당한 보수와 사회적 인정을 받아야 한다. 현재 유아교사의 봉급 수준은 다른 전문직에 종사하는 전문가의 수준에 비해 매우 낮아 유치원 교사의 경우 교육부에서 처우 개선비를 지급하고 있다. 그러나 아직도 유아교사의 보수와 근무 여건은 열악하며, 결국 이는 유아교육의 질 저하를 초래하고 있다. 따라서 무엇보다도 시급히 유아교사의 근무 여건을 개선하는 방안을 다각도로 모색해야 진정한 의미의 전문가로서 인정받을 수 있는 여건이 조성될 수 있다.

셋째, 유아교사직이 더욱 전문화되기 위해서는 전문가적인 자질을 갖출 수 있도록 돕는 재교육과정이 강화되어야 한다. 재교육과정은 유아교사가 획득한 전문성을 유지하고 향상시키는 과정으로서, 승급교육 및 다양한 연수에 적극적으로 참여하고, 워크숍 등을 통해 새로운 기술을 익히며, 정보를 교환하는 등 유아교사가 참여할 수 있는 지속적인 재교육 여건을 마련하여 의무화해야 한다.

넷째, 유아교육의 사회적 기여도를 입증하는 연구 활동이 꾸준히 이루어져야 한다. 전문성을 가진 직업은 직업과 관련된 연구소가 설립되어 있고, 관련된 전문가들은 활발한 연구 및 봉사 활동을 제공해야 하는데, 물론 유아교육과 관련된 연구소들이 점차 증가하고 있는 추세이지만, 유아교사의 전문성 강화를 위해 다양한 영역에서 연구 활동이 좀 더 활발하게 이루어져야 한다.

5. 유아교사의 전문성 발달단계와 증진 방법

1) 유아교사의 전문성 발달단계

유아교사의 전문성 발달을 어떻게 정의하고 측정할 것인가에 대해서 많은 논쟁이 있어 왔다. 특히, 전문성 발달을 위한 핵심적인 구성 요소인 훈련(training), 교육(education), 자격증(credential) 요건 중에서 훈련과 교육 간의 명확한 구분이 어렵다는 점이 주된 이슈가 되어 왔다. 훈련이라는 용어는 전문성 발달을 다루는 모든 형태에 내포되는 용어로 형식적 교육 체계 밖에서 일어나는 전문성 발달 활동을 의미하며, 훈련과 관련된 활동은 정식 학위를 받는 것을 요구하지는 않는다(Maxwell, Field, & Clifford, 2006). 이에 비해, 교육은 형식적 교육 체계 안에서 일어나는 전문성 발달 활동으로 정의할 수 있다.

교사의 전문성 발달은 교직이라는 직업을 선택한 개인이 교사라고 하는 역할을 통해 발달해 가는 것으로, 교직 생활 전 기간을 통하여 교사의 교직 관련 기술, 지식, 행동, 태도, 가치관, 신념, 관심사, 자질 및 능력이 변화되어 가는 것을 의미한다(Fromberg, 2003). 교사의 전문성 발달에 대한 접근 방식은 학자들에 따라 다양한데, 교직 경력에 따라 단계적으로 발달해 가는 것으로 보는 입장 그리고 과거의 경험과 학력, 인성, 상황적 요인 등이 영향을 미치는 역동적인 과정으로 보는 입장이 있다.

Katz(1985)는, 교사는 자신의 경력에 따라 전문성이 발달할 수 있다고 주장하면서, 전문성 발달을 생존 · 강화 · 갱신 · 성숙의 4단계로 구분하고 있다. 교직생활 최초의 첫해인 생존 단계에서는 교육현장에서 부딪히는 문제들을 잘 해결할 것인지에 대한 관심과 우려를 보이는데, 경력 1년이 지나고 3년 정도의 강화 단계에 이르면 교직에 안정감을 갖게 되고, 교수 이외에 다른 업무나 기술에 숙달하는 단계로 전문성이 발달한다. 경력이 4~5년에 이르는 갱신 단계에서 교사는 무엇인가 새로운 것을 시도해 보고자 하며, 형식적 · 비형식적 방식으로 다양한 프로그램에 관한 정보를 얻고자 한다. 경력이 5년이 넘어가면 성숙 단계로 발달하는데, 교사로서의 완전한 자신감과 경험을 갖게 되어 교직 전반에 관한 문제에 나름대로의 안목과 관심을 갖게 된다.

유아교사의 전문성 발달을 역동적인 과정으로 보는 입장에서는 전문성 발달을 단순히 교사의 경력만으로 구분하기보다는 처음에는 비전문적이었던 수준이 역동적인 과정을 거쳐 점차적으로 발달해 나가는 것을 강조하고 있다. 구체적인 전문성 발달의 단계를 설명하면 다음과 같다(Fromberg, 2003).

• 1단계: 초심자 단계

하위 전문적 지위를 차지하고 있는 많은 교사들이 여기에 속한다. 고등학교 졸업 후 소정의 교육만 받은 채 보조교사의 역할을 담당한다. 비전문적으로 행동하는 단계로, 만약 이 단계가 봉급 수준이나 일반적인 경제적 지원 등이 없다면 비전문적인 노동력으로만 채워져 전문성 발달에 문제가 생길 수 있다.

• 2단계: 초보자 단계

이 단계의 교사가 초심자 단계와 다른 것은 유아교육에 대해 1~2년 정도의 교육을 이수한 자로서, 우리나라의 경우는 3급 보육교사가 이 단계에 속한다고 볼 수 있으며, 주로 보조교사의 역할을 수행한다.

• 3단계: 지식을 갖춘 단계

최소한의 학사학위를 받은 수준으로 공적인 교육 프로그램을 담당할 능력을 갖추고 있는 단계다. 발달 · 심리 · 교육 이론에 근거한 특수한 지식을 가지고 있으며, 상황에 따라 적용할 수 있는 수준이다.

• 4단계: 복합적 단계

오랜 경력을 쌓아 온 전문가 수준의 단계로 석사학위 소지자로서 다른 사람의 훈련이나 감독 없이 자율적으로 행동할 수 있는 단계다. 복합적인 문제와 상황에 적응할 수 있으며, 유아교육에 대한 공공의 관심을 이끌어 내기도 한다.

• 5단계: 전문가로서 영향력을 미치는 단계

유아교육 분야에서 오랫동안 다양한 역할을 경험하여 유아교육의 복합적인 측면을 총체적으로 파악할 수 있는 단계다. 이 단계에 이른 전문가는 국립 · 사립 유아교육기관을 관리하고 운영할 수 있다.

이와 같이 유아교사의 전문성 발달은 역동적인 과정을 통해 점차적으로 이루어지며, 각 단계마다 전문성의 수준에서 차이가 나타난다. 그러므로 각 단계별 유아교사의 전문성 발달을 증진시키기 위해서는 각 단계에 적합한 전문성 증진 방법에 대해 관심을 가지며 지속적으로 노력하여야 한다.

2) 유아교사의 전문성 증진 방법

현대사회는 유아교육의 중요성을 강조하며, 유아교사의 전문성을 점점 더 요구하고 있다. 전문성 증진에 대한 필요와 요구에 기초하여 전문성을 증진시키는 다양한 방법들이 지속적으로 개발되어 활용되고 있지만, 아직도 전문성 증진에 관해 지원되고 해결되어야 할 많은 요인들이 과제로 남아 있는 상황이다. 여기서는 유아교사의 전문성 증진을 위해 그동안 지속적으로 연구되어 어느 정도 그 효과가 검증된 방법을 전문성 발달단계를 고려하여 제시하고자 한다.

교사의 발달단계 중 초심자, 초보자, 지식을 갖춘 단계에 있는 초임교사의 전문성 증진을 위한 방법으로 '멘터링'을 소개하고, 복합적 단계에 있는 수업 개선 의지를 지닌 교사와 경험이 많고 능력 있는 교사의 전문성 발달에 효과적이라 할 수 있는 '장학'을, 그리고 발달단계 전체에 도움이 될 수 있는 '반성적 사고' 방법을 제시한다.

(1) 멘터링

멘터링(mentoring)은 전문적인 지식과 경험이 풍부한 사람이 도움을 필요로 하는 사람에게 자신의 생각이나 아이디어, 지식과 기술 등을 전수해 주는 과정이다(Healy & Welchert, 1990). 멘터링은 교육 분야에 사용되기 전에 주로 심리나 경영, 종교 분야에서 사용되었는데, 1980년대 이후에 세계 여러 나라에서 교사의 전문성을 지원하기 위한 방법으로 사용되고 있다. 장학의 방법으로 사용된 교사 대상의 연수나 장학이 강사가 주도하여 설명해 주는 방식에 의존하는 것에 비해, 멘터링은 전문적 지식과 경험이 풍부한 멘터와 도움을 필요로 하는 멘티(mentee) 간에 직접적인 상호작용이 이루어져서 교사의 전문성 증진에 더 효과적일 수 있다.

역사적, 전통적으로 정의되어 온 멘터(mentor)의 의미는 인생의 모든 측면에서 나이가 어리고 경험이 부족한 사람을 도와주는, 나이가 더 많고 경험이 좀 더 풍부한 사람을 뜻한다(Odell, 1990). 이러한 멘터의 개념이 유아교육에도 적용되어 복합적 단계나 전문가로서 영향을 미치는 단계에 있는 교사가 멘터가 되어 초보자 단계에 있는 교사, 즉 멘티를 돕는 것이다. 종종 멘터의 역할을 장학사의 역할로 생각하기 쉬운데, 멘터는 장학을 하는 것이 아니라 동료로서 멘티를 코치하고 안내하는 역할을 수행하는 것이라고 보아야 한다.

Bellm과 동료들(1997)에 따르면, 멘터링의 목적은 멘터가 멘티에게 성공적인 의사소통과 리더십, 성인교육 차원에서 자신의 기술을 개발할 기회를 제공하고, 멘티가 새로운 지식을 얻고, 교수 실제를 증진시키며, 유아교육 분야에서 폭넓은 경험을 얻도록 돕는 것에 있다. 이와 같은 멘터링의 목적이 달성되려면 멘터링 과정에서 멘터는 멘티를 전문적으로 지원하는 역할과 정서적으로 지원하는 역할을 다양하고 균형 있게 수행할 수 있어야 하는데, 멘터의 전문적 지원의 역할은 교수-학습에 필요한 효과적인 교수전략을 제공하고, 지속적인 정보와 피드백을 제공하는 것을 말한다. 또한 멘터의 정서적 지원의 역할은 멘티의 이야기를 들어주며, 정서적으로 지원하고 격려해 나가는 것을 의미한다(Bellm, Whitebook, & Hnatiuk, 1997; Scott, 1999). 즉, 멘터가 멘티의 상황에 맞게 지속적으로 적절한 지도와 조언을 제공하기 때문에 멘티의 시각이 변화되고, 멘티의 전문적 성장을 촉진할 수 있게 된다(Fletcher, 2000).

멘터링의 효과에 대한 연구들(Bellm, Whitebook, & Hnatiuk, 1997; Ganser, 1992; Holloway, 2001)은 멘터링이 초보자 단계의 유아교사의 전문성 발달에 매우 효과적이라고 밝히고 있다. 특히, 현장 상황에 기반을 둔 구체적인 내용 선정을 통해 유아교사에게 정서적 · 전문적 지원을 지속적으로 제공해 나갈 수 있다는 측면에서 효과적인 방법이라고 밝히고 있다.

이러한 효과가 밝혀지면서 최근에는 유아교육 현장에서 유아교사 교육을 위한 전략의 하나로 다양한 멘터링 프로그램이 운영되고 있다. 교육과학기술부(2009)는 유아교육 선진화 추진 계획의 하나로, 교사의 전문성 강화를 위해 '경력교사를 활용한 멘터링 프로그램'을 핵심 과제로 선정하였다. 또한 2009년부터 서울시에서는 공보육 기반 강화 방안으로 운영하고 있는 서울형 어린이집에서도 자치구별로 장학 집단을 구성하고, 집단별로 선정된 멘터를 중심으로 멘터링을 의무적으로 시행하고 있다(홍은주, 서영숙, 2010).

이와 같이 멘터링은 유아교사의 전문성 향상을 위한 방법으로 앞으로 더욱 확대될 것으로 보인다. 그러나 멘터링이 유아교사의 전문성 증진에 효과를 가져오려면 멘터 선발 기준이 정확하게 제시되어야 하며, 우수한 역량을 갖춘 경력교사를 멘터 교사로 선발·양성하여 멘터링 프로그램을 운영하여야 한다.

(2) 장 학

우리나라 유아교육 분야에서 장학에 대한 관심이 높아진 것은 1990년대 이후로, 그 이전에는 주로 위에서 아래로 내려오는 형식적·일회적 성격의 행정 업무 차원에서의 장학이 이루어져 왔다. 그러나 점차 장학을 교육행정의 업무 분야로 보기보다는 유아교사의 전문성을 향상시키는 체계적인 방법으로 여겨지면서 교사의 전문성을 신장시키는 방법으로 인식하게 되었다.

장학(supervision)은 "교사와 장학사가 변화하는 환경 속에서 함께 상호작용하며 성장하는 과정"으로, 상하 전달식이 아닌 유아교육기관과 교사, 장학사가 함께 협조하여 유아교육의 질을 극대화하는 방향으로 나아갈 때 가장 효과적이라고 할 수 있다. 장학의 유형은 어떠한 측면에서 보는가에 따라 범주가 다르게 구분되는데, 장학사의 직접적 개입을 통한 직접적 장학, 동료 교사들이 서로의 성장을 위해 함께 협력하는 상호 협력적 장학, 교사가 스스로 비판적 사고와 반성적 사고 과정을 통해 노력하는 자기장학이 대표적이다.

직접적 장학은 장학에 대한 책임과 역할 면에서 적절한 도움을 주고, 적극적으로 개입할 수 있는 자질이 있는 원장, 원감, 교사와 같은 장학사가 장학 대상인 교사와 함께 구체적인 장학 행동을 정하여 교수 계획안을 작성하는 것부터 수업의 구체적인 내용에 이르기까지 개입하여 도움을 주는 과정을 통해 이루어진다.

자기장학(self-supervision)은 자기평가(self-appraise)와 자기분석(self-analysis)으로 구분할 수 있다. 자기장학은 교사가 자신의 전문성 신장을 위하여 연구하고 노력하는 과정이기 때문에 특히 자기실현 욕구가 강하거나 수업 개선 의지를 지닌 교사나 경험이 많고 능력 있는 교사에게 효과적이라 할 수 있다(곽현주,

2008). 자기장학이라고 해서 교사 혼자서 평가하는 것에 머무는 것이 아니라, 계획을 수립하고 실행하며 결과를 평가하는 과정에서 동료 교사나 원장 등과 같은 장학 담당자와 협의하거나 지속적인 피드백을 받는 것이 중요하다.

교사는 자신이 하고 있는 일에 대해 지원과 지지를 받을 때 자신의 행동을 긍정적인 방향으로 변화시키려는 욕구가 생겨나고 자신감도 생기기 때문에(Beach & Reinhartz, 2000), 동료 교사나 원장의 적극적인 지원과 지지가 필요하다.

(3) 반성적 사고

현대에 이르러 유아교사의 전문성이 더욱 강조되면서 양육과 보호, 단순한 교수의 역할을 넘어서서 반성적 사고를 통한 자율적인 의사결정자로서의 역할이 중시되고 있다. 그 이유는, 교사는 유아와 상호작용을 할 때 또는 어떤 의사결정을 할 때 스스로 의식하지 못한 채 자신의 사고과정이나 신념 체계에 의존하게 되는데, 문제는 교사가 가지고 있는 사고나 신념 중에는 때로 교육에 적합하지 않은 것도 있다는 점 때문이다(안경숙, 2010).

사실 유아교사는 유아들과 함께 지내면서 매일 자율적으로 의사결정을 해야 하는데, 교사의 결정이 바람직하지 않을 수도 있기 때문에 자신의 의사결정에 대해 끊임없이 재평가할 기회를 가질 필요가 있다. 유아교사의 의사결정 과정과 자신의 결정에 대한 재평가를 내릴 수 있도록 이끌어 주는 것이 바로 '반성적 사고(reflective thinking)'라고 할 수 있다.

반성적 사고는 1933년에 Dewey가 그의 초기 연구에서 강조했던 것으로, 교사가 의식하지 못하고 있는 바람직하지 않은 신념이나 편견을 드러내어 검토하고 분석할 수 있는 기회를 제공하며, 교사의 자율적인 의사결정 능력을 길러 주는 훌륭한 방법이다. Dewey의 반성적 사고 이론을 교사교육에 적용한 Schon(1987)은 교사가 자신의 교수 행위를 검토하고, 교실에서 자신의 역할을 다양한 맥락에서 주의 깊게 고려하며, 분석된 결과를 통해 바람직한 의사결정을 하는 것으로 반성적 사고를 정의하였다.

그러므로 반성적 사고 과정은 교사가 자신이 과거와 현재의 교수 상황 속에서 취했던 행동이나 의사결정에 대해 다시 생각해 보고, 그런 행동과 의사결정이 과연 최선의 바람직한 방향으로 이루어졌는지 분석하여 미래의 자신의 행동과 의사결정의 방향을 결정하는 자연스러운 과정이라고 볼 수 있다.

유아교사는 반성적 사고를 함으로써 불확실한 교수 상황에서 일어나는 문제나 딜레마를 스스로 해결할 수 있는 전문성을 증진시킬 수 있다. 즉, 반성적 사고를 통한 분석적인 방법으로 교수 상황을 검토할 수 있으며, 불확실한 교수 상황과 교실에서 일어나는 사건에 대해 깊이 있게 생각한 후 일반적인 교육 원리와 연결하고, 적절한 결론에 도달한다. 이러한 과정을 통해 유아에 대한 교수 상황에서 최적의 의사결정을 할 수 있게 되고, 유아의 발달에 적절한 교육의 실제를 이끌 수 있다.

이와 같이 반성적 사고를 실천하기 위해서 현장에 있는 교사가 활용할 수 있는 방법은 교사 일지 쓰기나 저널 쓰기, 교실에서 일어난 다양한 형태의 이야기 쓰기, 자신의 학급 연구하기, 동료 교사와 대화를 나누고 의견 교환하기 등과 같은 다양한 방법들이 있다.

① 저널 쓰기

저널 쓰기는 교사가 실천한 행위에서 얻어진 지식을 다양한 맥락 속에서 바라보고, 여러 가지 갈등 상황을 인식하여 자율적 의사결정자가 되도록 도와주는 방법으로 반성적 사고 능력을 길러 준다.

저널을 쓰면서 교사는 자신이 무엇을 알고 있는지, 무엇을 느끼는지, 무엇을 하고 있는지, 왜 하는지를 알게 된다. 저널의 내용은 개인적 차원의 일기 형태가 아니라 전문가적 차원의 생각을 담은 글로서, 자신의 갈등이나 문제를 좀 더 쉽게 인식하도록 하는 데 도움이 되며, 발산적 사고와 수렴적 사고를 하는 데 도움이 된다(안경숙, 2010).

일반적으로 저널 쓰기와 비슷한 형태가 교생 실습 일지나 교사 일지의 형태인

데, 반성적 사고를 위한 저널을 쓸 수 있으려면 예비교사 교육과정 때부터 각 교과과정 시간에 형식과 절차에 구애받지 않고 자신의 생각을 쓰는 것이 좋다. 예비교사 교육과정에서 저널을 쓰는 훈련이 자연스럽게 이루어지면, 교사가 되어서도 전문적 발달과 반성적 사고를 향상시킬 수 있는 전략으로 쉽게 사용할 수 있다.

② 다양한 형태의 이야기 쓰기

자서전 쓰기, 교육과정 이야기 쓰기, 사례 개발하기 등이 대표적인 형태이며, 이야기 형태를 통해 교사는 자신과 교직의 개인적 · 역사적 · 문화적 배경에 대해 반성적 사고를 할 수 있는 기회를 가진다. 다양한 형태의 이야기 쓰기는 예비교사나 현직교사가 모두 활용할 수 있는 방법으로, 최근 들어 현직교사들 사이에서 교육과정 이야기나 사례연구가 빠른 속도로 받아들여지고 있다(박은혜, 1996).

③ 학급 연구

학급 연구는 교사가 자신이 속한 환경인 학급에 대해 연구를 행하는 것으로, 교사가 자신의 경험이나 직관에만 의존하지 않게 되기 때문에 문제해결 상황에 대한 깊이 있는 통찰력을 갖게 해 준다. 자신의 학급에 대해 문제가 무엇인지 고려해 보고, 문제를 발견하여 적절한 해결 방법을 계획하고 적용해 보며, 결과를 관찰하고 검토해 보는 절차를 거치게 되는데, 실제로 자신의 학급에 대한 연구를 수행한다는 점에서 교사로 하여금 자신의 교수 상황과 학급, 유아에 대해 상당한 통찰력을 갖게 해 준다(박은혜, 1996).

④ 동료 교사와 의견 교환하기

동료 교사와 협조 체제를 구축하여 이야기를 나누고 의논하는 방법은 반성적 사고에서 오는 불안감에서 벗어날 수 있도록 도움을 제공하며, 좀 더 자신감 있게 새로운 시도를 할 수 있게 한다. 다른 교사들과 아이디어와 경험을 나누고 서로 공유하게 되면 반성적 사고의 불안감을 완화시키는 것뿐만 아니라 유능하게 성장할 수 있게 된다.

3) 유아교사의 전문성 발달을 위한 시사점과 방향

유아교사의 전문성 발달을 돕기 위해서는 무엇보다도 교사교육이 중요하다고 할 수 있다. Fromberg(2003)는 유아교사의 전문성 발달을 위한 시사점으로 다음과 같은 네 가지 방안을 제시하고 있다.

- 연계하기: 가르칠 교육 내용 강조하기

유아교사는 유아의 학습 방식을 인정하고 받아들이기 위하여 다양한 문화적 경험과 풍부한 지식적 배경을 능동적으로 통합하여야 한다.

- 대안 찾기: 가르치는 교육 방법 강조하기

유아교사는 교육 프로그램에서 놀이에 대한 특별한 관심을 가지고 다양한 대안적인 전략에 대한 지식을 습득하여야 한다.

- 반성적 사고하기: 가르치는 이유 강조하기

유아교사는 유아들과 함께 일하는 이유와 자신의 교수 등에 대해 반성적으로 사고하여야 한다. 자기 자신에 대한 연구를 통해 교사로서의 유능감을 증진시켜야 한다.

- 지역사회와 가족 참여: 가르칠 대상 강조하기

유아교육은 가족과 밀접하게 관련되어 있으므로, 유아교사는 가르칠 대상으로 유아뿐만 아니라 가족과 어떻게 상호작용을 하며 관계를 맺을지에 대해 끊임없이 연구하고 노력함으로써 전문성 발달을 도모해야 한다.

유아교사의 전문성을 향상시키기 위해서는 유아교육과 관련된 일을 하는 모든 관계자들이 함께 노력해야 한다. 유아교직의 전문화를 위해 나아갈 방향을 제시하면 다음과 같다.

- 유치원 교사나 보육교사에 대한 낮은 사회적 인식을 바꾸기 위해서 사전교육(예비교사 교육과정)과 현직교육에 대한 재평가가 이루어져야 한다. 교사교육과정에 대한 문제점을 분석하고, 교육과정의 적절성을 검토하며, 교육실습의 효과를 검증하여야 한다.
- 유아교사의 지적인 능력 향상을 위한 노력이 있어야 한다. 유아교사는 의사결정자, 교육과정 계획자, 학습 관리자, 교수 방법 연구자, 유아 평가자, 부모교육을 담당하는 성인교육자, 유아 문제 대변자와 같은 다양한 역할을 성공적으로 수행할 수 있어야 한다. 이러한 역할을 위해서는 유아교사의 지적 능력이 향상되어야 하며, 이를 위한 다양한 방법이 모색되어야 한다.
- 현재 이루어지고 있는 여러 가지 재교육에 대한 평가와 새로운 계획이 수립되어야 하며, 공식적으로 인정받을 수 있는 기준이 마련되어야 한다.
- 유아교육의 사회경제적 지위 향상을 위해 유아교육 관계자들이 모두 함께 노력하여야 한다.
- 유아교육의 자율성을 지켜 나가기 위한 노력이 요구된다. 예를 들면, 전문직에서 요구하는 윤리강령의 수준으로 개정될 필요가 있다.

요점

유아교육의 질을 논할 때 가장 중시되는 것은 유아교사의 전문성이 확보되어 있는가 하는 것이다. 유아교사를 전문가로 볼 것인가에 대해서는 찬반의 입장이 있으나, 유아교사직이 전문성을 가져야 한다는 것에는 대부분의 유아교육자들이 동의하고 있다.

유아교사의 전문성을 바라보는 다양한 관점이 존재한다. 구성주의 관점에서는 유아교사의 전문성 증진을 위해서는 교사 스스로 지식을 구성하도록 돕는 다양한 전략이나 도구의 사용이 필요함을 강조한다. 이 관점에서는 유아교사의 전문성 증진 방법으로 반성적 사고를 강조한다.

포스트모더니즘 관점에서는 유아교사의 전문성은 유아와의 상호작용을 통해 끊임없는 반성과 성찰로 자신의 삶을 재구성하는 교사가 되어 가는 과정을 통해 이루어진다고 강조하며, 교사가 처한 상황과 맥락에 따라 다양한 방법을 통해 전문성을 증진시킬 수 있다고 보고 있다.

생태적 관점에서는 생명을 중시하도록 돕는 내용이 전문성의 내용에 포함되어야 하므로, 교사가 자신의 삶 속에서 다른 교사들과 협동하는 공동체적 관계를 통해 전문성을 발달시켜 가야 함을 강조한다.

유아교사의 전문성 확보를 위해 요구되는 준거로 미국유아교육협회에서는 교사를 위한 준비 · 지식 · 기술 측면에서 구체적인 기준을 제시하고 있다. 우리나라 역시 유치원 교사와 보육교사의 자격 기준을 법으로 명시하고 있다. 그러나 우리나라의 자격 기준은 준비 기간과 책임 부분 면에서 다양한 수준으로 제시되고 있으며, 제시되는 자격 기준 수준이 전문성이 부족한 편이어서 앞으로 이에 대한 해결 방안이 구체적으로 마련되어야 한다.

유아교사의 전문성 발달은 접근 방식에 따라 다양한데, 생존 · 강화 · 갱신 · 성숙 단계로 구분하는 입장 그리고 초심자 단계 · 초보자 단계 · 지식을 갖춘 단계 · 복합적 단계 · 전문가로서 영향력을 미치는 단계로 구분하는 입장이 있다. 이와 같은 전문성 발달단계를 고려하여 생존 단계로 볼 수 있는 초심자 · 초보자 · 지식을 갖춘 단계에는 멘터링과 같은 방법이 전문성을 증진하는 효과적인 방법으로 최근에 많이 사용되고 있으며, 강화 및 갱신 단계나 복합적 단계의 경우는 장학의 방법이 도움을 줄 수 있다. 또한 반성적 사고는 교사의 전문성 발달 전 단계에서 활용이 가능하다고 할 수 있다.

유아교사의 전문성 발달을 위해서는 유아교육과 관련된 일을 하는 모든 관계자들이 함께 노력해야 하며, 유아교직의 전문화가 확보될 때 진정한 유아교육의 질적 개선이 가능하다.

토의문제

- 유아교사가 준전문가나 비전문가가 아닌 전문가여야 하는 이유에 대해 함께 이야기를 나누고, 유아교사직이 전문직으로 인정받기 위한 방안에 대해 토의해 봅시다.
- 유아교사의 전문성을 발달시킬 수 있는 장학, 멘터링, 반성적 사고의 방법에 대한 적절한 사례를 제시하고, 실천 방안에 대해 토의해 봅시다.

참고문헌

교육과학기술부(2009). 유아교육 선진화를 위한 종합적인 발전방안 마련. 교육과학기술부 보도자료.

곽현주(2008). 유아교사의 전문성 강화를 위한 역동적 평가의 접근 모색: 일일교육 계획안 자기평가 쓰기와 원장 멘터링을 중심으로. **유아교육학논집**, 12(1), 115-133.

권미량(2005). 생태유아교사 교육의 교육원리에 관한 연구. **미래유아교육학회지**, 12(4), 75-99.

권성민(2010). 유치원교사의 전문성에 관한 고찰: 포스트모더니즘(postmodernism)을 중심으로. **영유아교육연구**, 13, 67-81.

김현자(2008). 유아교사 전문성 관련 논의의 접근 방법과 내용 분석. **열린유아교육연구**, 13(5), 165-189.

박경재(2007). 교사의 전문성 제고방안. **교육정책포럼**, 156, 8-11.

박세원, 김윤미(2010). 유아교육의 진정성과 윤리적 실천. 2010 레지오에밀리아 국제학술대회, 237-266.

박은혜(2002). 유아교사 교육 과정에서의 교수 방법에 대한 고찰. **유아교사 교육의 최근 연구 동향**. 서울: 이화여대출판부.

양옥승(2002a). 유치원 교사양성체제와 유아교사의 전문성 신장. **한국교원교육연구**, 19(1), 25-43.

양옥승(2002b). 유아교사의 정체성과 전문성, 어디서 찾을 수 있을까? **교육개발**, **통권 제133호**, 26-33.

안경숙(2010). 유아교사의 반성적 사고에 대한 의미 부여와 실행. **영유아교육 · 보육연구, 1**(1), 43-58.

안부금(2002). 구성주의 이론에 기초한 유아과학교육 교사연수 프로그램의 개발과 효과에 관한 연구. 덕성여자대학교 박사학위 논문.

안혜준(2010). 유아교사의 반성적 정서 저널쓰기 과정의 의미탐색. **유아교육학논집, 14**(4), 287-314.

이영애 외 공역(2001). **유아교사 교육의 새로운 접근**. 서울: 창지사.

이혜경(2010). 유아교사의 전문성에 대한 경력교사들의 인식. **유아교육학논집, 14**(5), 287-314.

조형숙, 박수미(2009). 멘터링을 통한 유아교사의 음악교수 실제와 멘터의 역할 탐색. **유아교육학논집, 13**(2), 161-191.

조혜진(2010). 유아교육기관 멘터 교사의 핵심역량 분석. **유아교육학논집, 14**(5), 183-206.

하은옥, 허우정, 황해익(2007). 생태유아교사 평가를 위한 평가 영역 및 준거 탐색. **열린유아교육연구, 12**(1), 76-77.

황해익, 하은옥, 오경녀(2009). 유아교사의 생태적 유아교육전문성 자기평가척도 개발. **미래유아교육학회지, 16**(4), 305-334.

홍은주, 서영숙(2010). 서울형 어린이집 자율장학 과정을 통한 멘터의 경험과 변화. 한국유아교육학회 2010년 정기학술대회. 부산: 경성대학교 콘서트홀.

Beach, D. M., & Reinhartz, J. (2000). *Supervisory leadership: Focus on instruction*. Boston: Allyn & Bacon.

Bellm, D. B., Whitebook, M., & Hnatiuk, P. (1997). *The early childhood mentoring curriculum*. New Jersey, NW: The Center for the Child Care Workforce.

Fletcher, S. (2000). *Mentoring in schools: A handbook of good practice*. British Library Cataloging in Publication Data.

Fromberg, D. P. (2003). The professional and social status of the early childhood-educator. In J. P. Isenberg & M. R. Jalongo. (Eds.), *Major trends and issues in early education* (pp. 117-192). New York: Teachers College Press.

Ganser, T. (1992). Getting off to a good start: A collaborative mentoring program for beginning teachers. (ERIC Document Reproduction Service No. ED 343899).

Healy, C. C., & Welchert, A. J. (1990). Mentoring relations: A definition to advanceresearch and practice. *Educational Researcher, 19*, 17-21.

Holloway, J. H. (2001). Research link the benefits of mentoring. *Educational Leadership, 58*(8), 85-86.

Howes, C., & Pianta, R. C. (2011). *Foundations for teaching excellence: Connecting early childhood quality rating, professional development, and competency systems in states.* Baltimore, ML: Brookes.

Kremenitzer, J. P. (2005). The emotionally intelligent early childhood educator: Self-reflective journaling. *Early Childhood Education Journal, 33*(1), 3-9.

NAEYC(2005). *NAEYC Early childhood program standards and accreditation criteria: The mark of quality in early childhood education.* Washington, D.C.: Naeyc.

Nolan, M. (2007). *Mentor coaching and leadership in early care and education.* NY: Thomson Delmar Learning.

Nolan, J., & Hoover, L. A. (2005). *Teacher supervision and evaluation: Theory intopractice.* Danvers, MA: Wiley Jossey-Bass Education.

Odell, S. J. (1990). *Mentor teacher programs.* Washington, D.C.: National Education-Association.

Training and Development Agency for Schools (2008). Professional Standards for Qualified Teacher Status and Requirements for Initial Teacher Training. http://www.tda.gov.uk.

Zaslow, M., & Martinez-Beck, I. (2006). *Critical issues in early childhood professional development.* Baltimore, ML: Brookes.

제4장

유아교사의 권리와 의무 및 교직윤리

1. 유아교사의 권리와 의무

1) 유치원 교사

유치원 교사가 자신의 직무를 성공적으로 수행하기 위해서는 무엇보다 교원으로서의 직업적 권위와 권리가 충분히 보장되지 않으면 안 된다. 유치원 교사도 유아를 가르치고 돌보는 것에 대한 교사로서의 책임감과 권한을 가지므로, 교사로서 사회적 · 법적 지위에 부과되는 권리와 의무를 지각하고 수행해야 한다(Feeney et al., 2000; Kidder, 1995).

(1) 유치원 교사와 교권

교권은 한마디로 교사의 권리로 해석할 수 있다. 즉, 교사의 기본적인 권리일 뿐만 아니라, 교직에 종사하는 교사가 자신의 책임과 의무를 수행함에 있어 보장받는 신분과 생활 안정, 사회 환경 등 법률로 정한 교사의 신분과 사회적 지위에 관한 교사의 권리를 의미한다. 이와 관련하여 「교육공무원법」 제43조 제1항에 "교권은 존중되어야 한다."라고 명시되어 있으며, 「교육법」 제13조에 "교원은 경제적 · 사회적 지위가 적정하게 보장되어야 한다."라고 규정되어 있다. 또한 「교원지위 향상을 위한 특별법」 제2조 제2항과 제3항에도 "국가, 지방자치단체, 기타 공공 단체는 교원의 학생교육과 지도에 있어 그 권위가 존중되도록 특별히 배려되어야 하며, 주관하는 행사 등에 있어서 교권을 우대해야 된다."라고 규정되어 있다.

유치원 교사는 「유아교육법」 제20조에 의거하여 유아를 교육하는 교사로서 초 · 중등 교사와 마찬가지로 법에 의거하여 교권과 사회경제적 지위를 보장받

〈표 4-1〉 교권의 법적 규정

관련 법	조 항	내 용
「헌법」	제31조 제1항	교육받을 권리
	제31조 제4항	교육의 자주성, 전문성 및 정치적 중립성 보장
	제31조 제6항	교원의 지위(신분 보장, 생활 조건 개선 등) 보장
「교육기본법」	제14조 제1항	교원의 전문성 존중, 사회경제적 지위 우대, 신분 보장
	제14조 제5항	교원의 임용 및 복무 · 보수 · 연금을 법률로 정함
「유아교육법」	제20조	교직원의 구분(원장, 원감, 교사), 원아교육 임무 명시
「초 · 중등 교육법」	제20조 제3항	교원의 신분 보장, 교원 지위 명시
「교육공무원법」	제43조 제1항	교권 존중, 전문적 지위, 신분에 부당한 간섭 금지
	제43조 제2항	의사에 반한 휴직, 강임, 면직 금지
	제43조 제3항	교권 보장(권고사직 금지)
「사립학교법」	제56조, 제60조	정년 보장, 신분 보장(교원의 불체포 특권 규정)
「교원지위 향상을 위한 특별법」	제2조	교직의 특수성과 교원의 예우를 위해 제정
유네스코/ 국제노동기구		-1966년 '교원의 지위 향상을 위한 권고' 채택 -교원의 교육 자유권, 생활 보장권, 신분 보장권 명시

을 수 있도록 되어 있다. 그러나 유치원 교사는 초·중등 교사에 비해 법적으로 보장받을 수 있는 자신의 권리와 의무에 대한 인식이 매우 낮은 편이다. 유치원 교사 스스로 교직을 수행하면서 보장받아야 할 권리에 대해 바르게 이해하고 인식하는 것은 교권 확립을 위한 전제 조건이라고 할 수 있다.

유치원 교사를 포함한 우리나라 교권의 법적 규정은 「헌법」「교육기본법」「유아교육법」「초·중등교육법」「국가공무원법」「사립학교법」「교원지위 향상을 위한 특별법」 등에 명시되어 있으며, 〈표 4-1〉과 같이 요약될 수 있다.

각종 법령에 의거하여 법적으로 교사에게 어떤 권리와 의무를 부과하고 있는지, 즉 유치원 교사의 법적 지위는 어떠한지 구체적으로 살펴보고자 한다.

(2) 유치원 교사의 법적 지위

교사의 법적 지위는 법제화된 또는 법령에 규정된 교사의 권리, 의무 그리고 책임을 말한다. 유치원 교사는 교직을 수행하는 교원으로서 초·중등 교사와 동일한 법적 지위를 가지므로, 자신의 법적 권리와 의무에 대한 올바른 인식과 법 적용 능력을 향상시킬 수 있도록 노력해야 한다. 또한 교사 스스로의 협동적인 노력으로 교사의 권리를 옹호하고 신장해야 한다. 교권 침해 사건이 발생한 후에 그것을 해결하기 위해 노력하는 소극적인 방법보다는 교권의 옹호와 신장을 위한 보다 적극적인 방법을 모색하는 것이 필요하다(Feeney et al., 2000).

① 유치원 교사의 권리

교사의 권리는 교사가 전문직으로서 직무를 원활히 수행할 수 있도록 법이 인정하는 힘을 말한다. 교사는 국가에 대하여 교육받을 학생의 권리를 보호해야 할 의무와 교사 자신의 권리를 지켜야 할 이중적인 책임을 지닌다.

「헌법」「교육기본법」「초·중등교육법」「국가공무원법」「교원지위 향상을 위한 특별법」 등 교육 관련 법령에 명시된 교원의 권리는 교육할 권리, 신분상의 권리, 재산상의 권리, 노동에 대한 권리가 있으며(〈표 4-2〉 참조), 이와 관련된 내용

〈표 4-2〉 교원의 권리

교직 특성	구 분	내 용
전문성	교육할 권리	• 교육과정 결정 및 편성권 • 교재의 선택 · 결정권 • 교육 내용 및 방법 결정권 • 성적의 평가권 • 학생 지도 · 징계권
공공성	신분상의 권리	• 신분 및 직위 보유권 –의사에 반한 신분 조치를 당하지 아니할 권리 –권고사직을 당하지 않을 권리 –불체포 특권 –처분 사유 설명서 교부권 및 후임자 보충 발령의 유예 –여 교원 동등 신분 보장권 • 직무 집행권 • 재심 청구 및 행정 쟁송권
	재산상의 권리	• 봉급 청구권 • 수당 청구권 • 실비변상 청구권 • 연금 청구권
근로성	노동에 대한 권리	• 단체 결성권 • 단체 교섭 · 협의권

을 좀 더 구체적으로 살펴보면 다음과 같다(김명숙, 1998).

• 교육할 권리

교사는 법령이 정하는 바에 따라 학생 또는 원아를 교육한다(「초 · 중등교육법」 제20조 제3항). 교사의 교육권은 학생 또는 원아의 학습권을 보장하기 위한 직무상의 본질적인 권리라 할 수 있다. 교사교육권은 수업할 권리, 교육과정의 편성권, 교재의 선택권, 교육방법의 결정권, 교육평가의 권한, 학생의 지도 및 징계권 등을 내용으로 한다.

• 신분상의 권리

교사의 신분 보장은 주로 「사립학교법」 제4장과 「교육공무원법」 제7장에 집중적으로 제시되어 있으며, 이를 세 가지로 요약하면 다음과 같다.

첫째, 교사는 법령에서 규정하고 있는 자격, 재교육 성적, 근무 성적, 기타 능력의 실적에 의하여 임용 및 승진이 이루어진다. 인사행정 시 정치적 요소를 배제하고, 자격과 능력을 기준으로 한 실적주의를 원칙으로 한다.

둘째, 교사는 형의 선고, 징계 처분 또는 법에서 정한 사유를 제외하고 그 의사에 반하여 휴직, 강임 또는 면직을 당하지 않는다. 이는 정당한 사유 없이 해임 등 인사상의 불이익을 받지 않도록 교사의 신분이 보장됨을 의미한다.

셋째, 교사는 자녀 양육, 임신, 출산 등의 경우에 휴직을 할 수 있다. 이는 교사의 근무 조건이나 기타 신상 문제에 불이익한 처분이나 대우를 받지 않도록 보장됨을 의미한다.

• 재산상의 권리

교사는 근로의 대가로서 임금 등 보수를 청구할 권리를 가진다. 교사의 보수는 우대되어야 하며, 보수 기준은 자격, 경력, 직무의 곤란성과 책임의 정도에 따라 대통령령으로 규정하고 있다. 또한 보수 외에 특별수당, 연금수당, 교직수당 등을 지급하도록 규정되어 있다.

• 노동에 대한 권리

교사의 직무는 넓은 의미로 일종의 노동이라고 할 수 있으며, 교사도 기본적으로 근로자라고 할 수 있다. 교사로서의 근로자는 법률이 정하는 자에 한하여 단결권, 단체교섭권, 노동조합 결성권 등 노동 3권을 인정받는다. 그러나 교사의 특수 신분을 고려하여 보편적 국제 기준에 따라 노동 기본권 중 단결권과 단체교섭권은 인정되지만 쟁의 행위는 허용되지 않는다.

하루의 대부분을 유아교육현장에서 유아들과 함께 지내는 교사는 법과 무관하게 생활하는 것처럼 보이지만, 사실은 법적, 도덕적으로 적절하게 대응하기 어려운 수없이 많은 불합리한 상황에 직면하게 된다. 즉, 유아교육현장도 시대의 변화에 따라 교사들에게 법과 관련된 많은 의사결정을 요구하고 있다(임승렬, 2007).

그러나 유치원 교사는 교육 관련 법규를 잘 모르기 때문에 교육현장에서 교사로서 직무를 수행하는 데 어려움을 겪게 되며, 이것은 교사 개인은 물론 유아교육기관과 유아들에게까지 교육적 영향을 미칠 수 있다. 특히, 유치원 교사의 교권 침해에 대한 대처 능력과 방법이 미약하므로, 유치원 교사와 관련된 법 지식은 필수적이다.

② 유치원 교사의 의무

유치원 교사는 권리와 동시에 「국가공무원법」과 「사립학교법」이 정한 의무를 가진다. 대표적으로, 「교육기본법」 제14조에는 "교원은 교육자로서 갖추어야

〈표 4-3〉 교원의 의무

구분		내용
교원의 의무	성실의 의무	
	직무상의 의무	• 법령 준수 의무 • 복종 의무 • 직무 전념 의무 • 친절 공정 의무
	신분상의 의무	• 비밀 엄수 의무 • 청렴 의무 • 품위 유지 의무 • 영예 등의 제한 • 정치활동 금지 의무 • 집단행동 금지 의무
	연수의 의무	

할 품성과 자질을 향상시키기 위하여 노력하여야 한다."라고 규정되어 있으며, 그 외 여러 교육 관련 법에서도 교원의 의무가 곳곳에 명시되어 있다. 이를 요약하여 정리하면 〈표 4-3〉과 같다(김명숙, 1998).

〈표 4-3〉과 같이, 교사는 성실의 의무, 직무상의 의무, 신분상의 의무, 연수의 의무를 가진다. 교사의 법적 의무 중 대표적인 몇 가지를 살펴보면 다음과 같다.

- 성실의 의무

교사는 직무를 성실히 수행해야 한다(「국가공무원법」 제56조). 교사는 국민 전체의 봉사자로서 공공 이익에 충실해야 하는 의무를 지닌다. 성실의 의무가 단순한 윤리적 의무로 끝나지 않고 법적인 의무로 명시되어 있음을 볼 때, 이것은 교사로서 가장 기본적이면서 중요한 의무라는 것을 의미한다.

- 법령 준수의 의무

교사는 법령을 준수하여야 한다(「국가공무원법」 제56조). 법치국가에서 행정은 법령에 근거하여 집행되므로, 교사가 법령을 준수하여야 함은 당연한 의무다. 교사는 독자적인 판단으로 법을 해석 및 적용해서는 곤란하며, 어떠한 경우에도 법령 준수를 우선시해야 한다.

- 복종의 의무

교사는 직무를 수행함에 있어 소속 상관의 직무상의 명령에 복종해야 한다(「국가공무원법」 제56조). 행정 조직에서 효율적인 업무 수행을 위하여 소속 상관의 유효한 직무상 명령에 복종해야 함은 당연한 의무다. 상관의 직무 명령에 대한 복종의 의무는 무조건적·절대적 의미는 아니며, 명령의 내용에 따라 의무 이행이 결정된다.

• 비밀 엄수의 의무

교사는 재직 중은 물론 퇴직 후에도 직무상 취득한 비밀을 엄수해야 한다. '직무상 취득한 비밀'이란 자신이 처리하는 직무에 관한 비밀뿐만 아니라 직무와 관련하여 알게 된 모든 비밀을 포함한다.

• 기타 의무

그 외 교사의 법적 의무에는 직무 전념의 의무, 청렴의 의무, 친절 · 공정 의무, 품위 유지 의무, 정치운동 및 집단행동 금지 의무 등이 있다.

이와 같이 여러 교육 관련 법에서 교사의 권리와 의무를 규정하고 있지만, 유치원 교사는 교육 관련 법규를 잘 알지 못하고 법률 지식도 부족하기 때문에 교육현장에서 교사로서 직무를 수행하는 데 어려움을 자주 겪는다. 따라서 교사로서의 권리를 보장받고 사회경제적으로 정당한 대우를 받기 위해서는 자신의 권리와 의무를 분명히 알기 위한 노력을 기울여야 할 것이다.

(3) 교원 단체

유치원 교사의 교권 확보와 신장 및 교원 복지의 증진 그리고 교사의 전문성을 고양하기 위해서는 전문교직 단체, 즉 교원 단체가 필요하다. 유치원 교사가 개별적으로 교원 단체에서 활동하는 경우는 드물지만, 최근에는 유아교육 단체의 각종 활동과 노력이 교원 단체와 연계되어 그 효과를 배가시키고 있다.

교원 단체는 전문 단체이면서 하나의 압력 단체이기도 하다. 교원 단체에서 하는 역할은 크게 다음과 같은 네 가지로 요약된다(박경묵, 2006; 박은혜, 2010).

- 교원 단체는 교원의 권익을 대변하고 보호해 준다. 교원 단체는 자격자와 무자격자의 제한을 규정하여 자격자를 보호한다.
- 교원 단체는 전문직 특성의 자질을 높이며, 지위 향상을 위한 노력을 기울

인다.

- 교원 단체는 교사의 사회경제적 지위를 향상시키고, 직업 안정을 돕는다.
- 교원 단체는 교사의 권익 옹호를 위해 단체교섭권을 갖고, 교육정책과 계획에 적극적으로 참여한다.

현재 우리나라의 대표적인 교원 단체로는 한국교원단체총연합회(교총)와 전국교직원노동조합(전교조)을 들 수 있다. 한국교원단체총연합회는 1947년 교사의 사회경제적 지위 향상과 교직의 전문성 확립을 목적으로 설립되었으며, 현재 초·중등 교사의 약 40%가 가입하여 활동 중이다. 전국교직원노동조합은 1989년 교사들의 노동조합 단체로 설립되었으며, 주로 교권 상담, 정책 개진, 조합원 활동 등을 하며, 현재 전체 교원의 약 18%가 가입하고 있다.

한편, 우리나라 유아교육 단체로는 대한 유치원교육협회, 국제 교직 단체에 가입된 한국어린이교육협회, 한국유아교육협회, 세계유아교육기구(OMEP) 한국 지부 등이 있으며, 교직 자치 단체로는 전국사립유치원연합회가 있다.

(4) 유치원 교사의 근무 여건

교사가 본연의 임무인 교육활동에 전념할 수 있도록 보장받아야 할 권리 중 하나는 근무 여건의 개선이다. 어느 직종에서나 일의 성취와 능률의 극대화를 기하고, 만족스럽게 해당 업무를 수행하기 위해서는 근무 조건의 정비가 필수적이다.

일반적으로 근무 여건은 보수, 후생 및 복지, 신분 보장 및 인간관계, 풍토 등의 제반 조건을 의미한다. 근무 여건은 개별 직종이 사회로부터 전문직으로서 가치 있는 대우를 받고 있는지에 관한 측면으로서, 그 직종이 전문성을 유지할 수 있도록 지원하는 역할을 한다.

자신의 일에 성실과 최선을 다하고, 나아가 행복하고 보람 있는 유치원 교사가 되기 위해서는 보수, 근무 시간, 복지 등의 근무 여건이 만족스러워야 한다.

• 보 수

보수는 교사의 직무 만족도를 결정짓는 가장 중요한 요소 중의 하나라고 할 수 있다. 현재 유치원 교사의 보수 체계는 2, 3년제 전문대학 졸업자는 6호봉, 4년제 일반학과 졸업자는 8호봉, 4년제 사범계 졸업자는 9호봉부터 시작하도록 하고 있다.

우리나라 유치원 교사의 직무 만족도는 높지 않은 편이며, 대부분이 과중한 업무로 직무 수행에 따른 어려움을 느끼고 있다고 보고되고 있다(고미경, 류숙희, 나정, 2006; 이완정, 2005). 이러한 결과는 과중한 업무에 따른 보상이 교사가 원하는 만큼 이루어지지 않고 있음을 의미한다. 사실 유치원 교사의 경우, 초 · 중등 교사와 비교해서 근무 시간은 길지만 보상은 매우 적은 것이 현실이다.

특히 사립유치원 교사의 경우, 기관의 규모나 운영자의 재량에 따라 보수가 책정되는 경우가 많으며, 대부분 교원 보수 규정에 따른 보수를 보장받지 못하고 있다. 국가 교육공무원 신분의 공립 유치원 교사는 급여 수준도 높으며 제 수당을 일괄적으로 받는 반면, 사립 유치원 교사의 급여는 공립 유치원 교사 급여의 50% 수준에 그친다. 다행히 2009년부터 지방자치단체로부터 교직수당 및 담임수당을 받고 있어 이전보다 유치원 교사의 보수는 많이 상향 조정되었다고 할 수 있다.

• 근무 시간

유치원 교사의 일일 법적 근무 시간은 8시간이다. 그러나 유아교육기관에 출근해서 유아를 하원시킬 때까지 교사는 휴식 시간이 따로 없고, 교사의 눈과 귀와 관심은 오로지 유아들에게 향해 있다. 교사 자신을 위한 기본적인 휴식이나 편안함을 위한 권리마저 챙길 수 있는 여유가 없다.

한 연구(이미화 외, 2006)에 따르면, 실제 유치원 교사의 일일 평균 근무 시간은 9시간 30분 정도인 것으로 나타났다. 이는 유치원 종일반에 대한 요구 증가와 공문 처리, 기자재 관리, 유아 등 · 하원 차량 지도, 청소 등의 교육활동 외의 업무 수행을 해야 함에 따라 근무 시간이 연장되고 있음을 지적하고 있다. 시간은 한정되어 있고 그 시간 안에 주어진 업무 처리를 해야 한다면, 교사는 어떤 일을 우선적으로 해야 하는지 업무의 우선순위를 정하는 것이 필요하다.

유치원 교사의 법적 근무 시간 준수를 위해서는 행정 업무나 교육활동 외의 업무를 줄이는 업무 간소화 및 경감 대책이 필요하다. 이를 위해 교원의 직무 기준에 따라 행정 인력이 담당할 업무를 명확히 분류하여 교원의 업무를 조정하는 것이 필요한데, 즉 수업, 수업 준비, 유아 평가 및 생활 지도 등을 중심으로 교사의 역할, 책임 등 교원의 직무 기준을 재정립하는 것이 필요하다. 또한 교사의 업무를 일정 부분 분담해서 지원해 줄 수 있는 보조교사, 서무, 청소 담당자 등의 인력 지원이 절실하다(교육인적자원부, 2005).

• 복 지

복지란, 안정된 생활이나 생활에 대한 욕구의 충족 상태를 나타낸다. 교사의 복지 후생은 교사의 생활 안정은 물론 가족에 대한 부양 책임을 덜어 줌으로써 교육활동에 전념할 수 있도록 하는 데 필수적이다. 일반적으로 교사의 복지는 시설의 물리적 환경과 보수, 교육, 휴가 사용 등에 관한 것으로 근무 여건과 관련되며, 구체적으로 연금제도 혜택, 무주택 교사를 위한 장기 저리의 주택자금, 교원 자녀를 위한 장학금 지급 등을 일컫는다.

현실적으로 유치원 교사 대부분은 결혼과 출산 및 육아를 담당하는 시기에 가장 왕성하게 일할 시기지만, 이에 대한 복지가 보장되지 않아 교사의 퇴직 사유 1순위가 된다. 그 외 교사 회의, 연수, 병가, 경조사 등과 같은 일이 발생했을 때도 교사 이외의 추가 지원 인력이 거의 없는 실정으로 이와 관련된 복지는 열악한 편이다.

이에 대해 국가에서는 유치원 교사가 산전 휴가나 자격/직무 연수, 병가, 경조사, 휴가 등의 사유로 유아의 교육을 담당할 수 없는 경우에 대체교사를 지원하는 등 향후 유치원 대체교사 지원제도를 확대할 방침이라고 밝혔다(교육인적자원부, 2005).

이와 같이 유치원 교사는 보수, 근무 시간, 복지를 포함한 교사의 근무 여건 및 처우가 열악한 실정이다. 최근 유치원 교사의 근무 여건 정상화를 위해 유치원 교사 급여 체계의 상향 조정 및 일원화, 일일 법정 근무 시간 준수 및 표준 수업 시수 개념 법제화, 각종 복지 후생 수준의 향상, 대체교사제 도입 등 정부 차원에서 다양한 지원책을 발표하고 있으므로 유치원 교사의 처우 개선을 희망적으로 기대해 볼 수 있겠다.

자질이 뛰어난 교사는 타고나는 것이 아니라 교사 자신과 유아교육기관 및 국가, 사회가 함께 만들어 가는 것이다. 즉, 교사 스스로의 노력은 물론 교사의 근무 여건을 개선해 주는 행정적·재정적 지원이 있어야만 가능하다.

2) 보육교사

(1) 보육교사의 신분 및 법적 지위

이제까지 보육의 역사를 살펴보면 보육은 단순히 아동을 안전하고 건강한 환경에서 인격적으로 보호하는 역할을 주로 담당해 온 것이 사실이며, 보육교사는 '교사'로서의 지위조차도 인정받지 못하고 있는 것이 지금의 현실이다(공수정, 2011).

사실 보육교사는 명확하게 '교원'이 아니며, 「근로기준법」에 따라 일반 근로자로 그 신분이 보장된다. 보육교사의 신분 보장에 관한 법적 규정을 구체적으로 살펴보면 〈표 4-4〉와 같다.

〈표 4-4〉 보육교사의 법적 신분 보장

관련 법	조 항		내 용
「민법」	제8절	제655조	고용의 의의 고용이란 당사자 일방이 상대방에 대하여 노무를 제공할 것을 약정하고, 상대방이 이에 대하여 보수를 지급할 것을 약정한다.
		제662조	묵시의 갱신 고용 계약은 기간이 만료한 후에도 계약이 끝까지 종료되지 않은 이상 지속적으로 고용 계약이 유지된다.
	제5조		보육교사는 성별, 국적, 신앙 또는 사회적 신분을 이유로 한 차별이 금지되며, 균등한 처우를 받도록 보장받고 있다.
	제6조		보육교사가 퇴직하는 것은 보육교사의 자유의사에 의하여야 한다. 고용자가 해고를 하고자 할 때는 일정한 사유와 적절한 절차에 따라 이루어져야 한다.
	제34조		퇴직금의 지급 사용자는 근로자가 퇴직한 경우에는 그 지급 사유가 발생한 날로부터 14일 이내에 퇴직금을 지급하여야 한다.
	제50조		근로 시간 1주간의 근로 시간은 휴게 시간을 제외하고 40시간을 초과할 수 없다. 1일의 근로 시간은 휴게 시간을 제외하고 8시간을 초과할 수 없다.
「근로 기준법」	제53조		연장 근로의 제한 당사자 간에 합의하면 1주간에 12시간을 한도로 근로 시간을 연장할 수 있다.
	제55조		휴일 사용자는 근로자에게 1주일에 평균 1회 이상의 유급 휴일을 주어야 한다.
	제56조		연장 · 야간 및 휴일 근로 사용자는 연장근로와 야간근로 또는 휴일근로에 대하여는 통상 임금의 100분의 50 이상을 가산하여 지급하여야 한다.
	제60조		연차 및 유급휴가 사용자는 1년간 8할 이상 출근한 근로자에게 15일의 유급휴가를 주어야 한다.
	제62조		유급휴가의 대체 연차 유급 휴가일을 갈음하여 특정한 근로일에 근로자를 휴무시킬 수 있다.
	제73조		생리휴가 사용자는 여성 근로자가 청구하면 월 1일의 생리휴가를 주어야 한다.
「남녀고용 평등과 일 · 가정 양립지원에 관한 법률」	제11조		정년 · 퇴직 및 해고 사업주는 근로자의 정년 · 퇴직 및 해고에 있어서 남녀를 차별하여서는 아니 된다. 또한 사업주는 근로 여성의 혼인, 임신 또는 출산을 퇴직 사유로 예정하는 근로 계약을 체결하여서는 아니 된다.

출처: 법제처 국가법령정보센터(http://law.go.kr)

이와 같이 보육교사의 법적 지위는 주로 「근로기준법」 「남녀고용평등과 일 · 가정 양립지원에 관한 법률」 등에 명시되어 있다. 특히 「근로기준법」에 따르면, 보육교사는 성별, 국적, 신앙 또는 사회적 신분을 이유로 한 차별이 금지되며, 균등한 처우를 받도록 보장받고 있으며, 퇴직은 근로자인 보육교사의 자유의사에 달려 있음을 명확히 하는 등의 법적 지위를 보장받고 있다.

(2) 보육교사의 근무 여건

① 보 수

정부에서 인건비를 지원받는 보육시설의 경우는 보육교사의 급여가 매년 책정되는 보육시설 종사자 인건비 지급 기준에 따라 지급되고 있다. 2013년 기준으로 보면, 초임인 1호봉 보육교사의 경우 월 139만 원가량으로 여전히 매우 낮은 수준이다. 특히, 가정이나 민간 등 인건비 미지원 시설은 보육시설 종사자 인건비 지급 기준을 참고하여 자율적으로 정하도록 되어 있어 더욱더 열악한 상황이며, 보육교사의 보수 체계는 유사 직종 종사자들과 비교했을 때 턱없이 불리하다(궁수정, 2011).

한편 보육교사의 경우 호봉 책정 시 학력이나 자격 기준에 따른 차이가 전혀 없어 1~3급 모두 동일하게 1호봉에서 시작하는 반면, 국공립 유치원 교사의 보수 체계는 2년제 전문대학 졸업자는 6급, 3년제 전문대학 졸업자는 7급, 4년제 일반 대학 졸업자는 8호봉, 4년제 사범계 졸업자는 9호봉부터 시작하도록 되어 있어 교사의 전문성 수준에 영향을 미친다고 볼 수 있다(이미화 외, 2006).

이처럼 현재 보육교사의 과반수 이상이 100만 원 미만의 급여를 받을 뿐만 아니라, 초과근무수당을 제외한 대부분의 수당 또한 제대로 받지 못하고 있는 실정이므로 보육교사의 불합리한 호봉 적용은 수정되어야 하며, 각 수당 지급은 의무 법제화되어야 할 것이다.

② 근무 시간

현행 「영유아보육법 시행규칙」에 따르면, 보육시설의 보육 기준 시간은 일일 12시간으로 명시되어 있고, 연중 계속 운영하도록 되어 있다. 보육교사의 근무 시간은 9시간을 원칙으로 하고, 나머지 3시간은 원장, 보육교사 간 교대 근무가 가능하도록 되어 있으며, 시간 외 근무수당을 지급하도록 되어 있다.

그러나 이러한 원칙과 달리, 보육교사의 하루 평균 근무 시간은 10시간 이상이며, 그 외에도 약 2시간 정도의 초과 근무를 하고 있는 실정이다. 또한 대다수의 보육시설은 연중 방학이 없는 종일반 체제로서 보육교사의 근무 시간이 평균 10시간 이상 길어지고 있다(궁수정, 2011). 보육교사에게 하루 10시간 이상의 보육 업무를 수행하도록 하는 것은 양질의 보육과 교육을 실시할 수 없게 하는 요인이 된다.

이처럼 보육교사는 근무 시간은 매우 길고, 휴식 시간은 거의 없는 실정이다. 특히, 보육교사의 휴식 시간은 점심시간을 포함하여 30분 정도에 불과하며, 점심시간 또한 아이들의 식사 지도를 함께하기 때문에 근무의 연장이라 볼 수 있으므로, 실질적으로는 휴식 시간이 전혀 없다 해도 과언이 아니다(궁수정, 2011).

이와 같은 보육교사의 근무 시간 개선을 위해서는 8시간 근무 시간을 기준으로 교대 근무를 하고, 방학 중에도 교사의 교대 근무가 가능할 수 있도록 정교사 2인 담임 체재를 고려하는 것이 하나의 방안이 될 수 있다(이미화 외, 2006). 또한 양질의 보육 서비스를 제공할 수 있는 보육교사의 적절한 근무 시간을 정책적으로 규정해 놓을 필요가 있으며, 이러한 규정이 확실히 이루어질 수 있도록 정부의 재정 지원을 받아 충분한 교사의 충원이 이루어져야 할 것이다.

③ 복 지

보육교사를 위한 복지에는 각종 휴게시설, 퇴직금을 포함한 연금, 공제회 제도 및 건강 제도, 사회보장 제도 등이 있다. 먼저 퇴직금의 경우, 운영자는 퇴직하는 보육교사에게 퇴직금을 지급하도록 하는 지침이 마련되어 있다. 즉, 보육사업 안내에서는 「근로기준법」과 「근로자 퇴직급여 보장법」을 적용하여 퇴직금 관련 지침을 정하고 있음에도 불구하고 실제로 보육교사는 보육시설에 퇴직금 자체가 있는지도 모르는 경우가 많으며, 퇴직금이 주어지지 않는 경우도 많다.

사회보장제도로는 의료보험, 국민연금, 고용보험, 산재보험 등 4대 보험이 있다. 「영유아보육법 시행규칙」 제23조에서는 이들 보험의 가입을 의무 규정으로 명시하고 있다. 현재 우리나라 대부분의 보육교사는 산재보험, 고용보험, 건강보험, 국민연금 등 4대 보험 가입률이 90% 이상을 보이고 있다.

한편 보건복지부(2004)의 보육사업 안내에 따르면, 보육교사의 휴가는 연가, 병가, 공가 및 특별휴가로 구분하며, 여름과 겨울에 각각 7일의 범위 내에서 정기 휴가를 실시할 수 있고, 보육교사의 휴가는 보육 공백을 최소화할 수 있도록 순번제로 실시하여야 한다. 그러나 보육시설의 특성상 대체 인력이 어렵기 때문에 휴가를 제대로 활용하는 보육교사는 소수에 불과한 실정이다(박신애, 2008).

2. 유아교사의 교직윤리

1) 교직윤리

윤리란 옳고 그른 것에 대한 비공식적 규칙으로, 인간이 다른 사람과의 관계 속에서 삶을 살아가면서 개인 또는 집단 구성원으로서 지켜야 할 것으로 기대되는 규범을 의미한다(서정화, 1994). 이러한 관점에서 교직윤리란, 교사가 그 직무 수행과 관련하여 스스로 또는 관련된 다른 사람에게 지켜야 할 것으로 기대되는 사회적 규범을 의미한다고 정의할 수 있다.

교육은 본래 윤리적이고 도덕적인 활동이므로, 교사는 해당 교과에 대한 전문 지식뿐만 아니라 고도의 윤리 의식과 도덕성을 갖출 것이 요구된다. 특히, 교직은 미숙하고 약자의 입장에 있는 어린 학생들을 대상으로 한다는 점에서 교사에게 더 높은 윤리 의식이 필요하다고 할 수 있다.

교사는 가르치는 과정에서 매 순간마다 새롭고 복잡한 문제 상황에 처하게 되며, 이때 윤리적으로 바람직한 의사결정을 하도록 지침 역할을 하는 것이 바로 교사 윤리강령이다. 교사 윤리강령이란, 전문직으로서 교직의 이상, 가치 그리고 책무를 설명한 것으로 교직 단체에 의해 공식적으로 받아들여진 문서를 의미한다. 우리나라에는 교사를 위한 '사도헌장'과 '사도강령'(한국교원단체총연합회, 1958)이 제정되어 있어 교사의 교육적 의무와 책무에 충실을 기하고 있다.

2) 유아교사와 교직윤리

유아교사는 자신의 직무에 대하여 윤리적 책임감과 사명의식을 가지고 있어야 한다. 또한 현장에서 유아를 교육하고 보호하는 일을 수행하면서 직면하게 되는 다양한 상황에서 교직윤리에 기초하여 각각 최선의 판단을 내려야 한다. 이때 교사는 항상 자신의 판단과 결정이 윤리적이며, 모든 유아에게 바람직하고 최선인가를 생각해야 한다.

Katz(1985)는 유아교사의 경우, 윤리강령을 기준으로 하여 교육현장에서 빚어지는 다양한 윤리적 상황에 대해 슬기롭게 판단하고 대처함으로써 유아의 인권을 존중하고 교육적 가치를 지향할 수 있어야 한다고 강조하면서, 유아교사에게 윤리강령이 필요한 이유를 다음과 같이 네 가지로 제시하고 있다.

① 유아의 상처받기 쉬운 특성과 교사보다 권력이 적은 점 때문에, 교사는 유아가 원하고 필요로 하는 자원이나 특권을 통제할 수 있다. 즉, 교사의 권력 남용을 막기 위해 교직윤리가 필요하다.

교사는 유아의 생활을 지도 및 통제하는 것과 관련된 권위를 사회적, 제도적으로 위임받고 있으므로, 교사라는 직위에 있다는 사실만으로 권위를 가지고 있는 존재다(이돈희, 1987). 그러므로 교사가 직접 물리적인 힘을 가하지 않더라도 권위를 사용하여 유아의 행동을 규제하며, 유아를 지도하고 가르치는 데 필요한 영향력을 행사할 수 있다. 그러나 간과하지 말아야 할 점은 교사가 아무리 합법적이고 사회적으로 인정받는 권위를 가지고 있다 하더라도 권위를 사용하여 내린 지시가 유아의 의사와는 전혀 무관하게 작용할 수 있다는 점이다(최연철, 2007).

② 유아교육의 대상은 유아, 유아의 부모와 가족, 지역사회 등 다양한 집단으로 이루어지므로, 유아교사가 책임의 우선순위를 어느 집단에 두어야 하는가에 대한 결정을 할 때 윤리강령이 필요하다.

유아교육에서는 가정과 유아교육기관이 유아에 대해 책임을 공유한다는 기본적인 생각을 가지고 있다. 유아의 성장과 발달은 가족과 상호 협력하는 가운데 극대화될 수 있기 때문이다. 그러나 이와 같은 유아교육의 특성은 교사로 하여금 교육 행위의 복잡성을 증가시킬 뿐 아니라, 윤리적 갈등 상황에 직면했을 때 책임의 우선순위, 보호 대상의 우선순위 및 그 한계를 결정하는 데 많은 혼란을 야기한다(Kidder, 1995).

유아교사가 실제 교육 상황 속에서 바람직한 의사결정을 내려야 할 대상은 유아만이 아니다. 유아교육의 주체는 유아이므로 당연히 유아의 권리를 최우선시해야 함이 당연하지만, 그 유아의 교육에 영향을 미치는 부모, 가족, 지역사회 등의 권리와 이익도 고려의 대상이 되어야 한다. 이러한 의미에서 '교사가 누구를 위한 최선의 의사결정을 할 것인가?' '유아 외에 그들의 권익을 최대한 보장해 줄 수 있는 방법은 무엇인가?' 등을 결정하기 위해 필요한 것이 유아교사 윤리강령이다.

③ **유능한 교사, 훌륭한 교수활동 등에 대한 많은 지침이 있지만**(NAEYC, 1984), **아직 이에 대한 기준이나 준거가 부족하기 때문에 유아에게 가장 적합한 교육이나 활동을 설명하는 데 윤리강령이 필요하다.**

최근 유아교사의 전문성에 대한 관심은 '어떤 교사가 훌륭한 교사인가?' '어떤 교사가 좋은 교사인가?'와 더불어 '어떤 수업이 좋은 수업인가?' '좋은 수업이 갖추어야 할 요소들은 무엇인가?'와 같은 질문에 집중되어 있다. 그러나 좋은 교사와 좋은 수업에 대한 기준은 다양하며, 특히 유아라는 대상과 수업 상황의 복잡성과 다면성을 고려해 볼 때 그에 대한 해답은 간단명료하지 않다(Kremenitzer & Miller, 2008).

그러나 좋은 교사와 좋은 수업에 대한 일반적이고 보편적이며 상황 맥락적 측면을 고려한 해답의 기준과 준거를 제시해 줄 수 있는 것이 교사 윤리강령이다. 유아교사는 윤리강령에서 제시한 교사의 역할과 수업에 대한 기준과 준거를 만족시킬 때 유아 발달을 최상으로 이끌 수 있는 교육이나 활동이 가능해질 것이다.

④ **유아교사의 역할이 다양하고 때로는 모호하기 때문에, 유아와 그들의 가족, 동료 교사나 기관과의 관계에서 어느 한쪽으로 치우치지 않는 역할을 수행하기 위해서는 윤리강령에 근거하여 결정하는 것이 필요하다.**

유아교사의 역할은 다양하고 모호하며 광범위하다는 특성을 지닌다. 특히, 유아 외에 유아를 둘러싼 다양한 타인을 위한 역할도 함께 수행해야 하는데, 이것이 바로 교사 역할 수행의 복잡성과 어려움을 가중하는 요인이 된다.

유아교사는 많은 교육적 상황 속에서 야기되는 윤리적 문제를 해결하기 위해 여러 가지 요소들을 동시에 고려하며 갈등한다. 때로 이 요소들은 바람직한 의사결정을 방해하기도 하고, 의사결정 시간을 지연시키는 역할을 한다. 그러나 교사는 최대한 어느 한쪽에 치우치지 않는 공평한 결정을 내려야 하는데, 이때 교사 윤리강령이 도움이 된다.

최근 예비 유아교사 시기부터 교직윤리와 윤리강령을 알고 실천하도록 도와주어야 한다는 목소리가 높아지고 있다. 예비교사는 교사로서의 윤리적이고 책임감 있는 행동에 관심을 가지고, 책임 있는 판단과 행동이 교직에 몸담은 사람으로서 당연히 갖추어야 할 자질이라는 것을 분명하게 인식하는 것이 중요하다 (Feeney et al., 2000).

3) 유아교사 교직윤리의 실제(사례)

유아교사는 학급에서 여러 가지 윤리적 문제나 갈등을 경험하게 된다. 이때 교사는 어떤 결정을 내려야 하며, 그 결정이 과연 누구를 위한 결정인지 고민해볼 필요가 있다.

만 3세의 유아 규현이는 유치원 종일반에서 매일 1시간씩 낮잠을 잔다. 종일반 유아의 특성을 고려한 담임교사의 일일 활동 운영 계획에 의해서 이루어진 교육 행위다. 규현이는 하루 종일 유치원에 있기 때문에 낮잠과 같은 활동이 규현이의 신체적 · 심리적 안정에 도움이 된다고 교사는 생각한다. 그러나 문제는 규현이의 어머니다. 어느 날 어머니는 원을 방문해 교사에게 규현이가 원에서 낮잠을 자기 때문에 밤늦게까지 잠을 자지 않는다고 하면서, 이는 다음 날 어머니의 출근 시간에 상당한 지장을 주므로 규현이게 낮잠을 재우지 말 것을 요구했다. 교사는 어머니에게 종일반 유아의 낮잠의 필요성을 설명하였지만 어머니는 자신의 요구를 받아 줄 것을 당부했다. 교사는 어떻게 해야 할지 판단이 서지 않았다. 규현이에게 낮잠을 재울 필요성도 중요하지만 어머니의 의사도 무시할 수 없었기 때문이다. 과연 교사의 어떤 선택과 판단이 유아에게 최선일까? 또한 그 어머니에게도 도움이 될 수 있는 선택은 없을까? 교사는 고민스럽다.

이 사례에서 볼 수 있듯이, 교실에서 실제로 일어나는 상황은 늘 일반적이거나 평균적인 것은 아니기 때문에 어느 한 가지를 명쾌하게 선택하거나 판단하기가 쉽지 않다. 교사로서의 교육적 책무성을 성실히 이행하는 것이 더 중요한지, 유아나 학부모의 권리를 존중해 주는 것이 더 중요한지를 두고 윤리적 갈등 상황에 빠지는 경우가 허다하다. 이처럼 유아교육현장에서는 교사가 선택해야 할 사안을 두고 양자택일해야 하지만 어느 한 가지를 명쾌하게 선택할 수 없는 윤리적 상황이 빈번하게 일어난다.

유아교사의 윤리강령에 근거하여 윤리적으로 바람직한 의사결정을 내려야 하는 유아교육현장의 실제 사례들은 크게 유아와의 관계, 유아의 가정과의 관계, 동료 및 기관과의 관계, 지역사회 및 사회와의 관계 등 네 가지 영역으로 나누어 볼 수 있다(조형숙, 2009; NAEYC, 1984).

(1) 유아와의 관계

유아와의 관계 영역에서 교사는 유아의 발달과 흥미, 개인차, 가정과 사회문화적 특성 등을 고려하여 교육활동을 해야 할 뿐만 아니라 교사로서의 품위 유지와 전문성 함양을 위해 노력해야 함에도 불구하고, 여러 가지 현실적인 문제로 인해 이를 잘 실천하지 못하여 갈등하고 바람직한 의사결정을 내리지 못하는 경우가 많다.

(2) 유아의 가정과의 관계

유아의 가정과의 관계 영역에서 일어나는 윤리적 문제는 주로 교사와 학부모의 관계에 관한 것이다. 교사는 유아에 대한 정확하고 객관적인 정보를 파악하여 이를 학부모에게 솔직하게 전달해 줄 의무가 있지만, 여러 가지 갈등 요소로 인해 교사 자신이 알고 있거나 옳다고 믿는 대로 실천하지 못함으로써 윤리적 갈등이 일어난다.

(3) 동료 및 기관과의 관계

동료 및 기관과의 관계 영역에서 주로 일어날 수 있는 윤리적 문제들은 주로 상호 협력자로서 동료 교사와 관련된 것들이다. 동료 교사 간에는 같은 일을 하며 서로 인격과 전문성을 존중하고 협력적 관계를 유지해야 하지만, 서로 다른 성격, 환경, 관점 등으로 인해 이를 실천하기 힘든 경우가 종종 발생한다.

(4) 지역사회 및 사회와의 관계

교사는 지역사회를 위해 시설물을 허용하거나 지역사회 사람들과 긍정적인 관계를 형성하는 등 지역사회와 사람들에 대한 관심과 배려가 있어야 하며, 사회적인 문제가 발생했을 때 적극성을 가지고 이를 해결하기 위한 노력을 기울여야 한다. 즉, 교사는 교실 안의 유아뿐만 아니라 교실 밖의 지역사회에까지 관심의 범위를 넓혀야 함에도 불구하고, 이를 외면하거나 소극성을 띠는 행위를 하는 경우가 많다.

4) 유아교사 윤리강령

유아교육현장에서 직면하게 되는 크고 작은 윤리적 갈등 상황은 명백한 답이 있는 경우보다 올바른 해결책이 무엇인지 혼란스러울 때가 더 많다. 즉, 한 유아의 권리를 보호해 주기 위해 다른 유아의 권리를 침해할 수도 있고, 가족을 지원해 주기 위해 유아의 권리를 침해할 수도 있기 때문이다.

유아교사 윤리강령은 교사가 교육현장에서 일상적으로 경험하게 되는 여러 가지 윤리적 갈등 상황 속에서 윤리강령의 원칙을 중심으로 바람직한 해결책을 찾아낼 수 있는 도덕적 나침반 역할을 한다. 유아교사는 윤리강령의 지침을 기준으로 삼아 보다 바람직하고 올바른 직업적 판단을 해야 한다(박은혜, 2010; Feeney et al., 2000).

이러한 맥락에서 최근 세계 각국은 유아교육에 종사하는 유아교사가 지켜야 할 윤리강령을 제정하고, 이를 교육현장에 홍보하고 있는 추세다.

(1) 유치원 교사

우리나라는 1950년대 후반 대한교육연합회에 의해 처음으로 교원윤리강령이 제정되었으며, 1982년 개정을 거쳐 현재까지 사용되고 있다. 그러나 교원윤리나 사도강령은 유치원 교사에게 적합하지 않은 점들이 있어 그동안 유치원 교사를 위한 윤리강령의 제정의 필요성이 제기되어 왔으며, 드디어 2010년 유치원 교사 헌장 · 강령이 제정되기에 이르렀다(박은혜, 2010).

- 유치원 교사 헌장

유치원 교사 헌장

유아교육은 유아의 삶에 초석이 되며, 우리 사회와 국가의 미래를 결정한다. 우리는 국민의 생애 초기 교육을 책임지며, 사회로부터 존경받는 교사로서 자신을 연마하고, 소명의식을 가지고 유아교육자로서 가야 할 길을 밝힌다.

1. 우리는 유아를 사랑하고, 개성을 존중하며, 전인 발달을 지원하고, 평화로운 교실 문화를 조성한다.
2. 우리는 미래지향적이며 질 높은 교육을 계획하고 실천하여 교육자로서의 책임을 다한다.
3. 우리는 가정에 대한 이해와 연대를 강화하여 교육복지사회 구축에 공헌한다.
4. 우리는 사회의 변화와 요구에 적극 부응하여 유아교육의 혁신과 발전을 위해 노력한다.
5. 우리는 교육자로서의 품위를 유지하고, 부단한 자기 계발을 통해 유아교육 전문가로서의 위상을 갖춘다.

• 유치원 교사 강령

유치원 교사 강령

1. 유치원 교사와 유아
   - 핵심 개념: 사랑, 평등, 개성 존중, 전인교육, 안전과 보호

① 우리는 유아를 사랑하며, 유아의 인격을 존중한다.
② 우리는 유아의 개인적 · 가정적 배경에 관계없이 모든 유아를 평등하게 대한다.
③ 우리는 유아의 개성을 존중하며, 개인의 흥미와 잠재력에 적합한 교육을 제공한다.
④ 우리는 유아의 전인적 발달을 지원하는 교육과 환경을 제공한다.
⑤ 우리는 유아의 안녕을 위협하는 가정적 · 사회문화적 · 경제적 상황을 적극적으로 파악하고, 유아를 보호하기 위해 노력한다.

2. 유치원 교사와 가정
   - 핵심 개념: 가족에 대한 이해, 권리 보호, 협력, 지원

① 우리는 유아를 교육하고 지원하기 위해 가정과 연계하고 협력 관계를 구축한다.
② 우리는 교육적 목적으로 수집한 가족 정보에 대해 기밀을 유지하고, 가족의 사생활을 보장한다.
③ 우리는 유치원에서 일어난 안전사고나 위험 상황에 대해 가족에게 충분히 설명한다.
④ 우리는 가족에게 유치원을 개방하며, 필요한 정보를 제공한다.
⑤ 우리는 유치원 운영에 관련된 중요한 의사결정 과정에 부모를 참여시킨다.
⑥ 우리는 가족에게 필요한 지역사회 자원에 대한 정보를 구축하고, 이를 가족에게 적극 제공한다.

3. 유치원 교사와 사회
   - 핵심 개념: 사회에 대한 이해, 교원의 지위 향상, 유아교육 위상 강화, 교직 문화, 지역사회와의 협력

① 우리는 사회의 흐름을 파악하고, 이를 교육에 반영하고자 노력한다.
② 우리는 유아에 관련된 법률과 정책을 이해하고, 이를 개선하기 위한 활동에 적극 참여한다.
③ 우리는 교직 관련 단체와 전문가 협회를 통해 교권 확립을 위한 활동에 참여한다.
④ 우리는 유치원 교육을 사회에 널리 알려 유아교육의 위상을 높인다.
⑤ 우리는 교직원 간의 상호 존중과 협력을 통해 건전한 교직 문화를 형성한다.
⑥ 우리는 유치원과 연계하여 지역사회의 생활과 문화 향상에 기여한다.

4. 유치원 교사의 책무

- 핵심 개념: 직업의식과 긍지, 인성(열정, 개방성, 창의성, 자율성), 교사로서의 품위, 연구와 자기 계발

① 우리는 교육 전문가로서의 직업의식을 가진다.
② 우리는 건전한 국가관과 확고한 교육관을 가지고 교직에 종사한다.
③ 우리는 유아에게 최적의 교육을 제공하기 위해 열과 성을 다한다.
④ 우리는 건전한 언행과 생활 태도로 유아에게 모범이 되도록 한다.
⑤ 우리는 열린 사고와 개방적 태도를 가지고 전문성 향상에 매진한다.
⑥ 우리는 다양한 분야의 전문가와 교류하고, 새로운 지식과 정책을 비판적으로 수용한다.

(2) 보육교사

보육교사는 발달적으로 매우 취약한 시기에 있는 영유아의 권리를 보호하기 위해 도덕적인 무장이 요구된다. 또한 보육시설의 특성상 보육교사가 직면하게 되는 많은 딜레마적 갈등 상황을 해결할 수 있는 기본 잣대로서의 역할을 위해서도 윤리강령은 필수적이다. 즉, 윤리강령은 보육교사로 하여금 비판적으로 사고할 수 있도록 도와주고, 동료와 함께 바른 해결책을 찾는 논의의 준거가 될 수 있다. 이처럼 윤리강령은 보육교사의 역할에 대한 철학적 기초를 제공함으로써

교사의 결정에 방향성을 제시해 줄 수 있고, 다양한 가치 속에서 보육교사의 역할을 인식하고 올바른 판단을 내릴 수 있게 해 준다.

한편, 보육시설은 영유아와 그 부모 및 가정, 사회와 국가에 대한 윤리적 책임을 지니고 있는, 공익을 위해 설립이 허가된 기관이다. 또한 막대한 국가 재정을 지원받고 있는 공공의 성격을 지닌 기관으로 그에 따른 책무성을 준수해야 할 의무가 있다.

이러한 맥락에서 2010년 보육인들 사이에서 윤리적인 문제에 대한 자정의 노력을 기울여야 한다는 목소리가 있으며, 한국보육시설연합회에서는 윤리강령 제정위원회를 구성하여 보육시설장과 보육교사가 행동 기준으로 삼을 윤리강령을 제정하였다(김은설, 2010).

- 보육인 윤리 선언문

보육인 윤리 선언문

나는 영유아의 건강한 성장과 발달을 지원하는 보육인으로서 직무상의 윤리적 책임을 다하며 다음 사항을 지킬 것을 다짐합니다.

1. 나는 영유아에게 지대한 영향을 미치는 존재임을 잊지 않으며, 항상 스스로의 말과 행동에 신중을 기한다.
2. 나는 영유아의 인격과 권리를 존중하며, 어떠한 경우에도 영유아에게 해가 되는 일을 하지 않는다.
3. 나는 영유아 가정의 다양성을 이해하고 존중하며, 상호 신뢰하는 동반자적 관계를 유지한다.
4. 나는 동료를 존중하고 지지하며 서로 협력하여 최상의 보육 서비스를 제공하기 위해 노력한다.
5. 나는 보육의 사회적 책임과 역할을 인식하고, 영유아의 권익과 복지를 위한 활동에 앞장선다.

6. 나는 '보육시설장 · 교사 윤리강령'을 직무 수행의 도덕적 규준으로 삼아 진심을 다하여 충실히 이행한다.

• 보육시설장 · 교사 윤리강령

보육시설장 · 교사 윤리강령

보육은 영유아를 건강하게 양육하고, 안전하게 보호하며, 발달 특성에 적합한 교육을 제공하는 복지 서비스이며, 보육인은 사랑과 존중과 전문 지식을 바탕으로 영유아의 전인적 성장에 영향을 미치는 전문직업인이다. 그러므로 보육인은 윤리적 의식과 태도를 가지고 사회적 본분에 임해야 한다.

이에 보육시설장과 보육교사는 스스로 책무성을 발현하여 윤리강령을 제정함을 밝힌다. 본 강령을 직무 수행의 규준으로 삼아 보육 현장에서 발생하는 윤리적 갈등을 해결하고, 생존권, 보호권, 발달권, 참여권 등 영유아의 권리를 보장함으로써 직무상의 윤리적 책임을 다하여 전문직업인으로서의 위상을 공고히 하고자 한다.

더불어 영유아와 그 가정, 동료와 사회의 존엄성을 존중하는 보육의 실천으로 다각적인 신뢰를 구축하고, 영유아의 잠재력을 최대한 발휘시킴으로써 영유아가 긍정적인 자아개념을 형성하고, 유능한 사회인으로 성장할 수 있도록 도와 궁극적으로는 영유아와 그 가정, 동료와 사회의 통합적 · 이상적 복지 실현에 기여하고자 한다.

제I장. 영유아에 대한 윤리

1. 영유아의 인격을 존중하고, 개인의 잠재력과 개성을 인정한다.
2. 영유아에게 고른 영양과 충분한 휴식을 제공하여 몸과 마음이 건강한 사람으로 자라도록 돕는다.
3. 성별, 지역, 종교, 인종, 장애 등 어떤 이유에서도 영유아를 차별하지 않고 공평한 기회를 제공한다.

4. 영유아는 다치기 쉬운 존재임을 인식하여 항상 안전하게 보호한다.
5. 영유아에 대한 정서적 · 언어적 · 신체적 학대를 행하지 않는다.
6. 시설 내외에서의 영유아 학대나 방임을 민감하게 관찰하며, 필요한 경우 관련 기관(아동전문보호기관 등)에 보고하고 조치를 취한다.
7. 개별적 상호작용 속에서 영유아의 요구를 수용하기 위해 노력한다.
8. 영유아의 사회 · 정서 · 인지 · 신체 발달을 통합적으로 지원하는 보육 프로그램을 실시한다.
9. 영유아가 특별한 도움을 필요로 하는 경우, 전문가와 협력하여 영유아의 입장에서 최선의 대안을 찾는다.
10. 보육활동을 계획 · 실행 · 평가하는 모든 과정에 영유아의 흥미와 의사를 반영한다.
11. 영유아의 개인적 기록과 정보에 대해 비밀을 보장한다.

제II장. 가정에 대한 윤리

1. 상호 신뢰를 바탕으로 영유아의 가정과 동반자적인 관계를 유지한다.
2. 각 가정의 양육 가치와 의사결정을 존중한다.
3. 경제적 수준, 가족 형태, 지역, 문화, 관습, 종교, 언어 등 어떤 것에 의해서도 영유아의 가정을 차별 대우하지 않는다.
4. 보육활동 및 발달 상황에 관한 정보를 정확하게 제공하여 영유아에 대한 가정의 이해를 돕는다. 다문화, 심신장애 등으로 의사소통에 도움이 필요한 경우, 문제를 해결할 최선의 방법을 도모한다.
5. 시설 운영에 관한 정보를 공개하여 영유아 가정의 알 권리에 응한다.
6. 보육 프로그램 및 주요 의사결정에 영유아 가정이 참여하도록 안내한다.
7. 필요한 사회적 지원, 전문 서비스 등 관련 정보를 제공하여 영유아 가정의 복리 증진을 돕는다.
8. 영유아 가정의 사생활을 보호하고, 익명성을 보장한다.

제Ⅲ장. 동료에 대한 윤리

〔보육시설장〕

1. 최상의 보육 서비스 제공에 필요한 인적 · 물적 환경의 조성 및 유지를 위해 노력한다.
2. 보육교사를 신뢰하고 존중하며, 전문성과 자율성을 인정한다.
3. 성별, 학연, 지연, 인종, 종교 등에 따라 보육교사를 차별하지 않는다.
4. 업무 관련 의사결정이 필요한 경우, 보육교사의 의견 개진 기회를 보장한다.
5. 보육교사에게 지속적인 재교육 등 전문적 역량 제고의 기회를 부여한다.
6. 보육교사에게 적정 수준의 보상(보험, 급여 등)을 안정적으로 제공하며, 복지 증진에 힘쓴다.
7. 보육교사 개인의 기록과 정보에 대한 비밀을 보장한다.

〔보육교사〕

1. 존중과 신뢰를 바탕으로 협력하며, 서로의 전문성과 자율성을 인정한다.
2. 상호 간 역량 계발과 복지 증진에 부합하는 근무 환경이 되도록 힘쓴다.
3. 시설장 및 동료와 영유아 보육에 대한 신념을 공유한다.
4. 보육교사로서의 전문성 향상을 위해 스스로 노력한다.
5. 시설 내에서 영유아 및 보육교사의 인권과 복지를 위협하는 비윤리적 사태가 발생한 경우, 법률 규정이나 윤리기준('한국보육시설연합회 윤리강령위원회' 참조)에 따라 조치를 취한다.

제Ⅳ장. 사회에 대한 윤리

1. 공보육에 대한 책임을 인식하고, 항상 질 좋은 보육 서비스를 제공한다.
2. 영유아의 안전을 위협하는 환경이나 정책이 발견될 시, 관계 기관과 협의하여 개선한다.
3. 공적 책임이 있는 시설로서 재정의 투명성을 유지하고, 부정한 방법으로 사적 이익을 취하지 않는다.
4. 영유아의 권익 보호를 위해 관련 정책 결정 및 법률 제정에 적극 참여하며, 사회적으로 이를 널리 알리는 데 앞장선다.
5. 지역사회 실정에 맞는 시설의 책임과 역할을 인지하고 실천하고자 노력한다.

(3) 미국 유아교사 윤리강령

미국유아교육협회(NAEYC, 2007)는 유아교사 윤리강령을 유아, 가족, 동료, 지역 공동체와 사회에 대한 네 부분으로 나누어 제시하고 있다. 각 부분은 전문적이고 바람직한 이상(ideals)과 이를 달성하기 위해 요구되거나 금지하거나 혹은 허용되는 원칙(principles)으로 구성되어 있다. 이상은 유아교사에게 원칙을 주는 것인데 비해, 원칙은 교사가 윤리적 갈등을 해결할 수 있도록 도와주고 안내해 주는 역할을 한다.

① 유아에 대한 윤리

유아의 권리를 보호하기 위해 교사가 지켜야 할 윤리강령은 11개 항목의 이상과 11개 항목의 원칙으로 구성되어 있다. 유아의 권리를 보호하기 위해 윤리강령에서 가장 강조하고 있는 기본 원칙은 '유아에게 해가 되지 않도록 할 것'이다.

이 상	원 칙
1. 유아교육과 보호에 관한 교육을 철저히 받는다. 2. 현재 강조되는 주요 지식과 교수 기법을 배운다. 3. 개별 유아의 독특성과 잠재성을 존중한다. 4. 유아의 자발성과 성인에 대한 의존성을 동시에 이해한다. 5. 유아의 제반 영역 발달을 위한 환경을 적절하게 구성한다. 6. 유아를 주기적으로 평가하여 잠재성을 잘 키워 준다. 7. 장애 · 비장애 유아가 통합 환경에서 함께 지낼 권리를 존중한다. 8. 모든 유아는 고유한 요구를 가지고 있음을 이해한다.	1. 유아에게 해가 되지 않도록 할 것. 신체적, 정서적으로 해를 끼치거나, 무시하거나, 위협하거나, 화를 내지 말 것. 윤리강령의 모든 원칙 중 가장 중요함 2. 사회적, 정서적으로 바람직한 환경을 제공할 것 3. 유아를 어떤 원칙에서든 차별하지 말 것 4. 유아, 가족의 개인정보를 신중하게 다룰 것 5. 적절한 평가 체계를 마련하여 유아의 학습과 발달 상황을 점검할 것 6. 유아에게 특수 프로그램이 필요할 때는 한 가지 이상 다양한 방법으로 평가할 것 7. 개별 유아의 특성에 맞는 개별화된 교수법, 교육 환경 등을 제공하도록 배려할 것 8. 유아 학대나 방임의 징후를 파악할 것

9. 개별 유아의 가정환경, 문화적 배경, 언어적 특성을 배려한다.	9. 유아 학대나 방임이 의심되면 조치할 것
10. 모국어와 영어를 함께 배울 수 있도록 해 준다.	10. 타인이 유아 학대나 방임에 대해 알려 주면, 이에 대해 적절히 조치할 것
11. 기관을 이동하는 유아가 새로운 환경에 잘 적응하도록 도와준다.	11. 유아의 안전을 위협하는 상황을 파악하고, 이를 보호하기 위해 노력할 것

② 가족에 대한 윤리

유아의 가족을 지원하기 위해 교사가 지켜야 할 윤리강령은 9개 항목의 이상과 15개 항목의 원칙으로 구성되어 있다. 가족에 대한 윤리는 유아교사의 업무를 과중하게 하거나 방해하기도 하는 상황에 의해 야기되는 갈등과 구체적인 방향이 모호하여 생기는 갈등을 주로 다루고 있다. 이를 해결하기 위하여 윤리강령에서는 가족과 함께 상호작용할 때 지켜야 할 원칙들을 비교적 상세하게 제시하고 있다.

이 상	원 칙
1. 가족과 협력하기 위한 지식을 갖추고 필요한 교육과 훈련을 계속 받는다.	1. 가족 구성원이 유아의 교실에 접근하는 것을 막지 말 것
2. 가족과 상호 신뢰하고 창의적인 동반자 관계를 수립한다.	2. 기관의 철학과 제반 요소에 대해 가족에게 알려 줄 것 3, 4. 기관의 정책을 수립할 때 가족에게 알리고 참여
3. 가족 구성원을 기관의 프로그램에 함께 참여하도록 격려한다.	시키며, 유아에게 영향을 미치는 중요한 결정에는 가족을 포함시킬 것
4. 가족의 의견을 경청하고, 가족의 강점과 역량을 키우도록 격려한다.	5. 가족이 이해할 수 있는 용어나 수준으로 의사소통할 것
5. 가족 형태, 문화, 언어, 관습, 종교에 관계없이 모든 가족을 존중한다.	6. 가족이 유아에 대한 정보를 주면 이를 프로그램 계획 및 실행 과정에서 고려할 것
6. 가족의 자녀 양육 방식을 파악하고 이를 존중한다.	7, 8. 유아 평가 및 결과 활용 방식에 대해 가족에게 알려 줄 것
7. 개별 유아의 발달과 교육에 관한 정보를 가족과 공유한다.	9. 유아가 당한 각종 사고에 대해 알려 주어 감염 등 후속 사고를 막을 것

8. 가족 구성원이 유아를 이해하고 지원할 수 있도록 도와준다. 9. 가족 지원 체계를 수립한다.	10. 기관에서 유아가 포함되는 연구가 진행될 때 가족에게 알릴 것 11, 14. 유아를 둘러싼 가족 간의 싸움이나 불화에 관여하지 말 것 12. 유아의 기록 보관 및 비밀 보장 방법에 대한 정책을 가족에게 알려 줄 것 13. 가족의 사생활과 익명성을 보장해 줄 것 15. 가족이 지역사회 자원을 이용하도록 도울 것

③ 동료에 대한 윤리

동료에 대한 윤리강령은 10개 항목의 이상과 18개 항목의 원칙으로 구성되어

	이 상	원 칙
동료 간	1. 상호 존중과 신뢰의 분위기를 형성한다. 2. 지원을 공유한다. 3. 동료의 요구를 파악하고 이를 지원한다. 4. 인종, 종교, 문화에 따라 동료를 차별하지 않는다.	1. 동료는 기관의 주요 자원이고, 기관의 발전에 기여하는 사람임을 인식할 것 2. 동료와 의견이 다를 때는 서로 존중하며 대화할 것 3. 자신의 관점을 동료에게 피력할 때는 정확한 정보를 토대로 할 것 4. 동료를 차별하는 데 끼지 말 것
교사	1. 시설의 질을 향상시키는 데 기여한다. 2. 명백한 위법이 없는 한 기관의 명성을 해치지 않는다.	1. 기관의 정책을 준수할 것 2. 자신의 범위 내에서만 기관을 대변할 것 3. 유아 보호를 위한 법과 정책을 준수할 것 4, 5. 동료가 유아복지를 위협하거나 기관을 비난할 경우 상사나 기관에 알릴 것
기관장	1. 양질의 근무 환경을 위해 노력한다. 2. 상호 존중과 신뢰적인 근무 분위기를 조성한다. 3. 보수를 적정하게 지급한다. 4. 지속적으로 재교육을 받는다.	1, 3. 문서화된 직무 정책을 근무자들에게 알려 줄 것 2. 안전하고 쾌적한 환경을 조성할 것 4~8. 불성실한 근무자에게 정당한 방법으로 알려 개선하도록 하고, 고용 · 승진 · 평가 · 추천은 공정하게 하며, 인종 · 종교 · 성별을 차별하지 말 것 9. 근무자의 익명성과 자존심을 존중할 것

있다. 동료에 대한 윤리는 동료 간에, 교사 자신의 입장에서, 기관장의 입장에서 지켜야 할 부분으로 구분되어 있다. 윤리강령에서는 동료 간에 서로를 격려하고 존중하는 신뢰의 분위기를 형성하고, 이를 통해 서로 발전할 수 있도록 노력함으로써 유아에게 이익이 되도록 강조하고 있다.

④ 지역 공동체와 사회에 대한 윤리

지역 공동체와 사회에 대한 윤리강령은 8개 항목의 이상과 13개 항목의 원칙으로 구성되어 있다. 구체적인 내용을 보면 유아교육 기관 종사자로 하여금 유아의 권리 보호 및 복지 증진을 위해 기관을 중심으로 노력하는 것 외에 사회적, 정책적, 구조적으로 이를 저해하는 요소가 있다면 적극적으로 이를 변화시키도

이 상	원 칙
1. 지역 공동체에 양질의 교육·보육 서비스를 제공한다. 2. 유아의 복지 증진을 위한 다학제적 공동 협력을 증진시킨다. 3, 4. 유아의 제반 환경이 안전해야 하고, 유아는 양질의 교육을 받을 권리가 있음을 연구 및 교육하고, 이를 활동을 통해 사회적으로 홍보한다. 5. 유아를 적합하게 평가하는 체계를 갖추기 위해 노력한다. 6. 유아와 그들의 요구를 이해하고 더 잘 알 수 있도록 노력한다. 7. 유아의 가족의 복지 증진을 위한 정책과 법률을 지원한다. 8. 사회적으로 유아교육과 보호에 대한 전문성을 신장시키고, 윤리강령의 핵심 가치를 이해한다.	1, 4. 기관의 특성을 공개하고 홍보할 것 2, 3. 우리의 역량으로 잘할 수 있는 프로그램을 실시하고, 부적격자를 채용하지 말 것 5. 평가 체계를 적절히 활용할 것 6, 7. 유아의 복지를 증진하고, 이를 위협하는 환경·정책·법률을 파악할 것 8~10. 법을 준수하고, 위반했을 때는 관련 기관에 보고할 것 11. 유아의 복지를 위협하는 정책을 바꾸기 위해 집단적으로 노력할 것 12. 유아의 복지를 위협하는 내용이 발견되면 이를 공정하게 보고하고, 상황의 개선을 주시할 것 13. 아동학대에 대한 전문기관의 대응이 미흡할 때는 관련 체계를 개선하도록 집단적으로 노력할 것

출처: NAEYC(2005). NAEYC Code of Ethical Conduct Revised. National Association of Elementary School Principals.

록 노력할 것을 촉구하고 있다.

이와 같이 미국을 비롯한 서구 선진국의 경우에는 유아교육 및 보육 종사자의 윤리에 대한 교육의 중요성이 부각되고 있으며, 윤리강령을 제정하는 국가가 증가하는 추세다(김은설, 2010).

요점

유치원 교사는 「유아교육법」 제20조에 의거하여 유아를 교육하는 교사로서 초·중등 교사와 마찬가지로 교권과 사회경제적 지위를 보장받을 수 있도록 되어 있다. 구체적으로, 「헌법」 「교육기본법」 「유아교육법」 「초·중등교육법」 「국가공무원법」 「사립학교법」 「교원지위 향상을 위한 특별법」의 법률상에 유치원 교사의 법적 지위가 명시되어 있다. 관련 법령에 따르면, 유치원 교사는 교육에 관한 권리, 신분상의 권리, 재산상의 권리, 노동에 대한 권리를 가지며, 성실의 의무, 법령 준수의 의무, 복종의 의무, 비밀 엄수의 의무 등을 지닌다.

그러나 유치원 교사는 초·중등 교사에 비해 법적으로 보장받을 수 있는 자신의 권리와 의무에 대한 인식이 매우 낮은 편이다. 유치원 교사 스스로 교직을 수행하면서 보장받아야 할 권리에 대해 바르게 이해하고 인식하는 것은 교권 확립을 위한 전제 조건이라고 할 수 있다.

한편, 유아교사가 본연의 임무인 교육활동에 전념할 수 있도록 보장받기 위해서는 근무 여건이 개선되어야 한다. 실제 유아교사의 근무 여건은 보수, 근무 시간, 복지 등의 측면에서 만족스럽지 못한 실정이며, 개선의 여지가 많다. 그러나 최근 유아교사의 근무 여건 정상화를 위해 유아교사 급여 체계의 상향 조정 및 일원화, 일일 법정 근무 시간 준수 및 표준 수업 시수 개념의 법제화, 각종 복지 후생 수준의 향상, 대체교사제 도입 등 정부 차원에서 다양한 지원책을 발표하고 있어 유아교사의 처우 개선을 상당히 희망적으로 기대해 볼 수 있다.

유아교사는 자신의 직무에 대하여 윤리적 책임감과 사명의식을 가지고 있어야 한다. 또한 현장에서 유아를 교육하고 보호하는 일을 수행하면서 직면하게 되는 다양한 상황에서 교직윤리에 기초하여 각각 최선의 판단을 내려야 한다. 이때 교사는 항상 자신의 판단과 결정이 윤리적이며, 모든 유아에게 바람직하고 최선인가를 생각해야 한다. 유아교사가 윤리적이고 바람직한 의사결정을 내려야 하는 교육현장의 실제 사례들은 유아와의 관계, 유아의 가정과의 관계, 동료 및 기관과의 관계, 지역사회 및 사회와의 관계 등 네 가지 영역에서 주로 나타난다.

유아교사는 윤리강령과 그 원칙에 근거하여 교육현장에서 일상적으로 경험하게 되는 여러 가지 윤리적 갈등 상황에 대한 바람직한 해결책을 찾아낼 수 있어야 한다. 최근 세계 각국에서는 유아교육에 종사하는 유아교사가 지켜야 할 윤리강령을 제정하고, 이를 교육현장에 홍보하고 있는 추세다.

토의 문제

- 유아교사의 권리와 의무에 대해 토론해 봅시다.
- 유아교육현장에서 야기될 수 있는 윤리적 딜레마와 이에 대처할 수 있는 방안에 대해 논의해 봅시다.

참고문헌

고미경, 류숙희, 나정(2006). 유치원 교사의 근무 여건과 전문성 향상 요구 분석. **열린유아교육연구**, 11(3), 251-284.

교육문화연구회 역(2000). **프레이리의 교사론**. 서울: 아침이슬.

교육인적자원부(2005). 교사의 전문성 신장을 위한 동료장학 자료. 교육인적자원부.

궁수정(2011). 영유아 보육교사의 근무 환경과 근무 안정성 향상 방안. 한성대학교 석사학위논문.

김명숙(1998). 교원의 권리, 의무에 관한 법의식 수준. **교육법학연구**, 10, 155-186.

김은설(2010). 보육시설장, 교사 윤리강령 개발 연구. 육아정책연구소.

박경묵(2006). 교원의 신분상 의무에 관한 판례 분석. **초등교육학연구**, 13(1), 339-360.

박은주(2009). 돌봄의 관점에서 살펴본 보육교사의 윤리적 딜레마. **유아교육학논집**, 13(5),

45-74.

박은혜(2010). **유아교사론**. 서울: 창지사.

서정화(1994). 교원의 권위와 교직윤리 확립 방안 연구. 홍익대학교 교육연구소.

신득렬(2002). 교직을 위한 윤리 연구. **교육철학**, 20(1), 101-116.

이돈희(1987). **교육철학개론**. 서울: 교육과학사.

이미화, 장명림, 신나리, 김문정, 김현철(2006). 육아지원 인력의 수급 전망 전문성 제고 방안 연구. 육아정책개발센터.

이완정(2005). 보육시설 영유아의 권리보호를 위한 각국의 보육종사자 윤리강령 연구. **아동권리연구**, 9(4), 789-816.

이은화, 배소연, 조부경(1995). **유아교사론**. 서울: 양서원.

임승렬(2002). 유아교사의 교직윤리의식에 관한 연구. **한국교원교육연구**, 19(1).

임승렬(2006). 유아교육 관련법에 대한 유치원 교원의 인식 수준에 관한 연구. **열린유아교육연구**, 11(4), 165-187.

임승렬(2007). 교원의 권리와 의무에 관한 유치원 교원의 인식 수준에 관한 연구. **열린유아교육연구**, 12(3), 1-18.

임정수, 이완정(2009). 유아교사 윤리강령을 토대로 분석한 동료관계에서의 스트레스와 대처방식. **아동과 권리**, 13(4), 529-554.

조필수(2008). 보육교사의 교직윤리 의식에 관한 연구. 연세대학교 석사학위 논문.

조형숙(2009). 유아교사의 교직윤리 관련 딜레마에 나타난 갈등요인. **유아교육학논집**, 13(2), 243-276.

조형숙, 박은주(2009). 유치원 교사가 경험한 윤리적 딜레마 분석. **유아교육연구**, 29(3), 73-101.

정진환, 이명희(2001). 교원의 권리 행사 실태 분석, **한국교원교육연구**, 18(2).

최연철(2007). 「유치원에 간 데이빗」에서 그려진 유아교사의 모습. **동화와 번역**, 13.

표시열(2000). 21세기 교사의 법적 · 사회적 지위. **한국교사연구**, 17(1), 119-145.

홍기칠(2006). 교직 적성 · 인성 검사도구의 적용 연구. **초등교육연구논총**, 22(1), 113-135.

Carter, K., & Doyle, W. (1996). Personal narrative and life history in learning to teach. In J. Sikula (Ed.), *Handbook of research on teacher education* (2nd ed.). New York:

Simon & Schuster MacMillan.

Feeney, S., Freeman, N. K., & Moravcik, E. (2000). *Teaching the NAEYC code of ethical conduct: Activity sourcebook.* Washington, D.C.: National Association for the Education of Young Children.

Kats, L. G. (1988). Where is early childhood education as a profession? In B. Spodek, O. N. Saracho & D. L. Peters. (Eds.), *Professionalism and the early childhood practitioner* (pp.75-83). New York: Teachers College Press.

Katz, L. G. (1985). Research currents: Teachers as learners. *Language. Arts, 62*(7), 778-782.

Kidder, R. M. (1995). How good people make though choices: Resolving the dilemmas of ethical living. New York: Fireside.

Kremenitzer, J. P., & Miller, R. (2008). Are you a highly qualified, emotionally intelligent early childhood educator. *Young Children, 63*(4), 106-112.

Marilou H., Heather, B. T., & Carol, A. S. M. (2010). *Quality improvement in early childhood teacher education: Faculty perspectives and recommendations for the future.* New York: Teachers College Press.

Mashburn, A. J., Pianta, R. C., Hamre, B. K., Downer, J. T., Barbarin, O. A., Bryant, D., Burchinal, M., & Early, D. M. (2008). Measures of classroom quality in prekindergarten and children's development of academic, language, and social skills. *Child Development, 79*(3), 732-749.

NAEYC (1984). Accreditation criteria & procedures: Position statement of the National Academy of Early Childhood Programs. Washington, D.C., N.W.: NAEYC.

Sharon L. K. (Ed.) (2010). Professional Development: A Legacy of Similarities and Differences. Smart Start Presentation: February 18, 2010.

제5장

유아교사 전문성 증진 방법

유아의 발달과 같이, 교사 역시 교직을 준비하고 수행하는 동안 계속적으로 변화하고 성장한다. 이러한 교사의 변화는 일련의 발달단계를 거치며 일어난다. 교사로서의 정체감, 교사의 역할에 대한 인식 등은 교직생활의 전체 과정에서 변화 · 발달해 가며, 교직 경험이 누적됨에 따라 교직과 관련된 지식, 기술, 태도 면에서도 많은 변화 과정이 일어난다.

교사 발달을 연구하는 학자들은 교직 주기나 교사의 관심사에 따라 교사 발달단계를 구분한다. 이러한 구분은 교사 발달단계를 교직 이전부터 포함시키는 입장(Burke, Christense, & Fessler, 1987; Fuller, 1969; Fuller & Brown, 1975)과 교직에 입문하여 교직을 시작하는 시기부터 포함시키는 입장(Burden, 1980; Gregore, 1973; Katz, 1972)으로 나누어진다. 또한 교사의 발달단계는 교직 경력에 따라 구분될 수 있는데, 교사가 직선적이고 순차적으로 발달해 간다고 주장하는 관점과 교사의 변화 및 발달은 일직선적인 것이 아니라 순환적, 역동적, 불규칙적일 수 있다는 관점의 순환 모형으로도 나누어진다.

이 장에서는 먼저 교사 발달에 영향을 미치는 요인에 대해 살펴보고, 교사의 발달단계와 관련이 높은 교사의 관심사와 교사 발달단계 이론을 알아보고, 우리나라 유아교사의 직위에 따른 교사 발달단계 그리고 유아교사의 효능감에 대하여 살펴보고자 한다.

1. 유아교사 발달의 의미와 요인

1) 유아교사 발달의 의미

교사 발달이란, 교사가 교직 생활의 전체 기간을 통하여 교직과 관련된 제반 영역에서의 가치관과 신념, 태도, 지식, 기능, 행동 등에 나타나는 양적 · 질적 변화를 뜻한다(이윤식, 1999). 즉, 교사 발달은 교직 준비 단계부터 교직을 수행하는 동안 교사의 지식, 기술 및 태도가 계속적으로 변화 · 성장하는 것을 의미한다.

교사 발달은 여러 측면에서 이용될 수 있는데, 교사가 교직 생활을 하는 동안 어떻게 양적 · 질적 변화가 이루어졌는지를 설명하려는 것과 교사들 간의 발달에 대한 차이를 어떠한 구인으로 설명할 수 있는지, 마지막으로 교사를 도울 수 있는 방안은 무엇인가를 탐구하는 것이다.

2) 교사 발달에 영향을 미치는 요인

교사가 거치게 되는 교사 발달단계는 한 단계 다음으로 반드시 다음 단계를 거쳐야 한다거나 모든 단계를 반드시 거쳐야 하는 일직선적인 형태를 의미하지 않는다. 대학을 졸업하는 모든 예비교사가 교직에 입문하는 것도 아니며, 초임교사로 입문하자마자 좌절을 겪고 바로 퇴직하는 교사들도 종종 있다. 또한 모든 경력교사가 유능함과 성장을 경험하는 것도 아니고, 가르치는 일에 만족하고 안정적으로 교직 생활을 하는 것도 아니다. 즉, 교사 발달단계란 교사가 가르치는 일에 종사하면서 경험할 수 있는 단계를 설명한 것이며, 모든 교사들은 각각 다른 모습으로 교직 생활을 하게 된다. 초임교사일 때는 매우 열정적이었으나 곧 좌절을 경험하는 교사도 있고, 초임 때는 교직에 대한 회의가 많았으나 본인의 노력과 주위의 도움으로 열성적인 교사가 되는 경우도 있다. 이와 같이 교사 발달단계에는 여러 가지 요인들이 영향을 미치고 있다.

Fessler와 Christensen(1992)은 자신들이 개발한 교직 발달 모형(Teachers' Career Cycle Model)을 통해 교사의 발달은 교직 경력뿐만 아니라 개인적 요인과 조직적 요인의 영향을 동시에 받는다고 주장하였다.

(1) 개인적 요인

개인적 요인은 다음과 같이 가정, 긍정적 사건, 위기적 사건, 개인적 경험, 개인적 관심사, 개인적 성향 등의 여섯 가지 범주로 구성된다. 첫째, 가정 요인은 가정 안에서의 지원 체제, 가정의 재정 상태, 가족의 특별한 요구, 가정 내의 역할 기대, 가족 구성원의 수 등을 말한다. 둘째, 긍정적 사건이란 교사의 결혼과 자녀의 출생과 같은 교사 개인의 인생에 긍정적인 영향을 미치는 사건을 말한다. 셋째, 위기적 사건이란 교사 자신이나 사랑하는 사람의 병 혹은 사망, 재정적 손실이나 법률적 문제, 이혼, 가정 폭력이나 핍박, 친구나 친지의 어려움 등을 말한다. 넷째, 개인적 경험이란 자녀와의 경험, 교사의 교육적 배경, 유아교육기관 이외의 개인적인 일, 여러 가지 교직과 관련된 활동, 교사 자신의 전문성 함양을 위한 활동 등을 말한다. 다섯째, 개인적 관심사란 교사의 개인적 취미, 종교나 자원봉사 활동, 여행이나 스포츠와 같은 체력 관리 활동 등을 말한다. 여섯째, 개인적 성향이란 교사 자신의 개인적 목표나 포부, 교사의 가치관, 인생에서의 우선순위, 다른 사람과의 관계, 지역사회에 대한 느낌 등을 말한다.

(2) 조직적 요인

조직적 요인은 다음과 같이 기관 규정, 기관 경영 형태, 신뢰감, 유아교육기관에 대한 사회적 기대, 전문 단체, 교원 노조 등의 여섯 가지 범주로 구성된다. 첫째, 기관 규정이란 교사의 생활과 직접적인 관련이 있는 교사임용제도, 교사 자격 요건, 인사정책, 교육과정 운영의 자율성, 담당하는 유아들의 연령과 관련된 내용 등을 말한다. 둘째, 기관 경영 형태란 교사가 근무하는 기관의 분위기, 기관 교육철학과의 일치도, 기관의 의사소통 방식 등을 말한다. 셋째, 신뢰감이란 기관의 후원적인 분위기, 교사에 대한 신뢰감, 기관의 재정적인 후원 등을 말한다. 넷째, 유아교육기관에 대한 사회적 기대란 유아교사에 대한 사회적 이미지와 유아교육기관과 관련된 법령 등을 말한다. 다섯째, 전문 단체란 기관과 관련된 학회의 방향, 학회에서의 활동 및 참여, 학회에서 제공하는 정보 등을 말한다. 여섯째, 교원 노조란 기관의 후원적인 분위기, 기관의 보호 및 안정감, 교육위원회 및 교육행정가와의 우호적인 관계 등을 말한다.

2. 유아교사의 발달단계

Fuller가 처음으로 개념화한 교사 관심사(teacher concerns)는 교사의 구조적인 좌절, 기대 또는 특별한 상황 속에서의 노력 등의 다차원 개념으로 정의될 수 있다(Caruso & Fawcett, 1992 재인용). 교사 관심사는 광의의 개념으로는 교직의 전문적인 일을 수행하는 과정에서 교사가 관심이나 홍미를 가지는 일을 의미하며, 협의의 개념으로는 교사가 지각하고 있는 여러 가지 문제, 걱정거리, 요구 등을 의미한다.

교사 관심사는 교사 발달단계의 특징에 해당하며, 관심사의 변화는 단계의 이동을 의미할 정도의 가치를 지닌다. Tsai(1990)는 교사 관심사는 직접적으로 교사의 교수 목적과 수행에 반영되며, 유아의 홍미나 학습 결과에 간접적으로 영향을 미친다고 보고하고 있다.

교사 관심사 이론은 보는 관점에 따라 직선적 · 순차적 교사 관심사 이론과 순환적 · 복합적 관심사 이론으로 구분될 수 있다. 먼저, 직선적 · 순차적 이론은 교사의 관심사 발달이 한 방향으로 순서적으로 진행되는 것으로 보는 관점이다. 다음으로, 순환적 · 복합적 이론은 한 가지 이상의 복합적이고 역동적인 발달로 보는 관점이다.

유아교사 발달은 교사의 관심사에 따른 발달단계와 유아교육기관 내의 직위에 따른 발달단계로 나누어질 수 있다. 우선 교사의 관심사에 따른 발달단계를 살펴보면 다음과 같다.

1) 유아교사의 관심사에 따른 발달단계

(1) 직선적 · 순차적 이론

직선적 · 순차적 이론은 Fuller(1969), Fuller와 Brown(1975) 그리고 Katz(1972)의 이론을 중심으로 살펴보고자 한다.

① Fuller(1969), Fuller와 Brown(1975)의 이론

Fuller(1969)는 초기 단계의 교사는 주로 교사 자신에 대해 관심이 있고, 경력이 쌓이면서 학생과 교수 상황에 관심을 보인다고 보았다. 즉, 교사의 관심사가 교사 자신에게서 점차 타인에게로 넓혀 감을 알 수 있다.

Fuller와 Brown(1975)은 교직 이전 관심사(pretending concerns), 생존에 대한 초기 관심사(early concerns about survival), 교수 상황 관심사(teaching situation concerns), 학생에 대한 관심사(concerns about pupil)로 구분하였다. 첫째, 교직 이전 관심사 단계는 예비교사의 상황이며, 이 시기는 교사보다는 학생에 대해 관심이 많고, 학생에 대해서는 현실적으로 인식하지만 교사는 환상적으로 보는 경향이 강한 시기다. 또한 교직을 실제로 수행해 본 경험이 없기 때문에, 교사가 다루는 교육과정이 부적절하다고 비판하며 교사를 적대시하기도 한다.

둘째, 생존에 대한 초기 관심사 단계는 실제 교직을 경험하면서 이전의 학생에 대한 이상적인 관심사가 교사로서 자신의 생존에 대한 관심으로 변화하게 되고, 학급 통제, 가르칠 내용의 숙달, 장학사의 평가 등에 관심을 보이게 되는 단계다.

셋째, 교수 상황 관심사 단계는 교수 상황에 대한 좌절과 한계를 느끼고, 많은 학생, 과다한 업무, 비융통적 상황, 교수 자료의 부족과 같은 교수 환경적 요인과 교사 자신의 교수 수행에 관심을 보이게 되는 단계다.

넷째, 학생에 대한 관심사 단계는 학생의 학습 및 사회정서적 요구, 학생에 대한 공정한 대우, 개별 학생에게 맞는 교육 내용 구성, 학생에 대한 개인적 관계 등에 관심을 보이는 단계다.

② Katz의 이론

Katz(1972)는 유아교육 분야에 Fuller의 교사의 관심사 발달 이론을 확장하여 교사의 발달은 생존 · 강화 · 갱신 · 성숙 단계로 직선적, 순차적으로 변화된다고 보았다. 첫째, 생존 단계(survival stage)에는 교직에 입문한 지 최초 일 년 이내의 교사가 해당되며, 이들은 교육현장에서 부딪히는 여러 가지 문제를 원활히 처리해 나갈 수 있을지에 대하여 관심을 보인다. 원장, 선임 교사 등의 지원은 물론, 이해 · 격려 · 확신 · 위로와 같은 심리적 안정과 교수에 대한 통찰력과 같은 기술적 지원이 필요한 시기다.

둘째, 강화 단계(consolidation stage)에는 일 년 말에서 3년 정도의 경력교사가 해당되며, 이들은 교직에 대한 어느 정도의 안정감과 자신감이 있고, 지금까지 배운 것들을 확고히 하려고 한다. 다른 업무나 기술을 숙달하고, 개별적인 문제 유아와 상황에 관심을 갖기 시작하며, 전문가와의 만남, 동료 및 상담자의 충고가 필요한 시기다.

셋째, 갱신 단계(renewal stage)에는 약 2~5년 정도의 경력교사가 해당되며, 이들은 무언가 새로운 것을 시도하려 하고, 다양한 프로그램에 관한 정보와 도움을 얻고자 노력한다. 다른 프로그램을 운영하는 동료 교사와의 만남, 각종 협회, 전문직, 단체, 저널, 잡지, 시범 프로젝트, 교사센터 방문과 같은 훈련이 필요한 시기다.

넷째, 성숙 단계(maturity stage)에는 3~5년 이상의 경력교사가 해당되며, 이들은 교사로서 자신을 인정하고, 자아 갱신을 위한 전략과 관습을 개발하며, 철학, 성장과 학습의 본질, 학교와 사회의 관계, 교직 등에 관한 문제에 대해 나름의 안목과 관점을 갖게 된다. 세미나, 교육기관, 학위 과정, 책, 저널, 협회와 같은 훈련이 필요한 시기다.

Katz의 교사 발달 이론은 유아교사의 경력이 증가함에 따라 관심 분야와 현직 교육에 대한 요구가 변화되고 있으며, 이는 유아교사 각각의 발달단계에 적합한 교육 내용과 방법을 찾아야 함을 시사하고 있다.

그 밖에 Gregore(1973)는 형성 단계, 성장 단계, 성숙 단계 그리고 원숙한 전문적 수행 단계로 분류하여 교사 발달을 제시하였다. Burden(1980)은 전문적 교사는 경력에 따라 서로 다른 기술 · 지식 · 행동 · 태도 · 관심사를 가지며, 이러한 특징의 변화는 생존 · 조정 · 성숙 단계로 일정한 발달 유형을 따른다고 보았다.

(2) 순환적 · 복합적 이론

순환적 · 복합적 이론은 Fessler(1985), Burke, christensen과 Fessler(1987) 그리고 Huberman(1989)의 이론을 중심으로 살펴보고자 한다.

① Fessler의 이론

교사가 되기 위한 준비를 하고, 교직에 입문하여 교사로서 성장하고 퇴직할 때까지 일련의 과정을 '교직 주기'라고 한다(박은혜, 2009). 교사의 교직 주기를 순환적, 역동적, 불규칙적인 것으로 설명하고 있는 Fessler(1985)의 관점을 구체적으로 살펴보면 다음과 같다.

• 교직 준비 단계

교사에게 필요한 전문적인 기술과 능력을 교육받는 단계다. 초임교사를 위한 준비 단계는 대학에서 일련의 과정을 통해 이루어지고, 주임교사, 원감, 원장 등의 역할을 위한 준비는 1급, 원감, 원장 자격 연수나 직무 연수를 통하여 이루어진다.

• 교직 입문 단계

자신이 소속된 체제에 적응되도록 사회화하는 단계다. 초임교사는 교직이라는 직업 자체에 적응하기 위하여 노력하고, 주임교사나 원감 혹은 원장이 되어 새로운 역할을 맡게 되는 경우에는 그 역할을 수행하기 위하여 다각적으로 노력하게 된다. 새로운 직장으로 옮긴 교사나 담당 유아의 연령이 바뀌는 경우 새로운 환경과 학습자의 특성을 이해하고 적응하는 노력이 필요하며, 교사의 개인적인 특성과 기관의 풍토에 따라 적응하는 기간이 다르게 나타난다.

• 능력 구축 단계

수동적인 적응의 단계에서 벗어나 적극적으로 자신의 역할을 수행하기 위하여 관련된 기술과 능력을 향상시키려고 노력한다. 새로운 아이디어를 받아들이기 위한 다양한 연수에 참석하고, 전문 서적을 읽으며, 상급 학교에 진학하기도 한다. 이러한 개인의 노력이 성공적으로 이루어지면 긍정적인 열중과 성장 단계로 접어들지만, 그렇지 못할 경우 좌절이나 침체 단계로 들어서게 된다.

• 열중과 성장 단계

이 단계의 교사는 교직을 수행하는 데 필요한 전문적인 기술과 지식을 갖고, 가르치는 일을 사랑한다. 또한 자신의 직업에 매우 높은 만족도를 느끼며, 자신이 가지고 있는 지식을 타인과 나누고자 하는 열망이 매우 높다.

• 좌절 단계

교수 행위에 대한 좌절과 환멸을 느끼는 단계다. 이러한 좌절감은 교수-학습 방법에 대한 한계나 지도하기가 어려운 유아, 조직 여건 및 조건 등에 의하여 생긴다. 이 단계에 속한 교사는 교직의 의미를 찾기 힘들고, 교직이 자신에게 맞는 것인지 의심하게 된다.

• 안정 대 침체 단계

교직 생활에 익숙해져서 더 이상의 성장을 위해 노력하지 않고, 특별한 변화 없이 현재의 상태에서 안정을 찾거나 변화 없이 침체되는 경향이 나타난다.

• 교직 쇠퇴 혹은 퇴직 단계

이 단계에 있는 교사는 교직 생활을 정리하고 퇴직을 준비한다. 교사의 퇴직은 가르치는 일을 아주 그만두는 경우뿐만 아니라 결혼, 육아, 진학을 위한 휴직, 교육행정가로서 혹은 다른 직장으로의 이직 등도 포함된다. 교사가 가르치는 일을 그만두려고 하는 이유가 다른 구체적인 계획이 있기 때문인 경우, 즉 정년퇴직, 결혼, 상급 학교 진학 등의 이유 때문인 경우에는 긍정적인 마음을 가지고 퇴직을 준비할 수 있다. 그러나 교직이 적성에 맞지 않는다거나 현재의 직장에 적응하지 못하여 구체적인 계획 없이 이직을 생각한다면 상당한 갈등의 시간을 보내게 된다.

② Burke, Christensen과 Fessler의 이론

Burke, Christensen과 Fessler(1987)는 교사의 발달에 영향을 미치는 요인을 한 가지 이상의 복합적이고 역동적인 관점으로 보고, 이를 교사발달 순환모형(Teacher Career Cycle Model: TCCM)으로 개념화하였다. 이 모형은 교사의 개인적 환경과 학교의 조직적 환경의 영향으로 교사 발달단계가 순환된다고 보는 것이며, 구체적인 내용은 〈표 5-1〉과 같다.

〈표 5-1〉 Burke, Christensen과 Fessler의 교사발달 순환모형

발달단계	발달 특징
교직 이전 단계	• 대학에서 교사교육을 받는 기간 • 고등교육기관에 다니거나, 새로운 역할이나 업무를 재훈련함
교직 입문 단계	• 교사 초기 몇 해 동안 일상적인 활동에 익숙해져 가는 기간 • 교사로서 생존하기 위해 노력함 • 동료 교사나 장학사로부터 인정받으려고 노력함
능력 구축 단계	• 교수 기술과 능력을 향상시키기 위해 새로운 교수 자료 · 방법 · 전략을 탐색함 • 능력 향상을 추구함
성장 단계	• 직무상 높은 수준의 능력에 도달하며, 전문가로서 계속적인 발전을 추구함 • 새로운 교수법을 추구함
직업적 좌절 단계	• 자신의 일에 좌절과 회의를 느낌 • 직무 만족감이 낮아짐 • 교직 이직률이 높아짐
안정 · 침체 단계	• 교사 자신의 성장과 발전을 추구하기보다는 주어진 일과 대가에 따른 업무만을 수행하면서 현실에 안주하거나 현상 유지에 머무르려 함
직업적 쇠퇴 단계	• 교직을 떠날 준비를 함 • 은퇴를 긍정적으로 받아들이기도 하고 분개하거나 괴로워하기도 함
교직 퇴직 단계	• 교직을 사임, 퇴직 또는 육아를 위해 일시적 탈출을 하는 시기

이 이론은 교사 발달에 있어 교사가 경험하는 개인적 환경과 조직적 환경에 의해 영향을 받는다는 점을 강조하며, 교사의 변화 및 발달이 개인적 차원과 조직적 차원에 의해 일직선상으로 변화하는 것이 아니라 역동적이고 불규칙적으로 발달된다고 주장하고 있다.

③ Huberman의 이론

Huberman(1989)은 복합 주기를 적용하며, 교사의 발달 주기를 7단계로 제시하였다. 복합적 관심사 이론으로 불리는 Huberman 이론의 특징은 평교사들을 대상으로 교사의 발달단계에 따른 특성을 분석하여 교사 발달의 다양한 측면을

〈표 5-2〉 Huberman의 교사의 발달 주기

기 간	단 계	특 징
1~3년	생존 · 발견 단계	• 두 가지 문제를 동시에 경험함 –생존의 문제: 교수 경험이 없는 교사들이 겪을 수 있는 현실 충격(수업 지도 관리의 복합성, 직업적 이상과 현실적 교실의 차이, 학생에 대한 이해 부족 등) –발견의 문제: 교사 초기 단계의 열정
4~6년	안정화 단계	• 인생의 주기에 있어 몰입, 안정화, 성인으로서 책임감 이행 • 기본적인 수업 기술을 연마하고, 세련화, 자기 방식화, 편리화를 추구
7~18년	실험주의 · 행동주의 단계	• 실험주의는 교육에 있어 좌절 요인을 초현실적으로 변화시키고자 하는 것이며, 행동주의는 새로운 책임이 수반되는 것 • 새로운 도전과 자극을 찾으며, 나이 많은 동료 교사에게서 볼 수 있는 병폐와 직업 내에서 일어나는 문제에 관심을 가짐
	재평가 · 자기 의심 단계	• 실험주의 · 행동주의에 대한 시도에서 실패를 경험할 경우, 자기 자신에 대한 재평가와 자기 의심이 일어남
19~30년	평정 · 상대적 거리감의 단계	• 자기 수용적인 특성과 힘과 정열의 감소에 의한 평정감 증대 • 교사의 연령이 학생과의 차이가 커짐에 따라 학생과의 거리감이 커짐
	보수주의 단계	• 이전에 비해 보다 더 신중해지고, 혁신에 대해 저항하며, 과거에 대한 향수를 느낌 • 희망하는 것을 얻으려 하기보다는 현재 가지고 있는 것을 고집하는 데 더 많은 관심을 보임
31~40년	이탈 단계	• 직업생활에서의 은퇴와 종말에 대한 내재화가 증가함 • 자신의 직업에 대한 투자보다는 지금까지의 교직 생활을 돌아보는 데 더 많은 관심을 보임

제시하였고, 그 구체적인 발달단계는 〈표 5-2〉와 같다.

Huberman의 복합적 관심사 이론은 교사 발달에 있어 긍정적인 측면과 부정적인 측면의 두 가지 관점을 동시에 고려하며, 교사의 발달을 순환적 · 역동적 또는 이원적 측면으로 강조하고 있다.

(3) 교사 관심사 검사 도구

교사의 관심사를 알아보기 위한 대표적인 검사 도구로는 Tsai(1990)가 개발한 5점 평정척도의 54문항으로 구성된 유아교사 관심사 검사 도구(Kindergarten Teacher Concerns Rating Scale: KTCRS)를 장선화(1994)가 번역 · 수정한 것으로, 구체적인 내용은 다음과 같다.

유아교사 관심사 검사 도구

- 방법: 문항을 읽고 솔직한 자신의 생각과 일치하는 곳에 표시한다.
  (1. 관심 없다 2. 약간 관심 없다 3. 보통이다 4. 약간 관심 있다 5. 관심이 많다)
- 활용: 생존, 강화, 갱신, 성숙 관심사에 해당하는 문항을 확인하고 합산한 후, 어느 부분에 더 많이 속하는지 파악할 수 있다.

- 교사 이름:
- 평가 일시:

문항	척도
1. 세미나 참석하기	1 2 3 4 5
2. 문제 유아 돕기	1 2 3 4 5
3. 다양한 유아교육 프로그램에 관심 갖기	1 2 3 4 5
4. 학급의 유아 수에 관심 갖기	1 2 3 4 5
5. 교양 지식의 기초 형성을 위해 다양한 독서하기	1 2 3 4 5
6. 유치원에 오기 싫어하는 유아 다루기	1 2 3 4 5
7. 유치원에 관련된 전문 잡지나 학술지 보기	1 2 3 4 5
8. 학급 통제나 훈육의 중요성 강조하기	1 2 3 4 5
9. 다른 분야의 전문가와 만나기	1 2 3 4 5
10. 학습부진아 도와주기	1 2 3 4 5
11. 연구 정보를 교수법에 적용하기	1 2 3 4 5
12. 유아에 대한 적절한 수준의 기대 갖기	1 2 3 4 5

13. 원아 모집 및 선발을 위한 윤리적 · 철학적 기초 갖기	1	2	3	4	5
14. 특별한 요구(이혼 가정, 편부모, 장애아)의 유아에게 관심 갖기	1	2	3	4	5
15. 교수법에 관련된 자료(비디오 자료 및 영화 등) 시청하기	1	2	3	4	5
16. 유아 발달에 관한 정보 접하기	1	2	3	4	5
17. 성장과 학습의 특징에 관해 이해하기	1	2	3	4	5
18. 지나치게 의존적인 유아 다루기	1	2	3	4	5
19. 유아교육 관련 협회에 가입하기	1	2	3	4	5
20. 교수 매체 제작 및 활용에 관한 정보에 관심 갖기	1	2	3	4	5
21. 교육정책 이행 과정에 관심 갖기	1	2	3	4	5
22. 부모와 떨어지기 싫어하는 유아 도와주기	1	2	3	4	5
23. 부모회 조직을 위한 새로운 방법 모색하기	1	2	3	4	5
24. 유아가 학습해야 할 교육 내용을 철저하게 이해하기	1	2	3	4	5
25. 자신이 근무하는 유아교육기관의 철학적 근거에 관심 갖기	1	2	3	4	5
26. 계속해서 우는 유아 다루기	1	2	3	4	5
27. 프로그램의 목표 달성을 위한 새로운 방법 모색하기	1	2	3	4	5
28. 유아의 기초 기술 평가하기	1	2	3	4	5
29. 유아교육의 역사와 철학에 관해 알기	1	2	3	4	5
30. 유아의 공격적 행동 다루기	1	2	3	4	5
31. 발달 이론을 유아교육과정에 적용하기 위한 방법 모색하기	1	2	3	4	5
32. 일과 계획 조직하기	1	2	3	4	5
33. 급변하는 사회에서 유치원의 역할 및 기능에 대해 생각하기	1	2	3	4	5
34. 유아들이 보이는 갈등에 관해 관심 갖기	1	2	3	4	5
35. 시범학교 참관하기	1	2	3	4	5
36. 일과 운영을 위한 구체적인 수업활동 계획하기	1	2	3	4	5
37. 학위 취득을 위한 학위과정에 등록하기(방통대 및 대학원 진학)	1	2	3	4	5
38. 병약한 유아 도와주기	1	2	3	4	5
39. 유아를 위한 새로운 과학 실험이나 활동에 관심 갖기	1	2	3	4	5
40. 수업 상황에 따라 수업 내용 및 방법을 적절히 조절하기	1	2	3	4	5
41. 수업지도안 작성하기	1	2	3	4	5

42. 현장 연구 계획하기	1 2 3 4 5
43. 유아의 언어장애에 관심 갖기	1 2 3 4 5
44. 교사로서 자신의 학력에 대한 적절성 생각하기	1 2 3 4 5
45. 유아로부터 인정받기	1 2 3 4 5
46. 유아교육 관련 협회나 워크숍에 참여하기	1 2 3 4 5
47. 유아의 긍정적 자아 개념 증진하기	1 2 3 4 5
48. 직장 동료로부터 인정받기	1 2 3 4 5
49. 장학사로부터 인정받기	1 2 3 4 5
50. 연수에서 배운 새로운 지식 및 기술 적용하기	1 2 3 4 5
51. 문제 유아의 부모와 상담하기	1 2 3 4 5
52. 행정적 지도에 관심 갖기	1 2 3 4 5
53. 학부모로부터 인정받기	1 2 3 4 5
54. 수업 준비를 위해 충분한 시간 할애하기	1 2 3 4 5

관심사 범주 문항 번호

관심사	문항 번호
생존	4, 8, 54, 12, 16, 20, 24, 28, 32, 36, 40, 41, 44, 45, 48, 49, 52, 53
강화	2, 6, 10, 18, 26, 30, 43, 37, 14, 22, 34, 38, 51
갱신	3, 7, 11, 50, 15, 23, 27, 31, 35, 39, 42, 19, 46
성숙	5, 9, 1, 13, 17, 21, 25, 29, 33, 47

유아교사 관심사 검사 도구를 통하여 교사의 발달단계에 따라 변화되는 유아교사의 관심사를 측정할 수 있다.

2) 유아교사의 직위에 따른 발달단계

유아교사는 유치원이나 어린이집이라는 조직 내에서 직위에 따른 역할을 수행하게 된다. 유치원 교사의 경우, 국가 수준의 자격증은 유치원 2급 정교사, 유치원 1급 정교사, 원감, 원장이 있고, 이 자격증은 유치원 조직 내에서의 직위에 영향을 미칠 수 있다. 유아교사의 경력과 능력에 따라 초임교사, 경력교사, 부장교사, 원감, 원장으로 성장 · 발달하며, 각 직위에 따른 권한과 책임 및 관심사는 각각 다르게 나타난다. 하은옥(2002)은 교사의 직위가 높고 경력이 많아질수록 교사 효능감이 높은 것으로 나타났다고 보고하고 있고, 한석실과 임명희(2003) 역시 직위에 따른 교사 효능감이 높은 것으로 나타난다고 보았다.

보육교사의 교사 관심사 발달단계를 연구한 양정미와 황해익(2004)에 따르면, 보육교사는 성숙기가 나타나지 않았으며, 경력이 6년 이상인 보육교사 중 첫 단계인 생존기에 해당하는 교사가 30.9%나 나타났다. 발달단계와 학력에 있어서 전문대 졸업자는 생존기에, 대학 졸업자는 강화기와 갱신기에 많이 분포되어 있음을 알 수 있다. 즉, 이는 교사의 경력이 많아진다고 하여 교사의 역할과 능력이 무조건 발달하는 것은 아니라는 것을 나타내 준다. 그러나 대체로 유아교사의 발달은 경력에 따라 어느 정도 능력과 역할이 변화하고 다르게 발달하므로 이를 간단히 살펴보고자 한다.

(1) 초임교사

대학을 막 졸업하고 유아교육에 대한 열정과 이상이 큰 반면, 현실의 교수에 대한 막연한 두려움과 불확실성을 가지는 단계다. 처음 들어온 조직 체계에 적응하기 위해 많은 시간을 할애하며, 선임교사의 교수법과 행동을 모방하게 된다. 특히, 선임교사나 원감, 원장의 눈치를 살피면서 자신의 교수법에 대한 피드백을 받고자 노력한다. 일반적으로 초임교사는 자신보다 많은 나이의 학부모와의 상담에 많은 어려움을 느낀다. 이는 초임교사 시기는 유치원 조직과 인간관계에 적응하려고 노력하는 시기로서 학부모에게 유아교육 전문가로서 역할을 인정받는 데까지 많은 고충이 따를 수밖에 없는 것으로 볼 수 있다.

(2) 경력교사

경력이 쌓여 가면서 초임교사 때 보여 주던 지원과 배려 대신 조직 내에서 요구하는 기대 수준이 높아진다. 교사 자신의 교수법에 대한 자신감이 생기기 시작하고, 새로운 교수법의 시도를 통해 만족하기도, 혹은 딜레마에 빠지기도 한다. 교사로서 매너리즘에 빠지지 않거나 딜레마 상황을 해결하기 위하여 각종 연수 및 재교육에 관심을 갖게 되는 시기다. 이러한 자발적 연수 및 재교육이나 동료장학은 경력교사의 성장과 발달에 도움을 준다.

이순자(2000)는 공립유치원의 경력교사(경력 10년 이상)들은 교수-학습 방법에서 갈등을 느끼고, 유치원 교사의 낮은 인식도의 영향으로 직업에 대한 정체의식이 확고하지 못함과 초등학교 병설유치원이라는 제약 때문에 생기는 갈등과 불만을 토로한다고 보고하였다. 이경민과 엄은나(2005)는 1급 정교사 자격연수 교사를 대상으로 한 연구에서 유아교사의 자질에서 높은 기대 정도를 보였고 특히 인성 영역이 가장 높게 나타났으나, 행정 실무 능력은 가장 낮은 기대 수준을 나타냈다고 보고하였다. 또한 유치원 1급 정교사가 유치원 2급 정교사보다 각 교사 발달단계 모두에서 개인적 효능감 및 유아교사 효능감이 높게 나타났다(남미경, 2006). 유치원 2급 정교사로서 교육에 임할 때보다 1급 정교사로서 임할 때 현장에서 당면한 제반 문제를 보다 적극적으로 해결하며, 동료 교사와 정보를 교환하며 새로운 지식과 전략을 배우게 됨으로써 자신에 대한 평가 수위를 조절하게 되기 때문인 것으로 보고하였다.

한편, 유아교사 효능감은 사립유치원, 공립유치원, 어린이집 교사 순으로 나타났다. 교사 효능감이 사립유치원 교사가 높게 나타난 것은 사립유치원에서는 원장 또는 원감이 별도로 하는 역할까지 공립유치원 교사들이 관여하게 됨으로써 교수-학습 활동에 집중할 수 없어 교사 효능감이 낮아지기 때문으로 분석된다.

(3) 부장교사

경력교사 중 리더십과 책임감이 강한 교사가 부장교사로 발탁되는 경우가 많다. 가끔은 모든 경력자가 부장교사 역할을 수행하기도 하지만, 일반적으로 경력교사 중 유아교육에 대한 열정과 리더십, 책임감이 강한 교사가 선출된다. 부장교사는 조직 내에서 모범을 보이며 여러 가지 과제를 수행한다. 부장교사는 교수법, 학급 운영, 유치원 행사 조직, 동료와의 인간관계 유지와 같은 역할을 수행하며, 그에 대한 책임도 져야 한다. 부장교사는 초임교사와 경력교사를 거쳐 익힌 교수법과 인간관계 능력을 발휘하여 부장교사로서의 역할을 수행해야 한다.

(4) 원 감

「유아교육법」 제22조 제1항에 규정된 원감의 자격은 “유치원 정교사(1급) 자격증을 가지고 3년 이상의 교육 경력과 소정의 재교육을 받은 자 또는 유치원 정교사(2급) 자격증을 가지고 6년 이상의 교육 경력과 소정의 재교육을 받은 자로서 대통령령으로 정하는 바에 따라 교육부 장관이 검정 · 수여하는 자격증을 받은 사람”이다. 이러한 원감은 유치원 조직 내에서 중간자로서의 역할을 수행한다. 원감은 원장과 교사, 학부모와 교사의 원활한 관계 유지를 위한 노력을 기울여야 한다. 더불어 교사의 학급 유지와 관련된 상담 및 장학, 교사들 간의 의사소통을 돕기 위한 자질, 성공적인 원아 모집 및 유치원 운영을 위한 원장과의 관계 유지 등의 역할 수행 능력이 요구된다.

이와 같은 역할 수행을 위하여 원감은 초임교사, 경력교사, 부장교사를 통하여 유치원 교육과정에 대한 이해, 다양한 교사들의 인간관계의 이해, 교직 생활에 대한 이해, 원아 모집과 같은 유치원 운영 방안 및 비전을 제시할 수 있는 능력을 길러야 한다. 원감의 역할 수행을 위하여 지도자로서의 자질을 기르기 위한 각종 유아교육 관련 협회 및 학회에 참석하여야 하며, 유아교육뿐 아니라 경영학과 같은 다양한 분야의 전문가와 만남을 통해 스스로 교육의 기회를 넓혀야 한다.

(5) 원 장

「유아교육법」 제22조 제1항에 규정된 원장의 자격은 "유치원의 원감 자격을 가지고 3년 이상의 교육 경력과 소정의 재교육을 받거나, 학식과 덕망이 높은 자로서 대통령령으로 정하는 바에 따라 교육부 장관이 검정 · 수여하는 자격증을 받은 자"다. 원장은 유아교육에 대한 투철한 신념과 그 철학적 배경을 가지고 있어야 한다. 또한 사람을 관리하는 위치에 있으므로 인간관계 및 인간성이 원만해야 한다. 또한 유치원 교육과정을 구성하고 운영할 수 있는 역량을 길러야 한다. 원장은 인격, 교육철학 및 신념, 교수-학습 능력, 조직 이해력, 지도성, 인간관계 관리 능력을 발달시키기 위한 재교육의 노력을 기울여야 한다(김은주, 권미량, 2008). 즉, 원장은 부모교육, 유치원 인사관리와 경영관리, 교직원의 유치원에 대한 소속감 증대, 지도력, 교육과정에 대한 장학 능력이 발달되어야 함을 의미한다.

3. 유아교사의 효능감

교사 효능감(teacher efficiency)이란 개념은 Rotter의 귀인이론(Rotter, 1996)에 기초한 것으로, 1976년 미국의 랜드(RAND) 그룹이 아동의 여러 가지 읽기 능력 증진 프로그램의 효과를 검증하는 연구 과정 중 '아동의 학업 성취를 높이는 데 일반적으로 교사가 미칠 수 있는 영향이 어느 정도라고 생각하는지' 그리고 '교사 자신의 능력에 대한 기대 정도가 어떠한지'를 묻는 문항으로 구성되면서 발달하기 시작하였다. 즉, 유아의 학습에 직접적으로 영향을 미치는 교사의 교수 행위에는 교사의 지식이나 기술 외에 자신의 교수 능력과 효과에 대한 인식과 같은 인지 과정 등도 포함될 수 있다는 점을 의미하는 것이다.

1) 교사 효능감의 개념

교사 효능감이란, 교사 자신이 학생의 성취에 영향을 미칠 수 있는 능력을 갖고 있다고 믿는 정도를 의미한다(Ashton, 1984). 교사 효능감은 학생의 학습 과정에 직접적으로 드러나는 것은 아니지만, 교사의 외현적인 교수 행동을 매개하는 사고 과정으로서 결과적으로 학생의 성취에 중요한 영향을 미친다는 것을 강조하는 개념이다.

교사 효능감은 자아 효능감의 이론에 근거를 두는 개념인데, 자아 효능감(self-efficacy)이란 "특정한 상황에서 요구되거나 의도하는 구체적인 결과를 얻기 위해 필요한 행위를 조직하고 실행하는 능력에 대해 개인이 갖고 있는 신념"(Bandura, 1977, p. 193)을 말한다. 교사 효능감의 기본적 정의는 동일하지만, 개념을 구성하는 하위 요인에 대한 설명에서 차이를 보이는 두 가지 이론적 틀로 나뉜다. 하나는 귀인이론에 기초한 Rotter(1966)의 통제 소재 개념이며, 다른 하나는 사회인지이론에 기초한 Bandura의 자아 효능감 개념이다.

Bandura(1986)는 일반적으로 학생의 성취에 영향을 미치는 중요한 요인이 교사인가, 아니면 학생 또는 교사 외의 외부 환경인가 하는 문제는 한 교사가 자신의 행위로 인해 가져올 결과에 대해 갖는 기대와는 다르다는 것을 강조하면서 교사 효능감의 개념을 좀 더 명확히 설명하고자 하였다. 즉, 학생의 성취에서 교사가 갖는 영향력에 대해서는 강하게 긍정할지라도 막상 교사 개인이 그러한 결과를 가져올 수 있는 능력이 있다고 믿을 수 있는 것은 아니기 때문이다. 따라서 교사 효능감의 개념은 학생의 성취를 통제하는 요인의 소재가 교사냐 학생이냐를 판단하는 것이 아니라, 교사 개인이 자신의 교수 행위 결과에 대해 어떤 기대를 갖고 있느냐에 대한 판단에 초점을 두어야 한다.

Bandura의 자아 효능감에 기초해서 일반 교사 효능감 측정 도구를 개발한 Gibson과 Dembo(1982)의 연구 이래로 교사 효능감에 대한 연구의 대부분은 Bandura의 관점에 기초를 두고 이루어지고 있다. 즉, 교사 효능감은 교사가 학생의 성취에 영향을 미칠 수 있는 자신의 능력이 어느 정도라고 인식하는지와 가르친 결과 학생이 얼마나 발전할 것인지에 대해 갖는 기대로 이루어진다는 관점이 좀 더 합당하다고 받아들여진 것이다.

교사가 학생을 가르치는 행위에 좀 더 구체적인 영향을 미치는 요인으로서 교사의 자아 효능감의 개념을 중요하게 보는 이유가 무엇인가에 대해 생각해 볼 필요가 있다. 이를 위해 우선 개인의 행동에 영향을 미치는 내적 요인으로서 자아 효능감과 유사한 개념인 자아존중감(self-esteem)에 대해서 살펴보면, 자아존중감은 한 개인이 자신이 속한 사회와 문화가 자신이 갖고 있는 외모, 사회적 기술, 학력, 재능 등과 같은 특정한 속성을 가치 있는 것으로 인정해 주느냐에 대해 갖는 정서적 반응이다. 반면, 자아 효능감은 자신이 갖고 있는 속성에 대해 사회가 내리는 가치 부여에 대한 반응이 아니라 학생을 교육하는 일과 같은 특정한 과제를 수행해 기대하는 결과를 가져올 수 있을지에 대해 스스로의 능력을 가늠해 보고 내리는 판단이다. 그러므로 자아존중감과 자아 효능감은 다른 차원의 개념이다. 예를 들어, 한 교사가 자신의 수학 교수를 위한 지식과 기술에 대해 아주 낮은 자아 효능감을 갖고 있을 수 있지만, 그 교사가 이에 대해 사회가 자신의 가치를 인정하느냐를 보기 위하여 자아존중감을 투사하지는 않기 때문에 자아존중감은 저하되지 않을 수 있다. 반면, 수학을 잘 가르칠 수 있는 능력이 있다고 믿는 교사의 경우라도 교사로서 자신의 특성에 대해 사회적으로 인정받지 못한다는 낮은 자아존중감과 같은 부정적인 정서를 가질 수 있다.

이렇게 교사 효능감이 매우 중요한 교사의 내적 요인이 되는 이유는 효능감이 높은 교사는 학생의 학습에 긍정적인 영향을 미칠 수 있는 다양한 특성을 가지는 것으로 나타났기 때문이다. Ashton(1984)은 효능감이 높은 교사의 특징을 다음과 같이 설명하였다.

- 학생들과 생활하는 것을 의미 있고 중요한 일이라고 인식하고, 자신이 학생의 학습에 영향력을 미칠 수 있다고 생각한다.

- 학생들의 학업 성취와 행동에 대해 긍정적인 기대감을 갖고 있다.
- 학생의 학습에 대한 책임감을 갖고 있어서, 자신의 교수 행위에 대해 반성적인 사고 기회를 가진다.
- 학생의 학습을 효율적으로 도와주려는 목표를 세우고, 이를 위해 필요한 지식과 기술을 이해하고 습득하기 위해 노력한다.
- 전반적으로 자신이나 학생에 대해 긍정적인 인식을 갖고 있다.
- 학생과 함께 목표를 설정하고, 이를 위해 적극적으로 행동한다.
- 교실 내에서 어떤 의사결정이 필요한 경우 학생들과 적극적으로 협력한다.

또한 Gibson과 Dembo(1984)는 교사 효능감은 교사가 교수 상황에서 기울이는 노력과 장애에 처했을 때 보여 주는 인내 수준에 영향을 미친다고 보았다. 이들의 연구에서는 자기 효능감에서 높은 점수를 얻은 교사가 학생의 잘못된 반응을 비난하는 정도가 낮았고, 학습 부진아를 도와주기 위해 지속적인 노력을 기울이는 경향을 보였다.

Coladarci(1992)의 연구에서는 교사 효능감이 높은 초·중등 교사가 전문적인 교수 방법을 실행하는 데 좀 더 능숙함을 보였고, Evans와 Tribble(1986)의 연구에서는 예비교사들의 경우도 전문적 교수 방법의 숙련도와 효능감 간에 높은 상관이 있었다. 또한 교사 효능감이 교사 스스로 교육 내용과 방법을 개선하려는 의지 및 교사의 스트레스 수준과 상관이 있음을 밝힌 연구들(Green-wood, Olejnik, & Parkay, 1990; Smylie, 1988)도 있다. Allinder(1994)는 교사의 효능감이 가르치는 데 다양한 자료와 방법을 활용하려는 의지, 더 좋은 교수 방법을 찾고 적용하려는 욕구와 같은 실험적이고 도전적인 교사의 성향과 상관이 있다고 하였다.

이와 같이 교사 효능감은 교사 스스로 더 좋은 교육을 하려는 의지와 동기를 북돋워 주는 데 영향을 미침으로써 학생의 실제 학업 성취도를 예언해 줄 수 있는 유의미한 요인이 된다. 이는 학생을 잘 가르치는 데 필요한 능력을 실제로 어느 정도 가지고 있느냐 하는 것과는 달리, 교사 스스로 자신을 어떻게 평가하는

가 하는 사고 과정 자체가 교육의 실제에 차이를 가져온다.

그러므로 교사의 자질을 향상시키는 데 있어 다양한 교수 방법과 기술을 교사가 답습할 수 있도록 훈련하는 것을 넘어서 교사의 효능감을 증진할 수 있는 방향을 모색하는 것이 중요함을 알 수 있다.

2) 교사 효능감에 영향을 미치는 요인

교사 효능감이 형성되는 과정과 교사 효능감에 영향을 미치는 요인들에 대해서는 많은 연구들(Denham & Michael, 1981; Tschannen-Moran, Hoy, & Hoym, 1998)이 이루어졌다. 대표적으로 Denham과 Michael(1981)은 교사 효능감을 교사의 실제 교수 능력과 학생의 성취를 중재하는 매개 요인으로 보는 귀인이론과 사회학습이론에 기초하여 모형을 구성했다.

이 모형은 다양한 문헌과 심리학자, 사회학자 그리고 교육학자의 조언과 현직 교사 20명을 대상으로 한 연구 결과를 토대로 만들어진 것이다. 다양한 교사 변인에 의해 교사 효능감이 형성되고, 이렇게 형성된 효능감의 정도에 따라서 실제 교수 행동과 학생의 성취에 영향을 미치는 매개 요인으로 제시했다.

먼저 교사 효능감의 형성에 영향을 미치는 선행 요인에 대해 모형에서 제시한 것을 보면, 교사교육, 교육 경험, 사회적 환경, 개인적 배경 등이다. 교사교육의 측면을 살펴보면, 교사교육을 통해 교사는 실제 교수 방법을 개선하고, 이를 통해 특정한 지식과 기술에 대한 자신감을 갖게 됨으로써 교수 효능감을 형성하게 된다.

또한 성공적이거나 실패한 교육 경험에 대한 자기평가가 교사의 효능감 수준에 차이를 가져온다. 근무하고 있는 기관 내의 진급 체계, 의사결정 과정에의 참여 정도, 행정가의 후원 정도 그리고 동료의 지원 등과 같은 사회적 환경 변인이 교사의 효능감 형성에 영향을 미친다.

마지막으로, 교사가 갖고 있는 자아 개념이나 성취동기, 성별 등과 같은 개인적 변인에 의해서 효능감에 차이가 나타날 수 있다. 그런데 이러한 선행 요인들은 효능감의 수준을 직접 결정하는 것이 아니라, 이들에 대한 교사 자신의 귀인 과정을 거쳐 형성되는 것으로 나타났다.

교사 효능감 검사는 Riggs와 Enochs(1990)가 개발한 STEBI(Science Teaching Efficacy Belief Instrument)를 조부경 등(2001)이 번역한 것이 대표적이다. 교사가 유아에게 영향을 미칠 수 있다고 생각하는 일반 교사 효능감과 교사로서 자신이 잘할 수 있는지에 대한 개인 교사 효능감의 두 가지 하위 요소로 구성되어 있다. 구체적인 내용은 다음과 같다.

교사의 자아효능감 검사

• 다음의 문항을 읽고 본인이 생각하는 번호에 표시합니다.
(1. 그렇지 않다 2. 약간 그렇지 않다 3. 보통이다 4. 대체로 그렇다 5. 매우 그렇다)

• 분석: 교사 효능감 검사는 전체 항목에 대한 평균 점수를 계산하여 4.0 이상은 '상', 3.1~3.9점은 '중', 3.0점 이하는 '하'로 평가한다.

일반 교사 효능감	1	2	3	4	5
1. 유아가 평소보다 적극적으로 활동하는 것은 교사의 노력 때문이다.					
2. 유아의 학습 능력이 좋아졌다면, 교사의 효과적인 교수 방법 때문이다.					
3. 유아가 어떤 활동에 흥미를 보이지 않는 것은 교사의 교수 방법이 적절하지 못하기 때문이다.					
4. 유아의 능력이 다소 부족하다 해도, 교사가 효과적인 교수 방법을 사용하면 극복될 수 있다.					
5. 몇몇 유아가 활동에 흥미를 보이지 않는 것을 교사의 탓이라고 할 수 없다.*					
6. 어떤 활동에 관심이 없었던 유아가 활발한 참여를 하는 것은 교사의 적극적인 시도 덕분이다.					

7. 교사가 아무리 교수에 많은 노력을 기울일지라도, 어떤 활동에 대한 유아의 태도는 변하지 않을 수 있다.					
8. 어떤 활동에 대한 유아의 관심과 흥미 정도는 일반적으로 교사에게 책임이 있다.					
9. 유아의 적극적인 활동 참여는 그 활동에 대한 교사의 교수 능력과 직접적인 관련이 있다.					
10. 유아가 유치원 활동에 흥미를 많이 보인다는 부모의 반응은 아마도 교사의 적절한 교수 때문일 것이다.					
11. 어떤 활동에 전혀 관심을 보이지 않는 유아에게는 교사가 효과적으로 교수해도 영향을 미치지 않는다.					
12. 교사가 뛰어난 교수 능력을 가졌어도 어떤 유아에게는 동기를 유발할 수 없다.*					
평균 점수					

개인 교사 효능감	1	2	3	4	5
1. 나는 효과적인 교수 방법이 무엇인지 알아내고자 끊임없이 노력한다.					
2. 나는 아무리 노력해도 어떤 영역의 활동은 다른 영역의 활동보다 더 잘 지도하지 못한다고 생각한다.*					
3. 나는 유아들을 효과적으로 지도하기 위한 단계를 알고 있다.					
4. 나는 유아들을 지도하는 데 있어서 그다지 유능하지 않은 것 같다.*					
5. 나는 보통 유아들을 비효과적인 방법으로 지도한다.*					
6. 나는 유아들을 지도하는 데 필요한 만큼의 지식이 있다.					
7. 나는 유아들에게 어떤 활동을 왜 하는지 이해시키는 데 어려움을 느낀다.*					
8. 나는 유아들이 질문할 때, 적절하게 대답할 자신이 있다.					
9. 나는 유아들을 지도하는 교사로서 필요한 능력을 가지고 있는지 염려한다.*					
10. 나는 나의 교수 능력에 대해 외부 전문가로부터 객관적으로 평가받는 것이 꺼려진다.*					

11. 나는 유아가 어려움을 나타낼 때 어떻게 지도해야 할지 당황한다.*					
12. 나는 유아의 질문을 반기고 격려한다.					
13. 나는 유아들이 어떤 것에 관심을 갖도록 하기 위해서 어떻게 해야 할지 모르겠다.*					
평균 점수					

• 문항 계산 방법: *표시가 없는 문항은 그대로, *표시가 있는 문항은 역으로 계산함(즉, 5는 1점으로, 1은 5점으로 계산함)

요점

교직을 준비하고 수행하는 동안 계속적으로 변화하고 성장하는 교사는 일련의 발달단계를 거치며, 교사로서의 정체감, 교사의 역할에 대한 인식 등은 교직 생활의 전체 과정에서 변화·발달해 가며, 교직 경험이 누적됨에 따라 교직에 관련된 지식, 기술, 태도 면에서도 많은 변화 과정이 일어난다.

교사 발달이란, 교사가 교직 생활의 전체 기간에 걸쳐 양적, 질적으로 변화하는 것을 의미하며, 교직 준비 단계부터 교직을 수행하는 동안 교사의 지식, 기술 및 태도가 계속적으로 변화·성장하는 것을 뜻한다. 교사 발달을 연구하는 학자들은 교직 주기나 교사의 관심사에 따라 교사 발달단계를 구분한다. 교사 발달단계는 교직 이전부터 포함시키는 입장과 교직에 입문하여 교직을 시작하는 시기부터 포함시키는 입장으로 나누어진다. 또한 교사의 발달단계는 교직 경력에 따라 구분될 수 있는데, 교사가 직선적이고 순차적으로 발달해 간다고 주장하는 관점과 교사의 변화와 발달은 일직선적인 것이 아니라 순환적, 역동적, 불규칙적일 수 있다는 관점의 순환 모형으로도 나누어진다.

이와 같이 교사의 발달을 보는 관점이 조금씩 다르나 교사의 발달이 직선적이고 순차적으로 이루어진다는 관점의 대표적인 학자 중 Katz(1972)는 교사의 발달단계를 교직 경력에 따라 생존 단계(1년), 보강 단계(2~3년), 갱신 단계(3~4년), 성숙 단계(5년 이후)로 구분하였다. 한편, Burke, Christensen과 Fessler(1984)는 교사 발달 순환 모형을 8개의 단계(교직 이전, 교직 입문, 능력 구축, 열중·성장, 직업적 좌절, 안정 · 침체, 직업적 쇠퇴, 퇴직 단계)로 구분하였으며, 각각의 단계는 순환적, 역동적, 불규칙적일 수 있음을 강조하였다.

토의 문제

- 교사 발달에 영향을 미치는 요인에 대하여 토의해 봅시다.
- 예비교사의 교직 관련 관심사와 교사 효능감에 대하여 토의해 봅시다.

참고문헌

김은주, 권미량(2008). 유아교사교육: 생태적 접근. 경기: 공동체.

남미경(2006). 교사 발달단계와 유아교사 관련 변인에 따른 유아교사 효능감. 계명대학교 교육대학원 석사학위 논문.

박은혜(2009). 유아교사론(제3판). 서울: 창지사.

양정미, 황해익(2004). 보육교사의 교사 관심사 발달단계에 따른 장학 실태 및 요구도 조사연구. 유아교육논총, 9(13), 57-76.

이경민, 엄은나(2005). 유아 교사 자질에 대한 유치원 1급 정교사 자격 연수 참여 교사의 기대와 자기평가. 유아교육학논집, 9(4), 133-152.

이순자(2000). 초등학교 병설유치원 교사의 교직생활에 관한 문화기술적 사례연구. 유아교육연구, 20(4), 77-106.

이윤식(1999). 장학론. 서울: 과학교육사.

이은화, 조부경 공역(1992). 발달적 접근에 의한 유아교육기관 장학론. 서울: 교문사.

이은화, 조부경, 배소연(1995). 유아교사론. 서울: 양서원.

이차숙 역(1992). 유아교사를 위한 제언. 서울: 양서원.

장선화(1994). 유아교육 예비교사와 현직교사의 관심사에 관한 연구. 한국교육대학교 대학원 석사학위 논문.

조부경, 백은주, 서소영(2001). 유아교사의 발달을 돕는 장학. 서울: 양서원.

하은옥(2002). 유아교육기관의 동료장학 실행수준과 교사 효능감에 관한 연구. 부산대학교 대학원 석사학위 논문.

한석실, 임명희(2003). 유치원 교사의 교사 효능감 확인 연구. **미래유아교육학회지**, 10(1), 207-240.

Ashton, P. T. (1984). Teacher efficacy: A motivational for effective teacher education. *Journal of Teacher Education, 35*(5), 28-32.

Burden, P. R. (1980). Teacher development: Implications for teacher education. In J. D. Raths & L. G. Katz (Eds.), *Advance in teacher education* (vol. 2). Norwood, NJ: Ablex.

Burke, P. J., Christensen, J. C., Fessler, R., McDonnell, J. H., & Price, J. R. (1987, April). The teacher career cycle: Moral development and research report. Paper presented at the meeting of the American Educational Research. Association, Washington D.C.

Fessler, R. (1985). A model for teacher professional growth and development. In P. J. Burke & R. G. Heideman (Eds.), *Career-long education* (pp. 181-193). Springfield, IL: Charles C Thomas.

Fessler, R., & Christensen, J. (1992). *The teacher career cycle: Understanding and guiding the professional development of teachers.* Boston, MA: Allyn and Bacon.

Fuller, F. F. (1969). Concerns of teacher: A development conceptualization. *American Educational Research Journal, 6*, 207-226.

Fuller, F. F., & Brown, O. H. (1975). Becoming a teacher. In K. Ryan (Ed.). *Teacher Education. Seventy-fourth yearbook of the national society for the study of education.* Chicago: IL University of Chicago Press.

Gregore, A. F. (1973). Developing plans for the professional growth. *NASSP Bulletin, 57*(377), 1-8.

Huberman, M. (1989). The professional life cycle of teachers. *Teachers College Record, 91*(1), 31-57.

Katz, L. G. (1972). Developmental stages of preschool teachers. *Elementary School Journal, 73*, 50-54.

Tsai, C. T. (1990). A survey study of Chinese kindergarten teacher concerns. Unpublished Doctoral Dissertation, University of Illinois.

유 | 아 | 교 | 사 | 론

제3부

유아교사의 직전교육과 현직교육

제6장

유아교사의 직전교육

1. 유아교사 양성 교육과정

우리나라의 영유아 교사 양성교육기관은 해당 부처에서 공포한 관련 법규에서 제시한 각각의 자격 종류와 자격 기준 등에 의해 교육과정을 편성 · 운영하고 있다. 여기서는 유치원 교사와 보육교사의 양성 과정을 살펴보고, 그 차이점을 비교해 본다.

1) 유치원 교사 양성 교육과정

교사의 전문적 자질은 교사 양성 교육과정을 통해 개발되어야 하는 자질이다. 이러한 교사의 전문적 자질을 개발하는 데 요구되는 교육과정으로 우리나라는 교양 영역, 교직 영역, 전공 영역 등의 세 가지 영역으로 구성하고 있다. 각 영역별로 요구되는 교과목과 이수 학점을 살펴보면 다음과 같다.

(1) 교양 영역

전문적 자질을 갖춘 유치원 교사를 양성하기 위해 교양 영역에서는 교양 과목이 갖는 본래의 정신을 구현하면서 동시에 교직의 전문성을 살릴 수 있는 방향 또한 중요하게 고려되어야 한다. 직전교육 단계에서 예비교사에게 교양 영역을 강화함으로써 길러 줄 수 있는 능력은 다음과 같다(Quisenberry & Patridge, 1993).

- 다양한 교양 영역을 통해 분석 · 종합 · 평가할 수 있는 능력
- 여러 사람들과 의사소통할 수 있는 능력
- 자신의 경험이나 새롭게 배운 정보에 대하여 반성적 사고를 할 수 있는 능력
- 다양한 장르의 예술 작품과 문학 작품을 감상하고 이해할 수 있는 능력
- 건강한 생활을 영위할 수 있는 능력
- 논리적, 수학적으로 사고할 수 있는 능력
- 생물 · 물리 · 지구과학을 바르게 이해하는 능력
- 인간 생활에 영향을 미치는 사회적 힘을 파악하고 이해하는 능력
- 세계 각국의 다양한 문화와 풍습을 이해하고 존중하는 능력
- 첨단 기술이나 도구 등을 바르게 사용하는 능력

각 대학에서 운영하고 있는 교양 영역에 해당하는 교양 과목들은 서로 조금씩 차이가 있다. 교사 양성 교육과정에서 어떤 교양 과목을 개설할 것인가의 문제도 중요하지만, 교양 과목을 1학년에 대부분 집중적으로 배정하는 것이 아닌 전 과정에 고르게 배정하는 것에 대한 고려, 교양 과목이 대단위로 이루어지고 있는 점에 대한 해결책 모색, 일반 대학의 교양 과목과 차별화된 교사 양성 교육과정에서의 교양 과목 운영 등 보다 효율적인 교양 영역 운영을 위한 다각도에서의 분석과 연구가 필요하다(박아청, 1997; 전성연, 1995; 정미라, 1994).

(2) 교직 영역

교사의 교육 현상에 대한 이론적 이해와 실무 능력을 배양하기 위해 요구되는 내용을 다루는 교직 영역은 교직이론, 교직소양, 교육실습의 세 가지 영역으로 구성되어 있다. 2009학년도 입학자부터 적용되는 교원자격검정령 제19조 제3항에 따르면, 유치원 교사 자격증을 취득하기 위해서는 교직 영역에서 총 22학점 이상을 이수하여야 한다(교원자격검정령 제19조 제3항 2007. 12. 30. 개정, 유치원 및 초등·중등·특수학교 등의 교사자격 취득을 위한 세부 기준 2008. 1. 8. 제정, 교육인적자원부 고시 제2007-161호). 교직 영역에서 이수해야 하는 하위 영역 및 영역 내 교과목과 이수 과목(학점)은 〈표 6-1〉과 같다.

〈표 6-1〉 교직 영역의 교과목 및 이수 과목(학점)

영 역	교과목	이수 과목(학점)
교직이론	• 교육학개론 • 교육철학 및 교육사 • 교육과정 • 교육평가 • 교육방법 및 교육공학 • 교육심리 • 교육사회 • 교육행정 및 교육경영 • 생활지도 및 상담 • 그 밖의 교직이론에 관한 과목	7과목 이상 (14학점 이상)
교직소양	• 특수교육학개론 -영재교육 영역(단원 포함)	2학점 이상
	• 교직실무	2학점 이상
교육실습	• 학교현장실습 • 교육봉사활동	2학점 이상 2학점 이내 포함 가능

(3) 전공 영역

전공 영역은 각 학문의 영역을 다루는 교과 내용과 이러한 내용을 학습자의 특성에 맞게 교육할 수 있는 방법을 배우는 교과 교육으로 구성될 수 있는데, 전문성을 갖춘 교사를 양성하는 데 있어서는 교과 내용에 대한 이해와 교과 교육에 대한 이해가 균형 있게 다루어질 필요가 있다. 교사는 각 학문 영역에 대한 내용 지식이 충분할 때 이러한 지식을 바탕으로 학습자의 특성에 맞추어 지식을 좀 더 적절하게 확장할 수 있기 때문이다. 여기서는 유아교사로서의 자질을 함양하는 데 다루어질 필요가 있는 영역을 다음과 같이 네 가지로 구분하여 설명하기로 한다.

① 유아 발달 및 학습에 관한 영역

유아교사 양성 과정에서 유아 발달 및 학습에 관한 내용을 다루어야 한다. 유아 발달과 학습의 내용에 대한 이해를 통해 교사는 다양한 연령의 유아 발달을 알 수 있고, 발달 과정의 변화와 발달에 영향을 미치는 환경의 영향을 이해하며, 발달의 여러 측면들이 서로 상호작용하며 발달한다는 사실을 이해할 수 있기 때문이다(Rodd, 2006). 따라서 이러한 목적을 이룰 수 있는 과목들이 교사 양성 교육과정에 포함되어야 하며, 교육 방법 면에서도 강의와 함께 실제 현장과 연결하여 구체적인 사례를 많이 접할 수 있도록 해야 한다.

② 유아교육과정 운영 및 교수-학습 과정에 관한 영역

유아교사는 유아를 위한 교육활동을 계획하고, 효과적인 교수 방법을 선택·적용하는 실천적 지식을 갖추어야 한다. 이를 위하여 유아교사는 유아교육과정의 운영, 유아를 위한 각 교과 영역에서의 교수-학습 과정을 다루는 과목을 통해 교육활동을 계획하고 지도하는 데 필요한 지식과 기술 및 태도를 학습하여야 한다.

③ 유아교육의 역사, 철학 및 사회 기초에 관한 영역

교육은 사회적 · 문화적 맥락과 결코 분리될 수 없는 것이므로, 유아교사는 교육과 사회현상에 대한 보다 깊이 있는 이해를 하기 위해 노력하여야 한다. 따라서 교사 양성 교육과정은 교사가 현재의 사회적 현상이 나타나게 된 역사적 배경과 현재 혹은 가까운 미래에 발생할 다양한 사회적 변화를 예측하는 능력을 기르는 데 필요한 내용을 다루어야 한다.

④ 유아교사의 전문성과 관련된 영역

유아교사로서 전문성을 갖추기 위해서 학습자는 물론 교사 자신에 대한 평가, 교육과정 계획 및 운영에 대한 평가를 할 수 있는 능력과 다양한 집단과 의사소통할 수 있는 능력 등을 갖추어야 한다. 최근 들어 많은 나라들은 전문성을 갖춘 교사에게 요구되는 핵심 역량을 개발하고, 교사가 교사 발달 과정에서 핵심 역량을 길러 갈 수 있도록 교사교육제도를 개발 · 적용하고 있다.

유치원 교사 양성 교육과정에서 다루어져야 할 필요가 있는 네 가지 영역을 기초적 틀로 하여 전공 영역에서 제시하고 있는 교과목과 이수 학점 규정에 대한 내용을 표로 제시하면 〈표 6-2〉와 같다.

〈표 6-2〉 전공 영역의 교과목 및 이수 학점

영 역	교과목	이수 과목(학점)
일반전공	• 유아교육론 • 유아교육과정 • 영유아 발달과 교육 • 유아언어교육 • 유아사회교육 • 유아과학교육 • 유아수학교육 • 유아미술교육 • 유아음악교육	50학점 이상 –기본 이수 과목 21학점(7과목) 이상 포함 –교과교육 영역 8학점(3과목) 이상 포함

	• 유아교사론 • 유아동작교육 • 유아놀이지도 • 유아교육기관 운영 · 관리 • 아동복지 • 유아건강교육 • 유아관찰 및 실습 • 부모교육	
교과교육	• 교과교육론 • 교과교재 연구 및 지도법 • 논리 및 논술에 관한 교육 • 기타 교과교육 영역	

전공 영역은 일반 전공 영역과 교과교육 영역으로 구분되어 있으며, 교사로서의 전문성 강화를 위하여 과거 교직과목에 포함되었던 교과교육론이나 교과교재 연구 및 지도법을 전공 영역에서 다루도록 하였고, 논리 및 논술에 관한 교육과목을 신설하였으며, 전공과목 이수 교과 및 학점을 상향 조정하였다.

2) 보육교사 양성 교육과정

보육교사 양성 교육과정은 유치원 교사 양성 교육과정의 영역과 달리 자격급별에 따라 이수해야 할 교과목의 수와 이수 학점이 다르다.

「영유아보육법」이 개정되면서 보육교사는 2급 체제에서 3급 체제로 바뀌었고 그에 따른 이수 교과목도 변경되었다.

(1) 보육교사 2급

보육교사 2급 자격을 취득하기 위하여 이수하여야 할 교과목은 12과목 35학점(보육실습 포함)이다. '보육기초' 영역은 4과목(12학점)을 필수로 이수하여야 하며, '발달 및 지도' 영역은 5과목 중 1과목(3학점) 이상, '영유아교육' 영역은 8개 과목 중 3과목(9학점) 이상, '건강 · 영양 및 안전' 영역은 5개 과목 중 2과목(6학점) 이상, '가족 및 지역사회 협력'의 영역은 8과목 중 1과목(3학점) 이상을 선택하여 이수하여야 한다.

또한 '보육실습'은 교과목으로서 2학점을 필수로 이수하도록 하고 있으며, 다음의 기준에 부합하고, 보육실습 기관장 및 학과장으로부터 보육실습 확인서를 확인받아야 한다. 1998년 3월 이후 졸입자부터는 정원이 15인 이상인 어린이집 또는 종일제 유치원(교육청에 종일제 유치원으로 등록되어야 함)에서 4주(160시간 기준)를 시설장(보육교사 1급 자격 소지자) 또는 보육교사 1급, 유치원 정교사 1급 자격 소지자인 실습지도교사에게서 실습을 받아야 하고, 그 평가가 실습계획서에 근거하여 이루어져야 하며, 평균 점수가 80점 이상인 경우에만 보육실습을 이수한 것으로 인정한다.

〈표 6-3〉 전문대학 이상의 보육 관련 교과목 및 이수 과목(「영유아보육법」 개정 2004. 3. 11.)

영 역	교과목	이수 과목(학점)
보육기초	아동복지(론), 보육학개론, 아동발달(론), 보육과정	4과목(12학점) 필수
발달 및 지도	인간행동과 사회환경, 아동관찰 및 행동연구, 아동생활지도, 아동상담(론), 특수아동지도	1과목(3학점) 이상 선택
영유아교육	놀이지도, 언어지도, 아동문학, 아동음악과 동작, 아동미술, 아동 수 · 과학 지도, 영유아 프로그램 개발과 평가, 영유아교수방법(론)	3과목(9학점) 이상 선택
건강 · 영양 및 안전	아동건강교육, 아동간호학, 아동안전관리, 아동영양학, 정신건강(론)	2과목(6학점) 이상 선택
가족 및 지역사회 협력	부모교육(론), 가족복지(론), 가족관계(론), 지역사회복지(론), 자원봉사(론), 보육정책(론), 보육교사(론), 보육시설 운영과 관리	1과목(3학점) 이상 선택
보육실습	보육실습	1과목(2학점) 필수
전체	12과목(35학점) 이상	

〈표 6-3〉에서 제시하고 있는 「영유아보육법」 개정에 따른 전문대학 이상의 보육 관련 교과목 및 이수 과목은 〈표 6-4〉와 같이 2011년 12월 8일에 개정되어 2014년부터 적용될 예정인데, 전체적으로 보육교사를 취득하기 위해서 이수해야 할 교과목 수와 학점이 상향 조정되었다.

〈표 6-4〉에서 제시하고 있는 내용을 살펴보면 다음과 같다.

- 2011년 12월 8일에 개정된 보육교사 취득을 위한 대학 등에서 이수하여야 할 교과목 및 학점의 변경 내용을 보면, 먼저 '보육필수' 영역에서 기존의 4과목 12학점 이상이었던 규정이 6과목 18학점 이상으로 상향되었고, '보육기초'에 있던 아동발달(론) 과목을 영아발달과 유아발달로 분리하였으며, '가족 및 지역사회 협력' 영역에 있던 보육교사론을 '보육필수'로 영역을 변경하여 필수과목으로 규정하였다.

〈표 6-4〉 보육교사 취득을 위해 이수해야 할 교과목 및 이수 과목(「영유아보육법」 개정 2011. 12. 8.)

영 역	교과목	이수 과목(학점)
보육필수	아동복지(론), 보육학개론, 영아발달, 유아발달, 보육과정, 보육교사론	6과목(18학점) 필수
발달 및 지도	인간행동과 사회환경, 아동관찰 및 행동연구, 아동생활지도, 아동상담(론), 특수아동이해, 장애아지도	1과목(3학점) 이상 선택
영유아교육	놀이지도, 언어지도, 아동문학, 아동음악, 아동동작, 아동미술, 아동수학지도, 아동과학지도, 영유아 프로그램 개발과 평가, 영유아교수방법(론)	6과목(18학점) 이상 선택
건강·영양 및 안전	아동건강교육, 아동간호학, 아동안전관리, 아동영양학, 정신건강(론)	2과목(6학점) 이상 선택
가족 및 지역사회 협력	부모교육(론), 가족복지(론), 가족관계(론), 지역사회복지(론), 보육정책(론), 어린이집 운영과 관리	1과목(3학점) 이상 선택
보육실습	보육실습	1과목(3학점) 필수
전체	17과목(51학점) 이상	

- '발달 및 지도' 영역에서는 특수아동지도 교과목을 특수아동이해와 장애아 지도로 분리시켰다.
- '영유아교육' 영역에서는 3과목 9학점 이상이었던 규정이 6과목 18학점 이상으로 상향되었고, 통합되었던 과목들이 분리되어 아동 수 · 과학 지도가 아동수학지도와 아동과학지도로, 아동음악과 동작이 아동음악과 아동동작으로 변경되었다.

「영유아보육법 시행규칙」 제12조 제1항 별표 4(2004. 3. 11.)의 규정에 의한 대학 등에서 이수하여야 할 교과목 및 학점 중 발달과 지도, 영유아교육, 건강 · 영양 및 안전, 가족 및 지역사회 협력 등의 영역에서 유사 교과목은 인정하지 않으며, 교과목 명이 동일하여야 교과목과 학점을 인정하는 것으로 하였다. 그러나 여성부에서는 개정된 법령에 의한 보육 관련 유사 교과목의 인정 범위를 밝히고 2006년도부터 적용하고 있다. 영역별 「영유아보육법 시행규칙」상 교과목과 유사 교과목 인정 교과목은 〈표 6-5〉와 같다.

〈표 6-5〉 보육 관련 유사 교과목의 인정 범위(「영유아보육법 시행규칙」 개정 2004. 3. 11.)

영 역	「영유아보육법 시행규칙」상 교과목	유사 교과목 인정 교과목
보육기초	보육학개론	영유아보육학, 유아교육(개)론
	보육과정	영유아보육과정, 유아교육과정
보육실습	보육실습	보육현장실습, 교육실습

(2) 보육교사 3급

「영유아보육법 시행규칙」 제12조에 명시되어 있는 보육교사 양성 교육시설의 교육과정은 보육실습을 포함하여 6개 영역으로 구분되어 있으며, 이수하여야 할 교과목 수와 학점은 총 25과목 65학점 이상이다. 영역별로 교과목을 나누어 보면, '보육기초' 분야 3과목 9학점, 발달 및 지도 분야 7과목 20학점,

'영유아교육' 분야 7과목 17학점, '건강 · 영양 및 안전 분야' 2과목 4학점, '가족 및 지역사회 협력' 분야 5과목 13학점, '보육실습' 1과목 2학점을 이수하도록 규정하고 있다. 규칙 제12조 제2항에 명시되어 있는 보육교사 양성 교육시설의 교육과정은 〈표 6-6〉과 같다.

〈표 6-6〉에서 보는 바와 같이 각 과목당 평가 점수가 70점 이상인 경우에만 이수한 것으로 인정하며, 학점당 시간은 15시간을 기준으로 하되, 보육실습 시간은 4주 이상, 160시간으로 규정하고 있다. 보육실습은 보육원아 수 15인 이상 가정보육시설을 포함한 보육시설에서 실시할 수 있고, 보육교사 1급 자격 소지자가 실습을 지도하도록 규정하고 있다. 교육훈련 기간은 실습을 포함하여 최소한 1,135시간(수업 975시간, 보육실습 160시간) 이상을 편성 · 운영하도록 되어 있다.

〈표 6-6〉 「영유아보육법」 개정 이후 보육교사 양성 취득 교과목 및 필수 이수 과목

영 역	교과목(학점)	필수 이수 과목(학점)
보육기초	아동복지(론)[3], 보육학개론[3], 교육과정[3]	3과목(9학점)
발달 및 지도	아동발달(론)[3], 인간행동과 사회환경[3], 아동생활지도[3],	7과목(20학점)
영유아교육	놀이지도[3], 언어지도[2], 아동음악과 동작[2], 아동미술[2], 아동 수 · 과학 지도[2], 교재교구개발[3], 영유아교수방법(론)[3]	7과목(17학점)
건강 · 영양 및 안전	아동간호학[2], 아동안전관리[2], 아동영양학[2]	2과목(4학점) 이상 선택
가족 및 지역사회 협력	부모교육[3], 지역사회복지[3], 보육정책[2], 보육시설 운영과 관리[3], 정보화교육[2]	5과목(13학점)
보육실습	보육실습[2]	1과목(2학점) 필수
계	25과목(65학점) 이상	

* 보육교사 양성 교육시설의 소재지를 관할하는 시 · 도지사의 승인을 얻어 20%의 범위 안에서 교육훈련 과목을 통합하여 실시할 수 있으며, 교육훈련시설의 장이 필요하다고 인정하는 경우에는 20%의 범위 안에서 교육훈련 과목별 이수 시간의 비율을 조정하여 실시할 수 있다.

3) 유치원 교사와 보육교사 양성 교육과정의 비교

현행 영유아 교사 양성 교육과정은 여러 측면에서 많은 차이를 보이고 있는데, 유치원 교사를 양성하는 기관은 2~3년제 대학의 유아교육과와 4년제 대학교의 유아교육과 및 일부 아동학 관련 학과로 학과제에 기반한 자격검정이고, 보육교사를 양성하는 기관은 2~3년제 대학과 4년제 대학의 관련 학과 및 보육교사교육원으로 기본적으로 학점이수제인 개방형이다.

현재의 유치원 교사와 보육교사의 자격 기준을 비교해 보면 〈표 6-7〉과 같고, 양성 교육과정의 비교는 〈표 6-8〉과 같다. 차이점을 살펴보면, 우선 교육기관 면에서 보육교사는 유치원 교사보다 다양한 연한의 기관에서 양성되고 있다. 전공은 유치원 교사와 보육교사 모두 해당 학과를 졸업하지만, 보육교사는 학점제와 관련해 자격증을 발급받기 때문에 지정 과목을 수강만 하면 타 학과에서도 자격증 취득이 가능하다. 또한 이수 학점에서도 유치원 교사가 보육교사보다 전공과목은 6학점을 더 이수해야 하고 교직과목도 필수로 20학점 이수가 요구되지만, 보육교사는 교직과목에 대한 조건이 없다. 이를 종합해 보면, 유치원 교사

〈표 6-7〉 보육교사와 유치원 교사의 자격 기준 비교

구 분	보육교사	유치원 교사
근거 법	「영유아보육법」(2005)	「유아교육법」(2004)
주 소관부처	보건복지부	교육부
자격 규정	보육시설의 장 및 보육교사의 자격(제21조)	교원의 자격(제22조)
자격증	보건복지부 장관이 국가자격증 검정 수여	교육부 장관이 국가자격증 검정 수여
자격 취득 최소 학력	고등학교 졸업 이상	전문대학 졸업 이상
자격 체계	1, 2, 3급 보육교사, 보육시설장	1, 2급 정교사, 유치원 준교사, 유치원 원감 및 원장

〈표 6-8〉 보육교사와 유치원 교사의 양성 교육과정 비교

구 분	보육교사	유치원 교사
양성교육기관	• 보육교사교육원 • 2~3년, 4년제 대학	• 2~3년, 4년제 대학
양성 과정의 특징	• 교사 양성 경로의 다양성 • 교육과정의 개방성 • 전문성 저하의 우려 • 개방형(학과제 운영 아님) –출신 학과 수: 789개	• 교사 양성 경로의 일원화 • 교육과정의 폐쇄성 • 전문성 및 질 관리 용이 • 기본 학과제: 유아교육과, 관련 학과
자격 인정	• 관련 교과목 이수로 자격증 발급	• 학과제를 기본으로 자격 부여
교과목 및 학점 기준	• 2~4년제 대학: 학점은행제(12과목 35학점 이상 이수하면 보육교사 2급 자격 취득) • 대학 외 교육훈련시설: 보육교사교육원(1년 과정: 25과목 총 65학점 이상 이수하면 보육교사 3급 자격 취득)	• 전공 50과목 이상 –기본 이수 21학점 이상 –교과교육(=기존 교육실습 과목) 6학점 이상 포함 • 교직 3개 영역 총 22학점 이상 (교육실습 4학점 이상 포함)
특징	• 교직과목 이수 없음	• 교직과목 강화

가 보육교사보다 집중된 교육기관과 학과에서 더 많은 전공과 교직과목을 이수하면서 양성되고 있음을 알 수 있다.

이렇게 우리나라의 영유아 교사 양성 교육과정은 관련 행정 부처의 이원화와 맞물려 서로 다른 체제 속에서 변화 · 발전되어 오면서 몇 가지 문제점을 가져왔다. 첫째로, 행정 부처 주도의 정책에 의해 교사 양성 체제의 변화가 이루어졌으며, 일관성 없는 정책에 따른 양성 교육과정 편성의 변화가 잦았다. 둘째로, 다양한 양성교육기관의 격차는 교사 양성의 전문성에 영향을 미치고, 이것은 영유아가 받는 교육 서비스에 직결된 것이지만, 이에 대해 실제적인 양성 교육과정 재정비나 양성기관의 평가가 거의 이루어지지 않았다. 셋째로, 초 · 중등 교사에 비해 접근이 쉽고 낮은 교육과정을 중심으로 영유아 교사 양성이 편중되어 오면서 사회경제적 지위와 인식 면에서 뒤떨어지는 현상을 낳았다. 따라서 영유아

교사 양성 과정의 계속적인 발전과 전문성 확보 그리고 인식 개선을 위해서는 현재의 양성 교육과정으로 만족할 수 없는 수준이며, 이를 개선하려면 영유아 교사 양성 교육과정을 종합적으로 검토해야 할 필요가 있다.

2. 유아교사의 교육실습

1) 교육실습의 개념

(1) 교육실습

교육실습의 개념은 학자들에 따라 매우 다양하게 정의되고 있다. 우리나라에서 지금까지 정의된 교육실습의 개념은 대략 네 가지로 구분할 수 있다(한국교원교육학회 편, 2010).

- 형식적인 정의로서 교육실습이란, 사범대학과 교직과정이 설치된 대학에서 실습학교의 협력을 얻어 일정 기간 동안 교생을 교육활동에 참여시키는 것을 의미한다.
- 교육이론의 현장 실천으로 정의하는 입장으로서 교육실습이란, 일선 학교 현장에서 교육활동에 참여하면서 대학에서 배운 교육이론을 적용하면서 실천해 보는 과정이다.
- 교육실습생의 자기점검을 강조한 정의로서 교육실습이란, 예비교사가 교사로서 자신의 능력과 자질 등 교직 적성을 점검해 보는 과정이다.
- 경험 또는 체험을 강조한 정의로서 교육실습이란, 예비교사로서 교육현장에서 교사가 행하는 모든 교육활동을 경험하고 교직 생활을 체험하는 과정이다.

(2) 유치원 교육실습

『유아교육사전』(1996)에서는 교육실습을 "교원양성기관이나 대학에서 교직과의 이수과정으로 일정 기간 실무에 종사함으로써 교수 · 지도 · 관리 등의 일련의 교직 경험을 쌓는 것"이라고 정의하고 있다.

교육인적자원부(2007)의 「교원자격검정령 시행규칙」 및 교육과학기술부(2008)의 '유치원 교사 자격 취득을 위한 세부 기준' 개정에 따르면, 유치원 교사가 되고자 하는 사람은 교사 양성 과정에서 교직과목 중 교육실습 4학점 이상(학교현장실습 2학점 이상, 교육봉사활동 2학점 이내 포함 가능)을 이수하여야 한다.

(3) 어린이집 보육실습

어린이집에 근무하는 보육교사가 되기 위해서 「영유아보육법 시행규칙」(개정 2012. 8. 17.)의 법적 기준을 살펴보면, 보육실습기관은 법적으로 인가받은 정원 15인 이상의 어린이집 또는 교육과정과 방과후 과정을 운영하는 유치원에서 보육교사 1급 또는 유치원 정교사 1급 자격을 가진 사람이 지도하여야 한다. 실습지도교사는 한 명당 보육실습생 3명 이내로 한다. 보육실습은 '보육실습' 교과목으로 2학점 이상으로 이수하여야 하고, 평가 점수가 80점(B학점) 이상인 경우에 이수한 것으로 인정된다. 2014년 3월 1일부터는 보육실습 교과목을 3학점으로 이수해야 한다. 보육실습은 교과목이 개설된 학기 중에 4주, 160시간 이상 연속으로(월요일~금요일) 해야 하며, 일일 8시간 동안 하는 것을 원칙으로 명시하고 있다(한국보육진흥원, 2013).

지금까지 살펴본 유치원 교육실습과 어린이집 보육실습을 공통적 의미로 다시 정리한다면, 유치원 교육실습 및 어린이집 보육실습이란 유치원 교사 및 보육교사가 되고자 하는 예비교사가 교사 자격증을 취득하기 위하여 교육실습 또는 보육실습을 4학점 내지 2학점을 반드시 이수해야 하는 교과목으로서, 예비교사는 실습을 통해 학교에서 배운 이론과 지식을 일정 기간 동안 교육 또는 보육

현장에서 자신의 교직 적성을 점검하면서 실천적 지식을 형성하는 중요한 경험적 과정이라 할 수 있다.

따라서 여기서 다루는 유치원 교사 또는 보육교사 양성 과정에서 실시하는 실습의 과정을 앞서 정리한 '공통적 의미'에 초점을 맞추어, 유치원 교육실습 및 어린이집 보육실습을 '교육실습'으로, 유치원 및 어린이집을 '유아교육기관' '유아교육현장' 또는 '기관' 등으로 통칭하고자 한다.

2) 교육실습 과정 및 내용

우리나라 유아교사를 양성하는 대부분의 대학에서는 교육실습을 사전실습, 정규실습, 추후실습 등으로 세분화하여 실시하고 있으며, 실습의 시기도 전공과목을 배우기 시작하는 학기부터 졸업하기 전 학기까지로 다양하게 실시하고 있다(유홍옥, 유영의, 2004). 일부 대학에서는 3년제로의 전환 이후, 교육현장과의 연계를 강화하기 위해 교육실습 I · II, 교육실습 이론과 교육실습, 교육현장 연구와 교육실습 등으로 나누어 실시하기도 한다(한국유아교육학회, 2007). 사전실습, 정규실습, 추후실습의 과정 및 내용을 살펴보면 다음과 같다.

(1) 사전실습

사전실습은 교육실습의 한 과정으로서 정규실습이 시작되기 이전에 예비교사가 일시적 또는 단기간 동안 유아교육현장을 관찰하거나 수업에 참여하며, 정규실습을 준비하는 실습 과정을 말한다. 사전실습이 시행되는 일반적인 형태는, 첫째로 예비교사가 현장과 관련된 특정 교과목의 이해를 위해 현장 관찰 및 수업 보조 또는 부분 수업 등을 수행하는 형태이며, 둘째로 교육봉사 활동 형태로서 대학에서 이론 수업 대신 정기적으로 현장을 방문하여 보조교사나 각종 봉사활동 또는 다문화가정 학습도우미 등 교육 봉사활동에 참여하는 형태 등이다.

(2) 정규실습

정규실습은 예비교사가 유아교사 자격 취득을 위한 필수 과정으로 실습지도 교수와 실습지도교사의 지도를 받으며 교육현장에서 교사로서의 직무 수행을 경험해 보는 과정이다. Posner(1985)는 정규실습은 예비교사로 하여금 현장에 대한 전체적이며 세부적인 교육에 관한 책임과 실제를 경험하게 한다고 하였다. 신은수(1996)도 교육실습의 교육적 효과에 관한 선행 연구를 토대로 정규실습이 유아 예비교사의 현장 지식과 태도의 변화에 중요한 교육 요인이라고 보고하고 있다.

정규실습은 예비교사가 경험하는 실습 내용에 따라 수업실습과 실무실습으로 구분하며, 수업실습은 다시 예비교사의 수업 참여 정도에 따라 관찰실습, 참여실습 및 지도실습으로 나뉜다.

① 수업실습

관찰실습은 4주간의 정규실습 기간 중 첫째 주에 주로 이루어지는 수업실습의 형태다. 관찰 단계에서 예비교사는 수업을 직접 하지는 않으나 현장에서 일어나는 교육활동을 주의 깊게 관찰하며, 유아교육현장의 전반적인 특징을 이해하게 된다.

참여실습은 실습지도교사의 지도하에 예비교사가 직접적인 교육활동에 참여하여 교육활동을 파악하고 이해하는 과정이다. 다시 말하면, 예비교사는 실습지도교사의 학급 운영을 직접 관찰하면서 실습지도교사가 수행하는 수업 진행, 교재 · 교구 제작, 환경 구성, 유아지도, 학부모와의 관계, 그 밖에 학급 관리 등 교사의 모든 업무에 지도교사의 지도를 받으며 보조적 역할은 수행하면서 교사 역할의 간접경험을 통해 학급 운영에 대한 이해의 폭을 넓히게 된다.

지도실습은 예비교사가 관찰실습 및 참여실습의 경험을 기초로 하여 수업을 직접 계획 · 수행 · 평가해 보는 과정을 통해 학급 운영을 책임지는 교사로서의 역할을 직접 경험해 보며, 유아교육 운영에 대한 전반적인 이해를 하게 된다. 지도실습 단계에서 예비교사는 일반적으로 부분수업, 연결수업 및 전일수업을 하게 된다. 즉, 예비교사가 교육활동을 스스로 계획하고 수행하는 정도에 따라 한 번에 한 가지 단위 활동을 하는 부분수업, 한 번에 두 가지 연결된 단위 활동을 하는 연결수업 그리고 일과의 등원에서 귀가까지 예비교사 스스로 일과 계획을 세우고 계획한 대로 수업을 진행 · 평가하는 전일수업 등을 하게 된다.

지도실습은 교육실습의 마지막 단계이자 핵심적인 과정으로서, 예비교사는 교사로서의 학급 운영 및 관리에 대한 전반적인 계획 · 실행 · 평가까지 책임지는 책임감 있는 교사 역할에 대해 배우게 된다.

② 실무실습

실무실습은 예비교사가 실습 기간 동안 교사의 역할 중 가르치는 일을 제외한 학급의 운영 및 관리에 관련된 업무를 경험하는 것을 말한다. 실무실습의 세부 내용은 유아 관리(출석부, 관찰기록부, 건강기록부), 공문서 관리, 유치원 시설 설비 및 비품 관리, 부모회 및 부모교육 계획, 평가(유아, 교사, 교육과정), 행사 계획 및 수행, 원 내외 장학, 소방 대피훈련 계획 등이 있다.

(3) 추후실습

추후실습은 정규실습을 마친 후 정규실습의 내용을 보다 심화 · 확장시키고자 하는 목적으로 이루어진다. 일반적으로 대학에서의 형식적 계획이나 지도 없이 교육실습기관의 요구에 의해 예비교사의 개인 의사에 따라 진행되는 경우가 많다. 이러한 경우 대부분의 추후실습은 정규실습 기간에 이루어졌던 실습 내용을 중심으로 인력을 보조하는 형태로 이루어지기 때문에, 추후실습의 본래 목적인 정규실습의 심화 및 확장적 성격의 기능을 달성하기 어렵다. 이는 교사 양성 대학에서 추후실습에 대한 체계적인 계획과 지도 등 관리의 주체가 되어 직전 교육의 마지막 남은 짧은 기간을 예비교사의 전문성 신장에 힘을 기울여야 함을 의미한다. 따라서 이 기간은 매우 중요한 시간이므로, 대학에서는 교육실습기관과 추후실습 기간을 협약하여 정규실습 기간에 수업실습에 주력하느라 충분히 다루지 못했던 실무실습을 보완하는 기회로 활용할 수 있다.

3) 교육실습에 영향을 미치는 요인

예비교사의 유아교육에 대한 신념 형성 및 전문적 능력을 향상시키기 위해서 교육실습은, ① 교육실습 시 접하는 실습지도교사와 실습지도교수를 포함한 사회적 · 인적 요인, ② 실습유아교육기관의 교육 환경을 포함한 물리적 환경 요인, ③ 교육실습에 대한 기대 등을 포함한 심리적 요인 등 제반 요인을 고려해야 한다(Hersh, Hull, & Leighton, 1982). 특히 예비교사에게 실습지도교사와 실습지도교수는 가장 영향력이 큰 변인이라 할 수 있다.

(1) 실습지도교사

먼저, 실습지도교사는 실습생에게 교사로서의 태도 및 가치, 교사로서의 역할 수행 능력의 향상을 지원해 주는 인적 자원으로서 그 영향력이 매우 크다(Koster, Korthagan, & Wubbels, 1998). 실습지도교사가 실습생에게 미치는 영향이 큰 이유는, ① 실습지도교사는 교육실습 기간 동안 예비교사들과 매일 많은 시간을 함께하며, ② 예비교사에게 유아교육현장에서 필요한 지식, 기술, 태도에 대한 모델을 제공하는 가장 직접적인 전달자이고, ③ 예비교사의 교수 수행 능력을 평가하는 평가자이기 때문이다(Lowenhaupt & Stephanik, 1999; Wade, 1997). 따라서 실습지도교사가 역량과 자질을 갖추고 올바른 역할을 수행하는 것은 교육실습의 성공을 좌우하는 중요한 요인이다. 나아가 예비교사가 전문가로서의 교수 수행을 하는 데 있어서도 매우 중요한 영향을 미친다고 할 수 있다.

실습지도교사는 예비교사가 현장에서 유아교사의 역할과 태도에 대해 명확한 정체성을 확립할 수 있도록 교수기술, 지식, 태도 등의 시범을 보일 수 있어야 하며, 예비교사가 일과를 잘 진행할 수 있도록 적절한 도움을 주고, 예비교사의 행동을 주의 깊게 분석하여 객관적인 평가를 할 수 있어야 한다(배소연, 윤기영, 조부경, 1994; Taylor, 1983; Zeichner & Tabachnick, 1992).

(2) 실습지도교수

실습지도교수 역시 대학과 실습 유치원을 잇는 중요한 연결자로서 교육실습 경험이 예비교사에게 대학에서 배운 이론과 실제를 현장과 적절하게 조합하는 데 매우 중요한 인적 요인이라고 할 수 있다. Zimper, DeVoss와 Nott(1980)에 따르면, 실습지도교수는 예비교사와 실습지도교사가 성취해야 할 목적과 역할을 명확히 전달하고, 예비교사가 교육실습의 목표를 달성할 수 있도록 도와야 하며, 예비교사가 실습생으로서 겪을 수 있는 여러 가지 어려운 점을 파악하여 실제 현장에 잘 적응하도록 도와줄 수 있어야 한다.

또한 Taylor(1983)는 실습지도교수의 역할에 대하여 대학과 현장을 연결하는 매개자라고 정의하면서, 대학과 현장 간의 갈등을 적절히 조절하여 예비교사가 대학에서 습득한 이론적 측면과 현장에서 보고 배우는 실제 사이를 적절히 연결하여 조직할 수 있도록 도와야 한다고 하였다.

이와 같이 예비교사의 교육실습 과정에서 실습지도교사와 실습지도교수의 영향력은 매우 크다고 할 수 있다. 따라서 실습지도교사는 인성적 · 전문적 자질을 겸비한 실습지도 능력을 갖추고, 예비교사가 성공적인 교육실습을 통하여 전문가로 성장할 수 있도록 도와야 한다. 또한 실습지도교수는 교육현장에서 일어날 수 있는 여러 가지 변인을 고려하여 실습을 계획해야 하고, 실습지도교사와의 협의를 통하여 예비교사가 교직과 교수에 대한 올바른 신념을 형성할 수 있도록 도와야 한다.

4) 반성적 사고에 기초한 유아교육실습*

(1) 반성적 사고와 유아교육실습

교육현장에서 일어나는 교수 실제의 상황은 다양한 변인들이 복합적으로 작용하며 예기치 않았던 상황들이 전개될 수 있다. 이러한 맥락에서 교사교육 연구자들은 교사로 하여금 교실에서의 다양한 문제 상황의 원인을 인식하고, 전문적인 문제해결을 돕는 유아교사의 반성적 사고 능력을 강조하고 있다. Thomas와 Julia(2003)는 반성적 사고 경험은 예비교사로 하여금 이론과 실제 사이의 갈등을 새로운 시각에서 이해하도록 도와줄 수 있다고 하였다.

교육실습은 예비교사가 교직에 대한 인식과 태도를 형성하며, 가치관과 신념이 형성되는 중요한 활동이다(신은수, 1996; Phyfe-Perkins, 1982). 반성적 사고 능력을 갖춘 교사를 양성하기 위해서는 직전교육부터 교육실습 그리고 현직교육에 이르기까지 연계적이고 지속적으로 반성적 사고 경험의 기회를 갖는 것이 중요하다. 박은혜와 이은화(1998)는 자율적으로 의사결정할 수 있는 교사를 양성하기 위하여 현장교육에서 반성적 사고 기회를 제공하는 교육실습이 중요하다고 제안하고 있다.

(2) 예비교사의 반성적 사고 과정

[그림 6-1]의 예비교사의 반성적 사고 과정은 여러 문헌연구(박은혜, 1996; Copeland, Birmingham, Cruz, & Lewin 1993; Danielson, 1996; Dewey, 1933; Heflich & Iran-Nejad, 1995; Korthagen, 1999; Marland, 1997; Pollard & Tann, 1993; Ross, 1989; Schon, 1983; Smyth, 1989; Sparks-Langer & Colton, 1991; Surbeck, Han, & Moyer, 1991; Van Manen, 1991)에 나타난 반성적 사고 과정을 기초로 하여 도식화한 것이다.

---

* 유홍옥(2005). 반성적 사고에 기초한 유치원 교육실습과 예비교사의 발달적 변화. 중앙대학교 대학원 박사학위 논문에 기초하여 구성하였음.

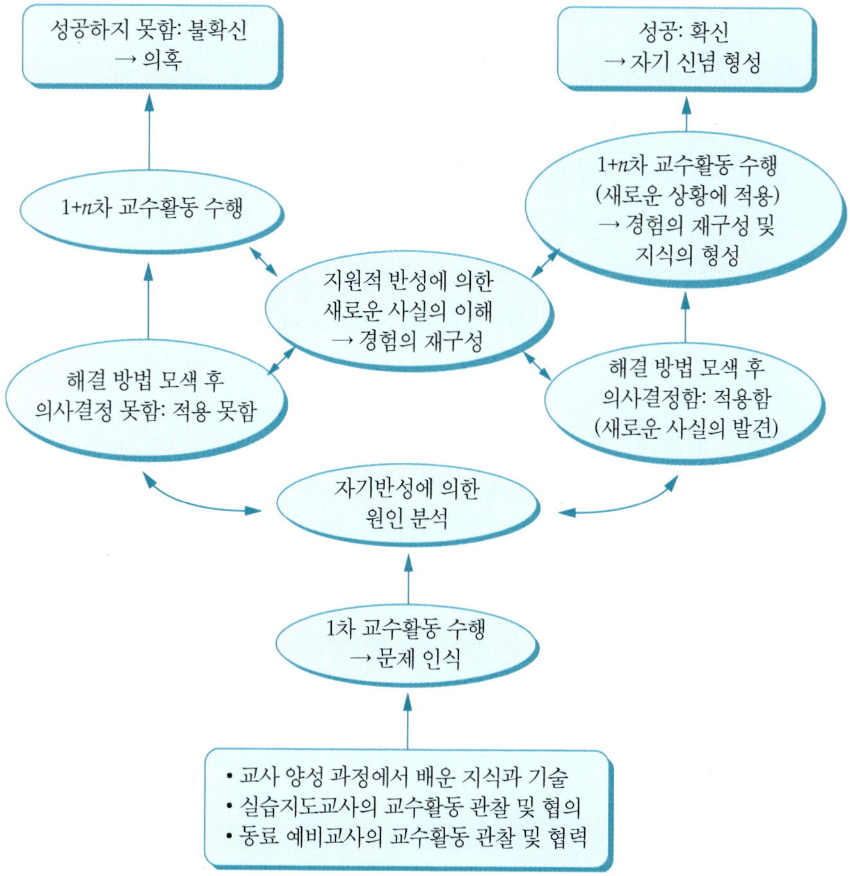

[그림 6-1] 예비교사의 반성적 사고 과정

① 1차적으로 예비교사는 현장을 이해하는 데 필요한 기본 전략으로 교사 양성 교육과정에서 배운 지식과 기술, 실습지도교사의 교수활동 관찰 및 협의, 동료 예비교사의 교수활동 관찰 및 협력 등을 사용한다.

② 예비교사는 자신의 1차 교수활동을 수행하는 과정 혹은 교수활동 전후에 나타나는 문제에 대해 인식한다. 이때 문제를 인식하면 다음 과정의 반성적 사고가 발현되지만, 문제를 인식하지 못하면 반성적 사고는 발현되지 않는다.

③ 문제를 인식한 예비교사는 다른 사람의 도움 없이 자기반성에 의해 원인을 분석한다.

④ 원인 분석을 끝낸 예비교사는 문제해결 방법을 모색한 후 새로운 사실을 발견하여 문제 상황에 적용한다. 그러나 해결 방법을 찾지 못하여 의사결정을 하지 못하는 상황도 발생할 수 있다.

⑤ 예비교사는 실습지도교사와의 사후협의회 혹은 실습지도교수와의 정기협의회 등의 협력을 통해 피드백을 받으며, 지원적 반성에 의해 새로운 사실을 이해한다.

⑥ 예비교사의 개인적 특성이나 혹은 문제 상황에 따라 지원적 반성을 통해 혹은 지원적 반성 없이 새롭게 알게 된 사실을 1+n차 교수활동에 적용하여 자신의 경험을 재구성하고 지식을 확장하기도 하지만, 그렇지 못하는 경우도 발생한다.

⑦ 예비교사는 어떠한 경우든 1+n차 교수활동에서 자신이 발견한 방법으로 성공적 경험을 하고 확신에 차면 자기 신념이 형성되어 실천적 지식으로 이어지지만, 성공하지 못하면 문제 상황에 대한 불확실성 때문에 의혹으로 이어질 수 있다.

지금까지 제시한 예비교사의 반성적 사고 과정의 경로는 항상 정형화된 일정한 순서를 거치는 것은 아니다. 성공과 실패가 교차적으로 나타나거나 다시 퇴행했다가 진보하기도 하고, 한 단계에서 반복적인 시행착오를 거친 후에 진보하는 경향이 나타나기도 한다. 또한 문제에 대한 인식은 반드시 1차 교수활동에서 발현되는 것은 아니며, 1차 교수활동을 준비하는 과정이나 교수활동 중 또는 교수활동 후 그리고 새로운 사실을 발견하거나 새로운 사실을 이해하고, 자신의 경험을 재구성하는 모든 과정에서도 나타날 수 있다. 이러한 과정은 예비교사의 개인적 특성과 문제 상황에 따라 영향을 받는다.

(3) 예비교사의 발달적 변화

일반적으로 예비교사의 반성적 사고 과정은 교육현장을 이해하는 데 필요한 기본 전략으로 교사 양성 과정에서 배운 지식과 기술, 실습지도교사의 교수활동 관찰 및 협의, 동료 예비교사의 교수활동 관찰 및 협력 등을 활용하며, 자기반성 및 지원적 반성을 통해 서서히 발달적으로 변화한다.

예비교사의 저널 쓰기는 말로 표현하기 어려운 것을 글로 표현함으로써 자신의 교수 행위를 관찰 · 분석하고 평가하는 도구적 역할을 하여 자기반성의 기회를 통해 성숙한 사고를 하게 된다. 다음에 소개하는 저널들(유홍옥, 2005)은 예비교사가 수업 중 발현되는 반성적 사고와 문제 상황 발생 시 실습지도교사를 통해 해결의 실마리를 찾아가고 있음을 보여 주고 있으며, 예비교사는 반성적 사고 과정을 반성적 저널로 기록하는 것을 효과적인 방법으로 인식하고 있다.

내가 게임판을 시범 보이면서 “그다음에는 무슨 색이 올까?”라고 질문하자, 아이들은 내가 생각하지도 못했던 반응을 보였다. 이때 나는 당황하였다. 그 순간 어떻게 아이들에게 패턴의 개념을 다시 설명해야 하는지……. (중략) 또 문제가 발생하였다. (중략) 이렇게 하면 안 되었는데, 더 좋은 방법들이 머릿속을 스쳐 갔다. 내 자신이 잘못하고 있다는 것을 느꼈다. 하지만 그런 생각을 한 것은 이미 되돌릴 수 없이 시간이 지나 버리고 난 후였다.

(예비교사 한송이, 저널)

선생님이 지나가다 보시고는 색을 어떻게 섞었는지 물어보셨다. 그러고는 내가 당황하지 않도록, 자연스럽게 다른 방법으로 컵에다가 물을 붓고 색소를 섞어서 반죽 위에 뿌리게 하셨다. 선생님은 물이 많은 듯하다면서 밀가루를 더 가져와야겠다고 하셨다. 내가 반죽을 제대로 못해 아이들에게 잘못된 반죽을 보여 줄 뻔했다.

(예비교사 김보람, 저널)

실습일지보다는 좀 더 구체적인 하루 일과에 대해 반성적 의미를 첨가한 저널을 작성하면서 나는 그날 진행한 활동이나 행동, 유아와의 상호작용을 되짚어 볼 수 있다. 예전에 자원봉사로 일주일에 한 번씩 유치원에 가서 유아들과 생활하면서 어떤 문제 상황이나 유아와의 상호작용 과정에서 내가 겪었던 일들을 반성적 사고 과정 없이 넘겼던 경험에 비추어 지금은 나 스스로 생각해도 예전보다 확실히 반성적 사고의 기회를 많이 가지게 되는 것 같다. (중략) 반성적 저널 쓰기는 유아교육에 대해 보다 더 성숙한 사고를 하게 하며, 실습 기간 5주 동안 나 스스로가 교사로서 성장해 가고 있는 느낌이 들어서 뿌듯함을 느낀다.

(예비교사 박슬기, 저널)

다음의 저널에서 예비교사는 대학에서 배운 이론의 '막연함'을 실제 경험을 통해 이해의 폭을 넓히고 있다.

준비물은 밀가루, 초록색 가루('색'에 대한 주제이므로), 식용유, 소금이었다. 나는 유아과학 시간에 발표했던 요리 수업을 생각하며 질문했다. 처음에는 밀가루에 대한 경험, 밀가루로 만들 수 있는 음식 등을 묻고, 밀가루에 대한 탐색에 들어갔다. 색을 관찰하고, 만져 보고, 냄새도 맡아 보았다.

(예비교사 김수영, 저널)

그리고 이렇게 자연스럽게 지식을 얻게 되는 과정을 겪으면서 바로 이것이 우리가 배워 왔던 교육이라는 생각을 하게 되었고, 그것을 직접 경험하게 된 것 같다. (중략) 수업 시간에 강의를 들을 때는 막연했는데, 직접 경험해 보니까 감이 오고 서서히 알 것 같다.

(예비교사 양진희, 저널)

그러다가 문득 생각난 것이 부적응 행동을 보이는 유아에게 잘못을 지적할 것이 아니라 바른 모습을 보일 때 아낌없는 칭찬을 하는 것이 더 효과적이라는 교육 내용이 생각났다. 그래서 나는 앞 좌석에 앉은 유아에게 먼저 다가가서 "○○야, 아주 바르게 앉아 있구나."라고 말했다. 그 뒤부터 그 유아는 뒤에서 친구가 이름을 부르고 등을 쿡쿡 눌러도 뒤를 돌아보지 않고 자리에 잘 앉아 있었다.

(예비교사 고은이, 저널)

요점

유치원 교육실습 및 어린이집 보육실습이란, 유치원 및 보육 교사가 되고자 하는 예비교사가 교사 자격증을 취득하기 위하여 교육실습 또는 보육실습을 4학점 내지 2학점을 반드시 이수해야 하는 교과목으로서, 예비교사는 실습을 통해 학교에서 배운 이론과 지식을 일정 기간 동안 교육 또는 보육 현장에서 자신의 교직 적성을 점검하면서 실천적 지식을 형성하는 중요한 경험적 과정이라 할 수 있다.

현재 우리나라의 유아교사를 양성하는 대부분의 대학에서는 교육실습을 사전실습, 정규실습, 추후실습 등으로 세분화하여 실시하고 있으며, 실습의 시기도 전공과목을 배우기 시작하는 학기부터 졸업하기 전 학기까지로 다양하게 실시하고 있다. 정규실습은 예비교사가 경험하는 실습 내용에 따라 수업실습과 실무실습으로 구분하며, 수업실습은 다시 예비교사의 수업 참여 정도에 따라 관찰실습, 참여실습 및 지도실습으로 나뉜다.

예비교사의 교육실습에 영향을 미치는 요인은 실습지도교사와 실습지도교수를 포함한 사회적·인적 요인과 실습유아교육기관의 교육 환경을 포함한 물리적 환경 요인 그리고 교육실습에 대한 기대 등을 포함한 심리적 요인 등이다. 특히, 실습지도교사와 실습지도교수는 영향력이 가장 큰 변인이다.

교육실습 과정에서 반성적 사고 경험의 기회는 예비교사로 하여금 이론과 실제 사이의 갈등을 새로운 시각에서 이해할 수 있도록 도와줄 뿐 아니라, 교육현장에서 예기치 않았던 다양한 문제 상황의 원인을 인식하고 해결 방법을 모색하는 데 보다 실제적으로 도울 수 있다.

예비교사의 반성적 사고 과정에는 교사 양성 과정에서 배운 지식과 기술, 실습지도교사의 교수활동 관찰 및 협의, 동료 예비교사의 교수활동 관찰 및 협력이 기반이 되었으며, 반성적 저널을 통해 자기반성 및 지원적 반성으로 나타났다.

토의문제

- 교육실습이 가지는 의미와 유치원 교육실습과 어린이집 보육실습의 차이점에 대해 함께 이야기를 나누어 봅시다.
- 교육실습을 실습 시기, 실습 내용, 실습생의 참여 정도에 따라 분류하고, 주요 내용에 대해 토의해 봅시다.
- 반성적 사고에 기초한 교육실습이 예비교사의 발달적 변화에 미치는 영향에 대해 생각해 봅시다.

참고문헌

교육과학기술부(2008). 유치원 및 초등 · 중등 · 특수학교 등의 교사자격 취득을 위한 세부기준 개정. 교육과학기술부 고시 제2008-119호 개정.

교육인적자원부(2007). 교원자격검정령 시행규칙 중 개정령. 교육인적자원부 공고 제2007-3호.

박은혜(1996). 반성적 사고와 유아교사교육. **유아교육연구**, 16(1), 56-65.

박은혜, 이은화(1998). 반성적 사고 신장을 위한 교육실습지도-실습지도교수의 역할을 중심으로. **교과교육학연구**, 2(1), 187-204.

배소연, 윤기영, 조부경(1994). 4년제 대학 유아교육과의 교육실습 현황에 관한 연구. **유아교육연구**, 14(1), 173-197.

보건복지부(2012). 2012년 보육사업 안내.

신은수(1996). 4년제 유아교사 양성 대학의 정규 교육실습이 예비교사의 현장 지식과 태도에 미치는 영향에 관한 연구. **덕성여자대학교 논문집, 제25집**, 315-328.

유홍옥(2005). 반성적 사고에 기초한 유치원 교육실습과 예비교사의 발달적 변화. 중앙대학교 대학원 박사학위 논문.

유홍옥, 유영의(2004). 전문대학 유아교육과 교육실습 현황에 관한 연구. **중앙유아교육학논집**, 8(2), 77-100.

이상귀(1992). 유치원 교사 양성제도 개선 방향. 한국전문대학 유아교육과 교수협의회.

한국교원교육학회 편(2010). **교육실습의 이론과 실제**. 경기: 교육과학사.

한국유아교육학회 편(1996). **유아교육사전(용어편)**. 서울: 한국사전연구소.

한국유아교육학회(2007). 유아교육백서(2001~2005년). 경기: 양서원.

한국보육진흥원(2013). 어린이집에서의 보육실습 지도. (재)한국보육진흥원.

Copeland, W. D., Birming ham, C., Cruz, E., & Lewin, B. (1993). The reflective practitioner in teaching: Toward a research agenda. *Teaching and Teacher Education, 9*(4), 347-359.

Danielson, C. (1996). *Enhancing professional practice: A framework for teaching.* ASCD, Alexandria, Virginia.

Dewey, J. (1933). *How we think.* Chicago, IL: Regnery.

Heflich, D. A., & Iran-Nejad. A. (1995). Reflective educational practice from the perspective of wholetheme constructivism (ERIC Document Reproduction Service No. ED 393 851).

Hersh, R. H., Hull. R., & Leighton, M. S. (1982). Student teaching. In H. E. Mitzel (Ed.), *Encyclopedia of educational research, 4* (pp. 1812-1822). New York: The Free Press.

Korthagen, F. (1999). Linking reflection and technical competence: The logbook as an instrument in teacher education. *European Journal of Teacher Education, 22*(2), 191-207.

Koster, B., Korthagan, F. A., & Wubbels, T. H. (1998). Is there anything left or us? Functions of cooperating teachers and teacher educators. *European Journal of Teacher Education, 21*(1), 75-89.

Lowenhaupt, M. A., & Stephanik, C. E. (1999). Making student teaching work: Creating a partnership (ERIC Document Reproduction Service No. ED 429 939).

Marland, P. (1997). *Towards more effective open and distance teaching.* London: Kogan Page.

Phyfe-Perkins, E. (1982). *Effects of teacher behavior on preschool children.* Urbana, IL: ERIC Clearing House.

Pollard, A., & Tann, S. (1993). *Reflective teaching in the primary school.* London: Cassell.

Posner, G. J. (1985). *Field experience.* New York: Longman.

Rodd, J. (2006). Towards a typology of leadership for the early childhood professional of the 21st century. *Early Childhood Development and Care, 120,* 119-126.

Ross, D. D. (1989). First steps in developing a reflective approach. *Journal of Teacher Education, 40*(2), 22-30.

Schon, D. A. (1983). *The reflective practitioner.* New York: Basic Books.

Smyth, J. (1989). Developing and sustaining critical reflection in teacher education. *Journal of Teacher Education, 40*(2), 2-9.

Sparks-Langer, G., & Colton, A. (1991). Synthesis of research on teachers' reflective thinking. *Educational Leadership, 48*(6), 37-44.

Surbeck, E., Han, E. P., & Moyer, J. E. (1991). Assessing reflective responses in journals. *Educational Leadership, 48*(6), 25-27.

Taylor, P. M. (1983). University supervisiors perception of their function in student teaching practicum. Unpublished Doctoral Dissertation, University of Illinois.

Thomas, E. B., & Julia, S. (2003). Helping Preservice Teachers Focus on Success for All Learners Through Guided Reflection. Presented at the 55th Annual Meeting of the American Association of Colleges for Teacher Education (ERIC Document Reproduction Service No. ED 472 683).

Van Manen, M. (1991). Reflectivity and the pedagogical moment: The normativity of pedagogical thinking and acting. *Journal of Curriculum Studies, 23*(6), 507-536.

Wade, R. C. (1997). Empowerment in student teaching through community service learning. *Theory into Practice, 36*(3), 184-191.

Zeichner, K., & Tabachnick, R. R. (1992). The belief systems of university supervisors in an elementary student teaching program. *Journal of Education for Teaching, 8,* 34-54.

Zimper, N. L., DeVoss, G. G., & Nott, D. L. (1980). A closer look at university student teacher supervision. *Journal of Teacher Education, 31*(4), 11-15.

제7장

유아교사의 현직교육과 장학

1. 현직교육

현직교육에 대한 중요성은 20세기 말 이후 국가의 경제 발전과 교육 발전이 서로 긴밀한 관계가 있다는 인식과 함께 선진국들을 중심으로 제기되었다. 특히, OECD(2010)는 경제 발전을 위해서는 교육 발전이 선행되어야 하고, 교육 발전을 위해서는 교사의 전문성을 높이는 현직교육이 필수적이라는 점을 강조하였다. 교사의 현직교육은 교사의 질적 수준을 향상시켜 교육의 목표를 달성할 수 있으며, 교사 개인의 자아실현과 만족감을 통한 동기부여의 기회로서 작용할 수 있다는 점에서 그 의의가 있다.

1) 현직교육의 개념 및 필요성

현직교육은 교사의 전문성을 향상시키기 위한 교육으로서, 새로운 지식과 기술을 익히고 교사로서의 자질을 향상시키도록 하기 위하여 실시하는 일련의 연수활동 및 초임교사의 직무 적응훈련, 재훈련 등을 포함한다.

유아교사직을 전문직이라고 할 때, 교사의 전문적 자질은 단지 몇 년간의 직전교육만으로는 충분히 개발될 수 없으며, 지속적인 현직교육을 통해서 점진적으로 성숙한 교사로 완성되어 간다(권건일, 신재흡, 2007; 박은혜, 2009; OECD, 2010). 따라서 교사는 현직교육을 통해서 새로운 지식을 획득하고, 실제 경험을 통한 교수 능력의 향상과 학습에 대한 자극을 유지하도록 격려받음으로써 전문가로서 꾸준히 변화·발전하게 되는 것이다.

(1) 현직교육의 개념

현직교육은 교사에게 있어서 급변하는 사회에 적응하면서 전문성을 유지·개발하기 위해서 그리고 교육과정의 질을 관리하는 데 있어서 매우 중요한 의미를 가진다. 『교육학대사전』(1996)에서는 현직교육을 "교사가 직무를 효과적으로 수행하고 전문적 성장을 가져오기 위한 형식적·비형식적 교육"으로 명시하고 있으며, 『유아교육백서』(2011)에서는 "교사들이 교직에 입문한 후에 계속적인 성장과 발달을 할 수 있도록 도움을 주기 위해 마련된 형식적·비형식적 연수 혹은 교육"이라고 명시하고 있다.

현직교육은 계속교육(continuing education) 연수, 전문성 개발, 교사 재교육, 현직 연수 등 여러 가지 용어로 혼용되고 있으며, 교육행정기관이 정책적으로 시행하는 각종 자격연수와 직무연수 및 교내연수, 교사들이 자발적으로 행하는 자격연수까지 포함하는 넓은 의미의 개념으로서, 학자의 관점에 따라 교육의 시기나 대상 혹은 목적에 의해 다양하게 정의되고 있다.

먼저 교육 시기나 대상의 측면에서 정의되고 있는 현직교육의 개념을 살펴보면 다음과 같다. 김종철(1988)은 임용 후에 이루어지는 교육으로서 개인적으로나 집단적으로 가질 수 있는 교직에 관한 연수활동을 광범위하게 포함하는 개념으로 정의하였다. 또한 노종희(1983)는 자격의 획득과 임용이 이루어진 후부터 발생하는 교육으로, 의무적으로 받아야 하는 것과 자발적으로 이루어지는 연수까지 포함하여 광범위하게 정의하고 있다. 그 밖에 많은 학자들이 현직교육에 대해 교사직을 수행하면서 교직 생활 전 기간 중에 이루어지는 교육·훈련의 의미를 강조하고 있다(김경이, 2001; 윤복남, 2000).

다음으로 현직교육의 개념을 교육의 목적 측면에서 정의할 수도 있는데, 정계영(1994)은 새로이 요구되는 지식, 기능 및 태도를 습득하여 교사의 전문적 성장을 돕고, 교사가 빠르게 변화하는 사회에 적응하며, 유아의 성장을 효과적으로 이끌 수 있도록 하기 위하여 실시되는 교직에 관한 연수활동으로 정의하였다. Orlich(1989)는 현직교육을 교사의 직접적인 직무 관련 기술, 기능 혹은 지식을 확대 및 개선하기 위한 목적으로 이루어지는 일련의 학습 목표 및 활동 체계라고 정의하였다.

현직교육의 개념에 대한 학자들의 견해를 종합해 보면, 현직교육이란 임용 후에 교사로서의 역할과 책무를 수행하는 과정에서 자신에게 주어진 역할 및 책무 수행에 필요한 지식과 기술 및 능력을 습득하는 것을 목적으로 자발적 또는 의무적으로 받게 되는 제반 교육활동이라고 할 수 있다. 또한 현직교육은 교사로서의 전문성 개발 면에서 계속교육의 의미를 갖고 있으며, 재충전(refreshment), 성장(growth), 적응(adaptation) 및 지위(status)의 의미가 포함되어 있다.

(2) 현직교육의 필요성

「교육기본법」 제14조 제2항에서는 교사의 임무를 "교사는 교육자로서 갖추어야 할 품성과 자질을 향상시키기 위하여 노력하여야 한다."라고 명시하고 있다. 그리고 「교육공무원법」 제37조 '연수의 기회 균등'에서는 "교육공무원에게는 연수 기관에서 재교육을 받거나 연수할 기회가 균등히 부여되어야 한다."라고 명시하고 있다. 즉, 전문성이란 끊임없이 변화·발전하는 것이기 때문에, 교사로서의 전문성을 향상·발전·심화시키기 위해서는 체계적인 현직교육이 이루어져야 할 필요가 있다(Machado & Meyer, 1997).

현직교육은 ① 교사에게 계속해서 현장을 배우고 연구하는 기회를 제공하며, ② 유아교육과 관련한 첨단의 지식을 배울 수 있는 기회를 제공하고, ③ 스스로 교직에 대한 자긍심이나 소명감을 갖도록 하는 데 도움이 된다(이은화, 배소연, 조부경, 1995). 따라서 이러한 필요성에 근거하여 현직교육의 목적은 빠르게 변화하는 사회에서 유능하게 대처하고, 직무를 효율적으로 수행하기 위하여 폭넓은 교양과 다양한 전공 관련 지식 및 기술을 습득하는 것, 직전교육에서 부족했던 부분을 보충함으로써 교사로서의 전문적 자질을 갖추기 위한 것이다.

OECD(2012)는 현직교육의 목적에 대하여 다음과 같이 설명하고 있다. 첫째, 지식과 기능을 유지시켜 준다. 둘째, 모든 직무 지식과 교육 능력을 확대 · 발전시켜 준다. 셋째, 빠르게 변화하는 사회에 대한 이해와 적절한 대응 능력을 길러준다. 넷째, 상위 자격을 취득하고, 교사의 특수한 재능과 성향을 개발하도록 한다. 다섯째, 교사 전체적으로 문화적 · 전문적 수준을 제고하고, 혁신성과 창의성을 강화하도록 한다.

즉, 유아교사를 위한 현직교육의 목적은 교육 대상과 내용에 따라 세부적으로 차이가 있을 수 있으나, 근본적으로 유아교사의 직무에 필요한 전문적 자질과 교직 생활에 대한 적응 능력을 지속적으로 개선하는 것이라고 할 수 있다.

현직교육은 교사에게 여러 측면에서 긍정적인 영향을 미치며, 그 효과가 여러 연구를 통해 검증되고 있다. 먼저, 현직교육은 교사의 태도와 신념에 직접적인 영향을 미쳐, 현직교육과 관련한 경험을 통해 교사의 행동이 비지시적 · 비억압적 상호작용의 유형으로 변화되어 가는 등 긍정적 상호작용이 증가한다(Campbell & Mibourne, 2005; Ota, DiCarlo, Burts, Laird, & Gioe, 2006). 다음으로, 현직교육을 통해 교사는 유아에게 질적인 상호작용은 물론, 우수한 교육 환경을 제공할 필요성에 대한 인식이 높아진다(Arnett, 1989). 마지막으로, 교사는 현직교육 경험을 통해 유아에 대한 인식의 변화와 함께 교사로서의 유능감 또한 향상된다(이명순, 이영미, 2006; 홍정선, 2008).

2) 현직교육의 현황

국가에서는 교사의 연수를 관련 법으로 명시하고 있다. 각종 관련 법에 제시된 교사연수 관련 규정을 살펴보면 다음과 같다.

「영유아보육법」

제23조(어린이집 원장의 보수교육)

① 보건복지부장관은 어린이집 원장의 자질 향상을 위한 보수교육을 실시하여야 한다.

② 제1항에 따른 보수교육은 사전 직무교육과 직무교육으로 구분한다.

③ 제1항에 따른 보수교육의 기간 · 방법 · 내용 등에 필요한 사항은 여성가족부령으로 정한다.

제23조의 2(보육교사의 보수교육)

① 보건복지부장관은 보육교사의 자질 향상을 위한 보수교육을 실시하여야 한다.

② 제1항에 따른 보수교육은 직무교육과 승급교육으로 구분한다.

③ 제1항에 따른 보수교육의 기간 · 방법 · 내용 등에 필요한 사항은 보건복지부령으로 정한다.

「영유아보육법 시행규칙」

제20조(보수교육의 실시)

① 법 제23조 제2항의 규정에 의한 직무교육은 보육에 필요한 지식과 능력을 유지 · 개발하기 위하여 보육시설 종사자가 정기적으로 받는 교육으로서, 교육 시간은 40시간을 원칙으로 한다.

② 법 제23조 제2항의 규정에 의한 승급교육은 보육교사가 3급에서 2급 또는 2급에서 1급으로 승급하기 위하여 필요한 교육으로서, 교육 시간은 80시간을 원칙으로 한다.

③ 제1항 및 제2항의 규정에 의한 보수교육의 내용은 보육기초, 발달 및 지도, 영유아 교육, 영유아의 건강 · 영양 및 안전, 가족 및 지역사회 협력, 보육사업의 운영에 관한 영역이 포함되도록 하되, 그 구체적인 내용은 여성가족부장관이 정한다.

④ 제1항 및 제2항의 규정에 의한 직무교육 및 승급교육의 대상자, 교육평가, 교육비 등에 관한 구체적인 내용은 별표 7과 같다.

⑤ 시 · 도지사는 매년 2월 말까지 보수교육의 수요를 파악하여 보수교육계획을 수립하여야 한다.

3) 현직교육의 유형

우리나라의 교사연수제도는 「교육공무원법」 제37조와 제41조, 「교사 등의 연수에 관한 규정」 「교사 등의 연수에 관한 규정 시행규칙」 「지방교육자치에 관한 법률」 제41조에 근거한 지방자치단체의 조례 등에 명시되어 있다.

현직교육의 유형은 현직교육의 방법, 실시 장소, 실시 주체 등 그 준거에 따라 다양하게 구분할 수 있다(NAEYC, 2008; Townsend & Bates, 2007). 학위나 자격 취득, 승진이나 승급과 같이 상위 자격 취득을 위하여 이루어지는 연수, 교사의 기본적인 직무와 연결하여 이루어지는 직무 관련 연수, 개인의 전문성 발달은 물론 일반적 자질이나 능력의 발달을 위하여 이루어지는 연수 등 연수의 목적에 따라 다양하게 구분할 수 있다.

반면 이은화, 배소영과 조부경(1995)은 교사 개인이 주도하는 현직교육, 유아교육기관에서 주도하는 현직교육 그리고 정부에서 주도하는 현직교육으로 구분하였다. 그 밖에 현직교육의 유형은 연수의 주체가 어디에 있는가에 따라 기관 중심 연수, 학교 자체 연수, 개인 중심 연수로 구분하기도 한다.

현재 우리나라에서 이루어지고 있는 현직교육의 유형은 연수의 주체를 중심으로 분류하는 것으로, 구체적으로 살펴보면 다음과 같다.

(1) 교사 개인이 주도하는 현직교육

교사 개인이 주도하는 현직교육이란, 주체가 교사 자신에게 있는 것으로 자발적인 동기에 의해 이루어지는 교육활동을 의미하며, '자율연수' 혹은 '자기연수'라고 불린다. 교사 개인이 주도하는 현직교육의 목적은 교사로서 자신의 전문성 신장 및 자질 향상이며, 이러한 목적을 위하여 교사가 선택할 수 있는 현직교육 방법에는 유아교육과 관계되는 책이나 정기간행물을 읽는 것, 비디오테이프나 텔레비전 프로그램을 시청하는 것, 유아교사 스스로의 필요에 의해 전문 단체에 가입하여 여러 형태의 현직교육 혜택을 받는 것, 교사들끼리 토의 모임을 갖거나 적극적이고 정기적으로 다른 교사들과 유아교육에 대한 토론의 기회를 갖는 것, 상급 학교 과정인 대학원이나 평생교육원에 진학하는 것 등 다양하다.

(2) 유치원이 주도하는 현직교육

유치원이 주도하는 현직교육이란, 교육현장인 원내에서 교사들의 필요와 요구에 의하여 자체의 계획에 따라 이루어지는 일련의 교육활동을 의미한다. 현직교육은 교사 각자의 전문적 실천력을 함양하고, 교육현장에서 교육활동의 질적 향상을 촉진하는 것이어야 한다는 관점에서 볼 때, 유치원이 주도하는 현직교육은 교육기관, 교육 내용, 수업 시간, 대상 연령 집단, 교사의 질적 수준 차이 등 다양한 특성을 고려하여 구체적인 교육 장면에서 교육의 전 과정을 통해 이루어지는 생동감 있는 교육이라고 할 수 있다. 유치원이 주도하는 현직교육은 유치원의 교육 목표를 달성하고, 기관의 문제를 해결하기 위한 목적으로 실시되며, 이러한 유형에는 공개수업 및 연구수업을 사전에 계획하여 유치원이나 어린이집 내의 교사에게, 혹은 타 유치원이나 어린이집의 교사에게 자신의 수업을 공개하거나 다른 교사의 수업을 관찰하고 이에 대해 토론의 기회를 갖는 것, 교사들의 관심사에 맞는 강사를 초빙하여 강의를 듣는 것, 교육현장 주도의 장학 등이 포함될 수 있다.

(3) 기관 중심(정부 혹은 지방자치단체) 현직교육

기관 중심 현직교육이란 제도적 · 법적 근거에 의해 실시되는 교육으로서, 교육의 주체가 교육부나 행정기관 또는 연수기관과 같이 외부 기관에서 계획하고 시행하는 교육을 의미한다. 기관 중심 현직교육은 자격연수, 직무연수 및 특별연수로 구분할 수 있으며, 현재 유치원 교사 연수 현황을 요약하여 제시하면 〈표 7-1〉과 같다.

〈표 7-1〉 연수 유형별 유치원 교사 연수 현황

구 분		목 적	과 정	시기 및 기간	실시 기관
자격연수		• 상급 자격 취득 • 전문성 제고 및 자질 향상	• 원(교)장 • 원(교)감 • 1급 정교사 • 2급 정교사	하계 및 동계 방학 기간 180시간(30일) 이상	• 시 · 도 지방 교육연수원 • 한국교원대학교 종합교사연수원 • 국가전문행정연수원
직무연수	일반연수	• 교육이론, 방법 및 일반 교양을 높임 • 새로운 정보 및 기술 습득	• 전공 교과과정 • 교과 전담 과정 • 컴퓨터 과정 • 특활 영어 과정 • 무용국악 연수 과정	하계 및 동계 방학 기간 60시간(10일) 이상	• 시 · 도 지방 교육연수원 • 대학 부설 초 · 중등 교육연수원 • 기타 특수 분야 연수기관으로 지정된 기관
	직무연수	• 직무 수행 능력의 향상 • 교직윤리관의 함양	• 신규 임용교사 연수 • 원장, 원감, 부장교사 직무연수 • 복직자 연수	연중 수시 1~6일	• 국가전문행정연수원 • 시 · 도 지방 교육연수원
특별연수	국외/원격연수	전문성 함양 및 자질 향상	• 시찰 연수 • 장기 현장연수 • 각급 교육청에서 지정 승인하여 운영	연중 10~12일, 방학 중 5~8주	• 시 · 도 교육청 • 국제교육진흥원

4) 현직교육의 문제점 및 개선 방안

현직교육은 교사로 하여금 지식, 이론 및 기술을 자신의 경험에 비추어 실제 교육현장에 적용하고, 그 결과에 대하여 반성적 사고를 함으로써 전문가로서의 신념과 실천적 지식을 형성해 가도록 해야 한다. 즉, 현직교육은 교사의 질적 수준을 향상시킴은 물론, 교사 개인의 자아실현과 만족감을 높임으로써 동기부여의 기회가 되어야 한다. 이러한 현직교육의 가치가 실현되기 위해서는 현재 이루어지고 있는 현직교육의 문제점을 분석하고 이를 개선하기 위한 다양한 방안 모색이 필요하다. 따라서 여기서는 현직교육의 문제점을 살펴보고, 이러한 문제점을 개선할 수 있는 다양한 방안을 모색해 보고자 한다.

우리나라 유치원 교사의 현직교육 현황의 문제점을 분석한 신은수, 박은혜, 조운주, 이경민, 유영의, 이진화와 이병호(2010)의 연구에서는 현직교육의 문제점을 크게 네 가지로 제시하였다.

첫째로, 현재 유치원 교사의 현직교육은 1급 자격연수 기회의 지연, 보직교사에 대한 지원 프로그램의 부재, 교사의 직무 역할 및 경력을 고려한 다양한 연수 프로그램의 미흡 등 생애 주기에 따른 적절한 지원과 교육이 부족한 것으로 나타났다.

둘째로, 자격연수 프로그램의 일관성과 정형성이 부족하며, 교사의 생애 주기에 따른 욕구나 해당 직무에 기초한 수요자의 요구 분석에 기반을 두지 않은 연수 프로그램의 내용을 구성하고 있는 것으로 나타났다. 특히, 자격연수 프로그램의 일관성과 정형성 부족과 관련해서는 연수 내용과 자격에 따라 연수기관이 다르게 운영되고 있는 실정이다. 초·중등 교육연수원과 지방교육연수원에서는 1·2급 정교사 자격 연수와 교감 및 원감 연수, 한국교원대학교 종합교원연수원에서는 교장 및 원장 연수가 이루어지고 있다. 지방교육연수원의 경우는 독립기관으로의 역할을 수행하고 있으나 전문 강사 요원은 부족한 상태다. 또한 초·중등 교육연수원은 교육대학과 국립대학에 부설되어 있어서 연수에 필요한 시설과 설비는 소속 대학의 시설과 설비를 활용한다는 면에서는 적합하지만 전임교수의 미확보 등으로 인한 여러 가지 문제점이 나타나고 있다.

셋째로, 현직교육 내용 대부분이 교사의 수업 역량 강화에 초점이 맞추어져 있어 유아 지도 및 학부모 상담, 학급경영, 교직윤리, 교육정책 등 비교과 영역의 역량을 강화하는 데 부족한 내용으로 구성되어 있으며, 교사 개개인의 수요를 반영한 맞춤형 프로그램이 부족함에 따라 교사 개인의 전문성 발달을 지원하는 데 한계가 있는 것으로 나타났다. 또한 동일 프로그램임에도 불구하고 현직교육을 운영하는 운영 기관에 따라 교육 내용이 매우 상이하게 제공되고 있어서 참여 기관에 따른 교육 효과가 다르게 나타날 수 있는 문제의 소지가 있다. 그 밖에도 현직교육이 대부분 단기간 혹은 일회성으로 이루어지고 있는 것도 문제점이다.

넷째로, 현직교육이란 개인, 동료, 학교의 공동 책무임에도 불구하고 개인의 책무로 제한되어 인식되고 있어서 교사에게 다양한 현직교육의 참여 기회를 독려하는 지원 체제가 현실적으로 미흡하다. 이러한 지원 체제의 부족함 더불어 교사의 업무량 과다, 연수 비용의 지원 부족 등은 이러한 현직교육의 실효성을 증대시키는 데 장애 요인이 되고 있다. 그 밖에 연수의 시기와 기간, 연수 형태가 다양하지 못하며, 공급자 위주로 편성 및 운영되는 등 연수 체제의 경직성 또한 문제점으로 나타났다.

이러한 현직교육의 문제점을 개선하기 위해서는 다음과 같은 방안을 적극적으로 모색해 볼 필요가 있다.

첫째로, 현장을 반영한 현직교육이 이루어져야 한다. 즉, 현직교육의 주체는 교육현장이 되어야 하며, 수혜자 역시 현장의 교사들이 되어야 한다. 따라서 교육현장과 직결된 현직교육이 이루어지기 위해서는 교사들이 교육현장에서 직면하는 문제를 직접 제기하고, 공동으로 해결할 수 있는 시스템이 개발 · 적용되어야 한다. 또한 교사의 요구에 기초한 내용을 바탕으로 현직교육 프로그램이 구성되어야 한다. 현직교육이 교사의 전문성 신장과 교육적 필요에 부응하기 위한 것이라면, 교사의 요구 분석을 통하여 이를 충분하게 반영한 현직교육은 매우 중요한 과정 중의 하나라고 할 수 있다.

둘째로, 다양한 방법을 통한 연수의 내실화가 필요하다. 먼저 대집단 위주의 일방적 강의식 형태가 갖는 연수 방법의 비효율성을 분석하여 교사들의 적극적인 참여를 높일 수 있는 다양한 형태의 연수 방법을 개발할 필요가 있다. 또한 현직교육은 상위 자격 취득을 위한 자격 교육뿐 아니라 교사로서의 자질 향상을 위한 다양한 내용으로 구성된 일반연수의 기회가 주어져야 한다.

셋째로, 교사의 생애 주기에 따른 현직교육은 교사의 개인적인 문제해결뿐만 아니라 교육의 발전을 위해서도 매우 중요하다. 따라서 교사의 발달단계에 따른 합의된 표준의 제시와 이를 달성하기 위한 체계적인 연구 및 연수 프로그램을 개발 · 제공할 필요가 있다.

2. 장 학

1) 장학의 개념 및 성격

(1) 장학의 개념

원래 장학(supervision)이란, superior와 vision의 합성어로서 '위에서 바라본다' 또는 '우수한 사람이 높은 곳에서 바라본다'는 뜻으로 장학 또는 지도 · 조언의 의미로 사용된다. 장학의 개념과 성격은 시대적 변화와 연구자의 관점에 따라 다양한 형태로 제시되기 때문에 한마디로 정의하기는 쉽지 않다.

장학은 크게 광의의 의미와 협의의 의미로 정의할 수 있다. 먼저 광의의 의미로서 장학은 교육에 관련된 모든 교사의 역할을 지원하는 것으로서, 행정적 업무, 학부모와의 관계, 교육과정의 설계, 교실 현장의 수업 개선까지 모든 것을 포괄한다. 이 경우는 장학의 범위가 너무 넓어서 형식적일 수 있지만, 교사에게 전체적인 안목을 제공할 수 있다는 장점이 있다. 협의의 의미로서 장학은 교사가 직접적으로 관련하는 교수-학습 상황에 국한되는 것으로서, 교수-학습 상황에 영향을 미칠 수 있는 제반적인 상황을 지원하는 것이다. 이 경우는 실질적인 교수-학습 상황의 개선과 교사의 주된 관심에 많은 지원을 해 줄 수 있다는 장점이 있는 반면, 교육현장에서 이루어지는 전체적인 상황에 주목할 수 없다는 단점이 있을 수 있다(임원신, 이진화, 2000).

(2) 장학의 성격

다음의 저널을 통해 장학의 일반적인 성격을 알아보고자 한다.

> 항상 하는 수업이지만 '연구수업' 이라는 타이틀이 붙게 되면 사실 더 긴장하기 마련이지만, '평소처럼, 평소처럼만 하자.' 하는 마음으로 준비하였다. 누군가에게 평가를 받는다는 사실은 긴장되고 두렵기도 하지만, 한편으로는 객관적으로 나를 바라볼 수 있는 기회와 좀 더 수준 높은 수업을 고민하는 시간이 될 것 같았다. 그러나 연구수업을 마친 지금, 무엇보다도 수업에 대한 아쉬움과 수많은 물음표는 지금까지도 내 마음속에 생생히 살아서 질문이 멈추지 않는다. 긴장감과 아쉬움 속에 마친 연구수업……. 연구수업을 함으로써 얻은 것은, 교사로서의 나를 객관적으로 평가받을 수 있었다는 점과 좀 더 좋은 수업에 대해 고민하게 되었다는 점 그리고 미비하고 보완되어야 할 점들에 대한 개선점을 발견하였다는 점인 것 같다.
>
> (김 교사, 저널)

신현석(2000)은 장학의 성격으로 관료성 대 전문성, 개선 대 평가, 조직 발전 대 개인 발전, 교육행정기관 대 단위 학교로 분류하여 서로 대비되는 개념적 접근으로 범주화하였다. 장학활동은 장학기관과 피장학기관, 장학요원과 피장학요원의 입장에 따라 목적에 차이가 있으며, 이러한 입장의 차이는 서로 대비되는 양상으로 나타나고 있다. 이와 같이 장학활동은 외현적으로는 상반되는 개념적 성격을 지니고 있지만 기능적으로는 상호 보완적인 성격도 공존한다.

앞서 제시한 김 교사의 저널을 보면, 연구수업에 앞서 타인에 의해 자신의 수업이 평가받는다는 두려움과 동시에 연구수업을 통해 자신의 수업이 개선될 것이라는 기대감 등 양가감정으로 인해 갈등하고 있다. 또한 김 교사의 저널을 통해 알 수 있는 사실은, 단위 학교 장학 형태인 유치원에서 김 교사는 연구수업을 함으로써 자신의 수업이 개선되고 개인의 발전이 이루어질 것이라는 데 의미를 두고 있다는 것이다. 한편 장학자인 원장은 교사 개인의 수업 개선을 통해 조직의 발전을 기대할 것이며, 나아가 교육행정기관의 목표 달성으로 이어지는 상호 보완적인 성격을 띠고 있다.

2) 장학의 유형

장학은 시대적 변화와 연구자의 관점에 따라 다양한 형태로 제시되고 있다. 여기서는 앞서 정의한 협의의 장학인 교사의 교수-학습 상황 개선에 국한되는 것으로서, 유아교육기관 원내장학 중심의 수업장학, 임상장학, 동료장학, 약식장학 및 자기장학에 대해 살펴보고자 한다.

(1) 수업장학

수업장학은 그 장학활동이 대상과 영역을 교사에 국한하고 교수-학습 과정에서 수행하는 수업자의 수업 행위나 기술을 향상시키려 한다는 측면에서 일반 장학과 구별된다. 우리나라에서 수업장학을 처음 현장에 적용했던 한국교육개발원(고영희, 김홍원, 서혜경, 구자억, 1984)은 ① 사전협의회, ② 자료 수집, ③ 분석 및 전략 수립, ④ 사후협의회, ⑤ 적용, ⑥ 평가 등 6단계 모형을 제시하였다. [그림 7-1]은 교육인적자원부(2001)에서 제시한 수업장학 과정이다.

1. 장학 계획의 수립

① 장학 영역(focus) 설정

예) 이야기 나누기 활동에서 주의 집중 방법, 새 노래 지도에서 노랫말 전달 방법, 자유선택 활동 시간 이후의 평가 방법, 효율적인 전이활동 등

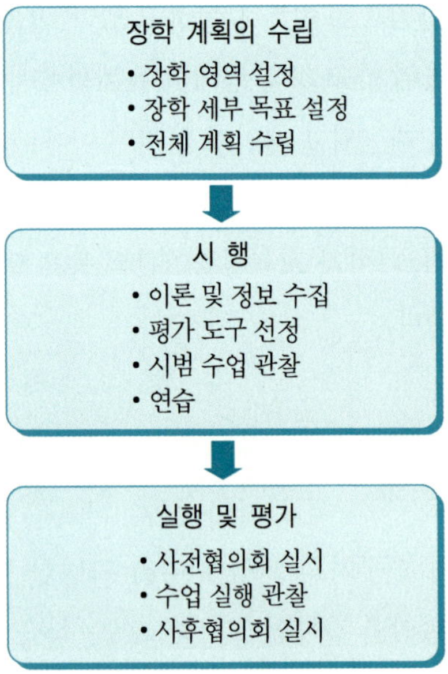

[그림 7-1] 수업장학 과정

② 장학 세부 목표 설정

③ 전체 계획 수립

2. 시 행

① 이론 및 정보 수집

- 선정된 장학 영역과 목표에 관련된 이론을 학습하고, 필요한 정보를 수집한다.
- 정보 수집 방법에는 관련 도서나 인터넷 사이트 찾기, 동료 교사와의 토론 등이 포함된다.

② 평가 도구 선정

- 교사의 수업을 관찰할 수 있는 평가도구(예: 체크리스트)를 선정한다.

③ 시범 수업 관찰

- 체크리스트를 가지고 동료 교사의 실제 수업이나 비디오테이프를 관찰한다.
- 관찰한 수업에 대해서 논의한다.

④ 연습

- 이론 및 수업 관찰을 기초로 장학을 받고자 하는 영역을 연습한다.

3. 실행 및 평가

① 사전협의회 실시

- 편안한 분위기를 조성한다.
- 실행할 수업 전반(예: 수업 목표, 준비물)에 대해 이야기한다.
- 장학 영역의 목표에 대해 이야기한다.
- 평가 방법의 목표에 대해 이야기한다.
- 사후협의회 시간을 결정한다.

② 수업 실행 관찰

- 수업을 관찰하거나 비디오로 촬영한다.
- 관찰된 수업을 평가표로 평가한다.

③ 사후협의회 실시

- 편안한 분위기를 조성한다.
- 실행한 수업 전반(예: 수업 목표, 내용, 준비물)에 대해 이야기한다.
- 장학 영역의 목표에 대해 이야기한다.
- 다음 협의회의 주제를 정한다.

(2) 임상장학

임상장학이란, 교사의 교수기술의 향상을 위하여 교육현장의 교사에게 직접적인 도움을 주고, 협의를 하며, 지원을 하는 교사의 수업 행동에 초점을 맞춘 체계적이고 집중적인 순환적 과정을 의미한다(윤영애, 신은수, 2005).

임상장학은 장학의 범위를 교실에서 일어나는 수업이나 활동에 초점을 맞추고, 교사가 문제로 여기는 부분을 제한적으로 개선해 나가려는 특징을 가지고 있다. 즉, 교사의 필요와 요청에 의하여 이루어지는 장학이기 때문에 '교사 중심

장학' 이라고도 할 수 있다.

임상장학은 권위적이고, 형식적이며, 일회성으로 특징지어지는 장학과 달리 교사의 개별적인 요구 및 발달 수준을 고려하는 발달적 관점을 취한다(교육인적자원부, 2001; 박은혜, 박혜경, 2005; 윤영애, 신은수, 2005; 이윤식, 1999; 조부경, 백은주, 2002; Cogan, 1973; Glatthorn, 1984; Glickman, Gordon, & Ross-Gordon, 2001; Kagan, 1988; Katz, 1972). 발달적 관점의 임상장학은 교사의 전문적인 성장을 촉진하기 위한 체계적이고 계획적인 장학 프로그램이며, 교실 내의 수업기술 개선이라는 목표하에 장학요원과 교사 간 일대일의 친밀한 관계 속에서 수업계획 협의회, 수업관찰, 피드백 협의회 등의 과정을 거치는 장학의 한 방법이다(주삼환, 2003). 신은수 등(2010)은 유치원 교사의 생애 주기별 역량 강화 방안으로 유치원 교사의 경력별 · 직급별 맞춤형 교사 강화 프로그램 개발의 필요성을 강조하고 있다.

(3) 동료장학

동료장학은 관심 분야가 같은 교사들이 모임을 이루거나 또는 경력교사와 초임교사가 팀을 이루어 상호 간에 수업을 공개 · 관찰하고 이에 대한 의견을 교환함으로써 수업 연구 과제를 해결하거나 수업 방법을 개선하거나 공동의 관심사나 공동 과제를 해결하기 위해 협의하고, 전문적 · 개인적 · 조직적 발달을 도모하는 장학활동의 한 형태다(황용준, 1994).

동료장학의 효과에 대해 교육인적자원부(2005)는, ① 교사들은 동료와 함께 계획, 교수 및 평가하는 과정을 통해 공동체 의식이 형성되며, ② 동료 교사가 처한 다른 상황을 접해 봄으로써 다양한 형태의 수업을 이해하고, 활용 기회를 제공받으며, ③ 동료로부터 받는 피드백을 통해 자신의 교수 내용과 과정에 대해 반성적 사고를 불러일으키고, ④ 사전–사후 협의 과정에서 전문적 용어를 사용함으로써 교수에 대한 지식이 향상되며, ⑤ 교사들 간에 상호 도움을 주고받는 코치의 역할을 통해 교사교육자로서의 역할이 확장될 뿐만 아니라, ⑥ 교사에게 새로운 실천을 실험하고 시도하도록 장려하고 자신감을 높여 준다고 밝혔다.

장학요원에 대한 연구에서 신은수와 권미경(2004)의 연구는 초임교사의 역할 수행에 영향을 미치는 유의미한 타인으로 교육과정 설계자, 수업계획 및 수행자, 진단자의 역할에 대해 원장과 원감보다 선배 교사의 영향력이 가장 높게 나타났다. 또한 원내장학에서 원장보다 부장교사를 장학요원으로 선호한다는 연구(박막숙, 2003; 임갑빈, 1983; McFaul & Cooper, 1983)에 따르면, 교사들은 부장교사를 동료로서 더 강하게 의식하기 때문에 라포 형성이 더 잘될 것이라고 해석하고 있어 동료와의 장학에 대해 긍정적으로 보고 있음을 알 수 있다. 이와 같이 교사들은 자신의 장학요원으로 동료를 선호하는 경향이 나타났는데, 이러한 동료장학이 성공하기 위한 조건으로 교육인적자원부(2005)는 교사들 간의 신뢰적인 인간관계 형성, 동료장학이 상호 간에 도움을 주고받는 활동이라는 인식, 교사의 적극적인 참여의식 등을 들고 있다.

학급 규모별 교사 역량 강화 방안 연구에서 신은수 등(2010)은 1, 2학급으로 구성된 소규모 유치원의 경우, 교사의 수가 부족하여 교사의 전문성 및 역량 강화를 위한 연수 또는 장학에의 참여가 제한된다는 점을 들어, 도시형 거점 유치원을 두고 멘터(mentor) 혹은 경력교사 1인을 추가 배치하여 거점 유치원과 연결된 유치원 교사들의 역량 개발을 지원할 것과, 소도시 및 농어촌 지역형 순환원감(교사)제를 두어 지역교육청 소속의 순환원감(멘터)을 임명하여 2학급 미만의 유치원과 원감 배정을 할 수 없는 유치원을 중심으로 '학습공동체(professional learning network)'를 운영할 것을 제안하고 있다. 교육인적자원부(2005)도 동료장학을 학급의 규모에 따라 단일학급, 두 학급, 다 학급 유치원의 동료장학으로 구분하여 제시하고 있다.

동료 협력 과정에서 나타나는 멘터링(mentoring)은 초보자가 사회의 유능한 구성원이 되는 것을 돕기 위해 경험 및 기술 수준이 높은 사람과 경험 및 기술 수준이 낮은 초보자 사이에 발생하는 복잡하고 상호작용적이며 역동적인 지원 과정으로 정의되며(Scott, 1999), 교육 분야에서 멘터의 역할은 초임교사의 전문성을 신장시킬 목적으로 좀 더 기술과 경험이 있는 사람이 역할모델, 교수자, 지원자, 지지자 및 상담자의 역할을 하는 것을 의미한다.

멘터링과 동료장학의 중요한 차이점으로, 멘터링은 한 사람을 전문가로, 다른 한 사람은 지식을 받아들이는 사람으로 본다는 것이다(윤기옥, 1995). 동료장학이 동료 간 전문성 신장에 초점을 맞추는 활동이라면, 멘터링은 전문성의 신장 외에 정서적 유대 관계가 강조된다. 따라서 전문적인 지식과 경험이 있는 숙련된 교사는 장학요원 혹은 멘터로 불리고, 이들의 전문적이고 정서적인 지원을 통해 개인적, 전문적으로 발달해 가는 교사는 피장학요원 혹은 멘티(mentee)로 불린다(Ford & Parsons, 2000; Wang & Odell, 2002).

(4) 약식장학

약식장학이란, 원장 및 원감이 간헐적이며 짧은 시간 동안 학급 순시나 수업 참관을 통하여 교사의 수업활동 및 학급경영을 관찰하고, 이에 대해 교사에게 지도 및 조언을 제공하는 활동을 의미한다. 실제로 신은수와 권미경(2004)의 연구에서 초임교사가 직무 수행을 할 경우, 원장 및 원감을 연구자, 행정업무 관리자, 진단자 측면에서 직무를 의논하거나 협력자로서의 의미를 부여하고 있음을 보고하였다.

약식장학은 원장・원감의 계획과 주도하에 전개되는 비공식적인 성격이 강한 활동이며, 다른 형태의 장학에 대해 보완적이고 대안적인 성격을 가진다(이윤식, 1999). 이러한 약식장학은 몇 가지 중요한 의미를 가진다(김은주, 권미량, 2008). 첫째로, 원장이나 원감이 교사들과 함께 호흡할 수 있는 기회를 마련하게 된다. 즉, 학급에서의 활동 및 일과의 개선을 위해 함께 참여하고 논의할 수 있는 기회가 된다. 둘째로, 원장 및 원감은 교사들의 일과와 유아들의 일상을 관찰함으로써 학급과 기관의 특성에 대해 이해력을 넓히고, 지도 및 조언을 하는 기회를 가질 수 있다. 셋째로, 유치원의 전체적인 실태를 파악할 수 있는 정보를 수집하게 되어 장점과 문제점을 찾아냄과 동시에 지원 방안을 모색하는 중요한 계기가 될 수 있다는 점에서 유용하다.

(5) 자기장학

자기장학은 교사가 자신의 전문적 성장과 교수에 대한 자기 개선을 위하여 외부의 간섭 없이 스스로 계획을 세우고 이를 실천하는 과정이라 할 수 있다. 몇몇 연구(박은혜, 김명순, 2002; 오진석, 임연기, 1987)에 따르면, 교사들은 외부 장학 담당자로부터의 장학지도는 권위주의적이고, 형식적이며, 평가 위주인 것으로 인식하고 있다. 따라서 장학의 효율성을 높이기 위해서는 교사 자신이 주체가 되어 이루어지는 자율장학의 한 형태인 자기장학이 활성화되어야 한다.

Burden(1982)은 교사의 발달단계를 생존 · 조정 · 성숙 단계로 나눈 뒤 단계가 높아질수록 비지시적이며, 자기장학적인 유형이 더 효과적이라고 밝히고 있다. Glickman 등(2001)도 교사의 직무 수행 능력과 추상적 사고 수준이 높은 교사는 비지시적 장학 유형이 더 효과적이라고 하였다.

교육현장에서 활용될 수 있는 자기장학의 주요 방법은 다음과 같다(이윤식, 1993).

- 자신의 수업을 녹음 또는 녹화하여 분석하거나 체크리스트를 사용함
- 자신의 수업이나 생활지도, 학급관리 등에 관해 유아, 학부모, 동료의 피드백을 받음
- 전문 서적 및 전문 자료의 탐독과 활용
- 전공 관련 대학의 편입학 및 대학원 진학
- 학술단체, 연구기관 등 전문기관 방문 및 상담
- 학술 발표, 강연회, 연수, 교과연구회, 시범 수업 공개회 등에 참석함

교사가 자신의 발전을 위하여 외부의 간섭이나 통제를 받지 않고, 스스로 계획을 세우고 이를 실천에 옮기며, 그 결과에 대하여 자기반성과 자기수정을 거듭하는 과정은 진정한 의미의 장학이라 할 수 있다.

3) 장학의 사례 – 동료장학

(1) 준비하기

① 동료장학 팀의 구성

현장에서 일반적으로 사용하는 교사 상호 간에 수업을 공개 · 관찰하고 협의하는 동료장학은 몇 가지 어려운 점을 수반하는데, 그 이유는 다음과 같다. 먼저, 각 학급의 담임을 맡고 수업을 책임져야 하는 교사가 타 학급의 장학요원으로 참여하기 위해 자신의 학급을 장시간 비운다는 것은 쉬운 일이 아니기 때문이다. 다음으로, 일 년에 1, 2회 정도의 장학활동이 교사의 수업 개선에 얼마만큼 효과적인가 하는 문제가 있다. 따라서 이러한 문제를 보완하기 위해 다음과 같은 방법으로 운영할 수 있다.

첫째로, 새 학년도에 담당하게 될 학급의 교사를 미리 배정한다. 즉, 전년도 동계 방학이 시작되면 교사 개별 면담 및 전체 교사 회의를 거쳐 새 학년도의 담임을 일찍 결정한다. 학급 배정을 비교적 이른 시점에 결정하는 것은 기관에서의 동계 방학은 일 년간의 교육활동에 대한 평가 기간이기도 하지만 새 학년도에 대한 준비 기간으로 활용할 수 있기 때문이다.

둘째로, 각 학급의 담임 배정은 동료장학의 효율성을 높이기 위하여 교사의 경력 및 개인적 성향과 교사 간의 친밀도 등을 고려하여 최적의 팀이 되도록 해야 한다. 이때 교사의 경력은 멘터와 멘티가 되어 멘터링의 성격을 지닐 수 있도록 고경력 교사와 저경력 교사가 한 팀이 되도록 한다.

셋째로, 한 팀을 이룬 동료 교사는 새 학기의 장기 · 단기 계획의 수립은 물론, 학기 중에는 일과 수업 후 그 결과에 대해 협의하고 조언하며 문제를 함께 해결하면서 서로 돕는다. 이러한 방법은 동료 간의 정보 교류와 협의가 일상화되어 각 교사의 수업 개선 및 학급 운영에 직접적으로 도움을 받을 수 있다.

이와 같은 방법들은 초임교사 또는 저경력 교사에게는 고경력 교사가 가진 경험으로부터 오는 여러 가지 교수–학습 방법 및 학급 경영에 대한 지식 및 기술을 전수받으며 서서히 전문성을 키워 갈 수 있다는 장점이 있으며, 고경력 교사도 동료장학 또는 멘터링 과정을 통해 타인의 관점에 대한 이해의 폭을 넓히며, 또한 후배 교사를 지도하는 입장에서 자신의 지식과 기술을 스스로 점검하게 한다.

② 동료장학 팀의 유형

현장에서 동료장학 팀의 구성은 여러 형태로 나타날 수 있지만, 일반적으로 다음과 같은 점을 고려하여 구성한다.

- 같은 연령의 학급이 두세 학급인 경우 두세 명의 교사가 한 팀을 이루는데, 이때 고경력 교사와 저경력 교사를 한 팀으로 구성하는 방법
- 같은 연령의 학급이 네 학급인 경우, 두 학급씩 두 팀으로 구성하는 방법
- 한 학급에 교사가 두 명 배치되는 경우, 고경력 교사와 초임교사 또는 저경력 교사가 한 팀을 이루도록 구성하는 방법
- 같은 연령이 단일 학급인 경우, 다른 연령의 학급의 교사와 서로 팀을 이룰 수 있도록 경력의 조화를 고려하여 학급 담임을 배치하거나 또는 이때 원감이나 부장교사 등이 멘터로서 팀이 되는 방법
- 경력과 상관없이 교사들의 개인적 · 공통적 관심사에 따라 팀을 구성하는 방법

(2) 동료장학 사례: 초임교사–경력교사 멘터링

다음은 만 4세 학급에서 경력이 8년 3개월의 고경력 교사와 교사가 된 지 3개월밖에 안 된 초임교사가 주담임과 부담임으로 지내며 학부모 상담에서 겪게 되는 초임교사의 어려움을 멘터인 경력교사와 협의해 가며 전문적 · 정서적 지원을 통해 해결해 가는 과정을 기록한 저널 및 교사 협의 과정이다.

① 1단계: 문제의 확인

초임교사(멘티)는 학부모 상담 시 부모와의 의사소통이 원활하지 않아 문제가 발생되었다. 경력교사(멘터)는 저널을 통해서 초임교사가 학부모와의 관계에서 어려움을 겪는 내용을 발췌함으로써 초임교사가 직면하고 있는 문제를 파악하고 교사 협의를 계획하는 단계다.

▶ **초임교사 저널: 학부모 상담 중 문제 발생**

하원 시간만 되면 긴장되기 시작한다. 준서 어머니는 준서의 일과에 대해 교사와 매일 이야기 나누기를 원하시는데, 특히 친구 관계에 대해 아주 민감한 반응을 보이신다. 자녀의 말만 믿으시는 준서 어머니…… 어머니의 입장이 되면 물론 속이 상하시겠지만 왜 교사의 말을 믿지 못하시는 걸까? 내가 이야기를 잘 전달하지 못해서 그런 걸까? 아니면 평소에 나에 대한 믿음이 없으신 걸까? 어떻게 하면 준서의 유치원 생활을 있는 그대로 받아들이고 준서의 원만한 유치원 생활에 도움을 줄 수 있도록 안내할 수 있을까?

▶ **경력교사 저널: 초임교사 저널 및 관찰을 통해 문제 확인 후 교사협의회 계획**

현재 박 교사는 준서 어머니가 자녀 문제에 대해 예민하게 생각하고 계시기 때문에 준서 어머니만 보면 긴장을 한다. 그러다 보니 준서 어머니와 상담하는 데 있어서 자연히 자신감이 떨어지는 것 같다. 교사에게서 풍겨 나오는 신뢰감 있는 목소리와 몸짓은 자녀를 맡기는 부모에게 안심하고 유치원에 보내는 데 중요한 요인이 된다. 또 어떠한 객관적인 자료 없이 유아의 생활에 대해 '잘 지낸다'는 말은 자녀의 친구 관계에 대해 무척 부정적으로 생각하는 부모에게는 설득력 있게 다가가지 않는 것 같다. 준서의 생활을 자세히 기록한 자료가 있을 경우, 아이의 문제 상황에 대해 설득력 있게 말씀 드리는 데 도움이 될 것이다. 내일 박 교사와 함께 이 부분에 대해 이야기를 나누어 봐야겠다.

② 2단계: 문제 분석 및 진단

경력교사와 초임교사가 협의 과정을 통해 문제를 진단 · 분석하는 단계다. 이 과정에서 초임교사가 직면한 문제에 대하여 부모 상담 시, 유아 발달에 관한 객관적인 증빙 자료를 제시하지 못해 학부모에게 신뢰감을 줄 수 없었던 점이 부모와 교사 간의 원활한 대화를 이끌 수 없었던 주요 원인으로 진단 · 분석하였다.

▶ **교사협의록: 초임교사와 경력교사의 협의회**

초임교사: 준서 어머니가 귀가할 때마다 준서의 일과에 대해 물으시기 때문에 더 자주 관찰하려고 노력하고 있는데, 왜 아이의 말만 믿고 자꾸 그러시는지, 제가 초임이라는 걸 아시고 그러는 건지 잘 모르겠어요.

경력교사: 그랬군요……. 혹시 관찰했던 것을 글로 쓰거나 사진에 담아서 준서 어머니께 보여 드린 적은 없나요?

초임교사: 그런 적은 없는데요. 놀이한 결과물은 보여 드린 적은 있어도……. 그랬더니 집에서도 요즘 이렇게 그린다고 흐뭇해하시면서 내일 유치원으로 보내겠다고 하셨어요.

경력교사: 아주 잘했네요. 준서 어머니께는 준서의 생활을 뒷받침할 만한 자료를 보여 드리면 도움이 될 것 같아요. 또 초임교사여서 부모님의 입장에서는 선생님이 충분히 아이의 생활에 대해 이야기를 들려 드렸다고 해도 불안한 마음이 있으실 수 있어요. 좀 더 자신감 있게 어머니께 말씀 드려 보도록 노력해 봐요.

③ 3단계: 문제해결 방안 모색

앞의 1, 2 단계의 문제 확인 및 진단 · 분석하는 과정에서 발견한 문제의 해결 방안을 구체적으로 모색하는 단계다. 즉, 측정 도구를 활용한 유아 관찰을 통해 객관적 자료를 수집하는 방법과 경력교사와 모의 면담을 시연하여 초임교사의 학부모 면담 기술을 향상시키는 방안 등이 있다.

▶ 교사협의록: 객관적 자료 수집 및 면담 시연에 대한 협의

경력교사: 지금 아이들의 발달 상황을 기록하기 위해 어떤 도구들을 사용하고 있지요?

초임교사: 일화기록을 하고, 영유아 발달 평가도구를 사용하고 있어요.

경력교사: 준서에게 문제 상황이 생겼을 때 그 상황을 자세히 관찰하고 기록할 수 있는 여러 가지 방법에 대해서 좀 더 고민을 해 봐야 할 것 같네요.

초임교사: 네. 그런데 선생님, 준서 어머니 앞에만 서면 자꾸 긴장돼요. 자료를 준비해도 제대로 잘 설명하지 못할 것 같아요.

경력교사: 그럴 거예요. 나도 초임 시절에는 아이들 앞에 서는 것도, 학부모님 앞에 서는 것도 긴장되고 어려웠답니다. 그럼 자료가 조금씩 준비되는 대로 저와 면담을 시연해 보는 기회를 가지면 어떨까요?

▶ 경력교사 저널: 교사협의 결과에 대한 구체적인 계획

준서의 어머니는 준서가 친구 관계에서 큰 어려움을 겪고 있다고 믿고 있기 때문에 유치원에서의 원만한 생활을 구체적으로 뒷받침할 수 있는 자료를 제시해 주어야 한다. 지금 박 교사가 일화기록과 영유아 발달도구를 사용하고 있는데, 준서의 어머니께는 준서와 친구와의 문제 상황에 대해 보다 자세히 알 수 있도록 하는 발달 측정 도구가 필요하다. 특정 상황에 대해 보다 자세히 기록할 수 있는 도구를 찾아서 적용해 보도록 해야 하며, 이 기회를 통해 여러 유형의 발달도구가 가지고 있는 특성에 대해 다시 살펴보는 기회를 가져야겠다. 또 한 가지 문제는 박 교사가 초임교사다 보니 학부모를 대할 때 긴장하고, 이러한 점이 학부모에게 믿음을 주지 못하는 것 같다. 나와 함께 시연하는 기회를 갖는 것이 초임교사의 입장에서는 부담이 될 수 있지만, 학부모를 대할 때 보다 자신감을 갖고 상담하는 데 도움이 될 것 같다.

▶ **교사협의록: 측정 도구 선정**

경력교사: 우선 지금 하고 있는 일화기록을 꼼꼼히 하고, 준서 같은 경우에는 친구와의 다양한 놀이 상황을 자세히 관찰할 수 있는 '사건 표집법'을 사용하는 것이 좋을 것 같아요. 또 발달 평가도구의 경우 사회성 발달 평가에 초점을 두고 관찰하되, 평가 지표를 꼼꼼히 읽어서 각 평가 문항에 대해 잘 이해하고 사용해야 정확한 발달 평가에 도움이 될 거예요.

초임교사: 네. 그럼 사회성에 초점을 두고 사건 표집법과 발달 평가도구를 사용해서 관찰해 볼게요.

경력교사: 자료가 준비되는 대로 시연하는 기회를 가진 후 학부모님과 면담을 해 보기로 해요.

④ 4단계: 문제해결 방안 적용

앞에서 교사 간 협의한 문제해결 세부 방안에 따라 진행하는 단계다. 즉, 초임교사의 문제해결 방안은, ① 유아의 발달에 관한 객관적 자료를 수집하고 정리하기, ② 경력교사와 면담 시연하기, ③ 학부모와 면담하기 등이다.

• 유아 발달 자료 수집 및 정리하기

▶ **초임교사 저널: 자료 수집의 어려움 1-사건 표집법**

멘터 선생님께서 알려 주신 대로 사건 표집법을 사용해 보았다. 준서를 관찰하려고 할 때 윤지가 물을 쏟았다며 교사에게 왔다. 윤지가 쏟은 물을 닦은 후 다시 준서를 관찰하러 갔다. 그런데 이미 준서는 친구와 함께 있지 않고 미술 영역에 그림을 그리러 간 상황이었다. 또다시 준서의 어머니가 평소에 준서와 사이가 안 좋다고 생각하는 동연이와 함께 놀이를 하고 있어서 관찰을 하러 간 사이에 이번에는 지원이가 문에 손이 끼어 다치는 상황이 발생했다. 준서를 관찰하려고 하니, 다른 유아들에게는 소홀했는지 공교롭게도 평소보다 아이들에게 크고 작은 문제 상황이 많이 생겼다. 결국 준서의 친구 관계에 대한 관찰도 제대로 해 보지 못한 채 오늘 일과가 끝나 버렸다.

▶ **초임교사 저널: 자료 수집의 어려움 2-체크리스트**

영유아 발달도구를 이용해서 사회성 발달을 체크해 보았다. 그런데 막상 준서의 행동을 관찰하려는데 무엇을 관찰해야 할지, 지금 보이는 행동이 어떤 지표에 해당하는지 혼동되었다. 발달도구를 읽어 볼 때는 '아, 이런 거구나.' 하고 이해가 되었는데 막상 체크하려고 하니 '문장에 대해 명확하게 이해하고 있지 못하다.'는 것을 깨닫게 되었다. 아이들의 발달을 평가하기 위해서 교사가 그 전에 얼마나 충분히 사전 지식을 가지고 시작하는 것이 중요한지 새삼 느끼게 되었다.

▶ **경력교사 저널: 유아 관찰 및 기록 방법에 대한 정보 제공의 필요성**

지금의 초임교사도 나와 같은 실수를 반복하지 않도록 관찰 시 적정 인원을 정할 것과 관찰을 하는 동안에도 전체 학급관리에 소홀히 해서는 안 됨을 이야기해 주었다. ……또 발달 평가도구를 사용할 때도 사전에 평가지표를 충분히 숙지해야 할 것과 평가지표와 관련된 유아들의 행동에 대해서도 구체적인 예를 들어 알려 주어야겠다.

- 경력교사와 면담 시연하기

▶ **초임교사 저널: 면담 시연을 통해 자신감을 찾아가기**

멘터 선생님께서는 학부모에게 아이의 발달에 대해 이야기할 때는 긍정적인 부분을 먼저 말씀 드리면 안심을 하고 이야기를 잘 들으신다는 이야기를 해 주셨다. 잘 염두에 두었다가 면담 시에 이런 순서로 해 봐야겠다. 또 시연해 보니 처음 시작할 때보다는 내가 정리한 것을 조리 있게 이야기하고 있는 나를 느낄 수 있었다. 멘터 선생님만큼은 안 되겠지만 조금씩 교사로서 권위 있고 자신감 있게 그리고 떳떳하게 학부모를 대하는 미래의 내 모습을 상상해 본다.

▶ **경력교사 저널: 시언 과정에서 부모의 입장 경험하기**

박 교사와 면담을 시연해 보았다. 부모의 입장이 되어서 교사의 이야기를 들을 수 있었다. 매번 교사의 입장에서 아이들에 대해서 관찰하고 이야기를 하다가 막상 부모의 입장이 되고 보니 좀 더 객관적으로 교사의 모습을 볼 수 있었고, 교사의 대화기술의 중요성도 느낄 수 있었다. '이 교사가 내 아이의 선생님이다.' 라는 생각을 갖고 면담을 하다 보니 내 아이에 대해 부정적인 부분을 이야기할 때 교사가 객관적인 관찰을 바탕으로 기록한 자료 없이 나에게 이런 이야기를 했다면 '혹시 이 선생님이 내 아이에 대한 편견을 갖고 있는 것이 아닌가?' 하는 오해의 소지가 있을 수 있을 것 같았다. 또 교사가 확신을 갖고 이야기하지 않고 대충 떠오르는 대로, 그것도 자신감 없이 이야기한다면 '선생님에 대한 믿음이 생기지 않을 수 있겠다' 는 생각도 들었다. 부모님께 신뢰감을 주는 교사가 되기 위해서는 지속적인 노력을 해야 함을 새삼 느꼈다.

• 학부모와 면담하기

▶ **초임교사 저널: 학부모와의 성공적인 면담**

오늘은 내가 먼저 준서 어머니께 다가가서 인사를 건넸다. 늘 준서 어머니께서 먼저 말씀을 건네셨는데, 내가 먼저 다가가서 인사를 하자 놀란 눈빛이셨다. 나는 그간 준서가 여러 친구와 함께 어울리는 놀이 상황 및 문제 상황, 문제 상황 시 대처법 등에 대해 사건 표집법을 통해 자세히 기록한 내용과 발달 평가도구의 사회성 부분을 체크한 것을 보여 드리며 준서의 사회성 발달에 대해 말씀 드렸다. 또 멘터 선생님께서 지난번 면담 시연 때 이야기해 주신 것처럼 준서의 긍정적인 부분부터 말씀 드렸다. 이어서 발달 평가도구를 보여 주면서 말씀 드리자, 다른 때보다도 내 이야기에 마음을 열고 들으시는 것 같았다. 진작 이렇게 긍정적인 부분부터 말씀 드릴 걸 하는 생각이 들었다. 내 이야기를 쭉 들으시면서 준서 어머니는 "선생님께서 이렇게 우리 준서에게 애정을 갖고 이런 방법들로 관찰하고 있는지 몰랐다."라고 하시면서 감사하다고 여러 차례 말씀하셨다. 지난 면담 때와 달리 위축되지 않고 불안한 모습 없이 자신감 있게 이야기하는 나를 느낄 수 있었다.

▶ **경력교사 저널: 학부모 상담 자료의 중요성에 대한 재인식**

이처럼 교사와 학부모와의 원활한 면담은 아이에 대한 정보를 교류하는 귀중한 시간이 되기 때문에 교사는 학부모와의 상담에서 유아에 대한 객관적인 기록을 바탕으로 상담에 임해야 한다는 사실을 다시 한 번 인식하게 되었다.

⑤ 5단계: 반성적 평가

문제가 발생하고 해결되는 멘터링의 전 과정에 초임교사와 경력교사는 저널 쓰기와 교사협의회 등을 함으로써 형성평가가 이루어졌다. 다음은 초임교사와 경력교사의 멘터링이 종료된 후 최종적으로 기록한 반성적 저널이다.

▶ **초임교사 저널: 멘터링 전 과정을 통해서 부모와의 관계를 성공으로 이끌고 자신감 형성하기**

멘터링을 시작하면서도 '과연 내가 잘할 수 있을까?' '준서 어머니가 나에게 믿음을 갖고 내 이야기를 들어 주실까?' 하는 걱정이 앞섰다. 하지만 멘터 선생님은 나에게 누구나 이런 과정을 겪는 것임을 이야기해 주셨고 나는 점차 힘을 내기 시작했다. 사실에 바탕을 둔 관찰과 객관적인 기록 없이 학부모를 대했을 때는 지금처럼 아이들의 발달에 대해 자신감 있게 이야기할 수 없었다. 그러나 지금은 누구보다 내가 우리반 아이들의 발달에 대해서 잘 알고 있고, 어떤 부모님이 상담해 오셔도 자녀의 발달에 대해 구체적인 자료를 제시하며 상담해 드릴 수 있다. 학부모님을 대하는 데도 점차 자신감이 커져 간다.

▶**경력교사 저널: 초임교사 지도 과정에서 부모 면담의 중요성에 대한 재인식**

멘터링을 시작하기 전에 이러한 과정은 초임교사에게 도움을 주기 위한 것이라는 생각이 지배적이었는데, 이 과정을 통해 나 역시 학부모 면담을 원활히 하기 위해 어떤 노력을 기울여야 하는지, 학부모와의 면담이 얼마나 중요한지 초심으로 돌아가 생각해 볼 기회를 가질 수 있었다. 학부모에게 유아에 대한 정보를 제공하기 위해서는 늘 준비된 교사가 되어야 한다. 좋은 교사가 되는 길은 끝이 없는 것 같다.

학부모와의 관계 개선을 돕는 초임교사–경력교사 멘터링 과정에서 초임교사는 경험 부족에서 비롯된 학부모와의 원활하지 못한 면담 과정을 유아 관찰부터 학부모 상담에 이르기까지 경력교사에게 전문적 지원과 훈련을 받는 한편, 학부모와의 관계가 원활하지 못해 위축되어 있던 상황을 정서적 지원을 받아 자신감을 회복하며, 서서히 전문적인 교사로의 진입을 시도하였다. 또한 경력교사는 초임교사를 지도하는 과정을 통해 자신이 알고 있었던 지식을 재점검하는 기회를 가지고, 오랜 교사 생활에서 경험하지 못했던 학부모의 입장이 되어 보면서 반성적 평가를 통해 더 진보하는 모습을 보여 주었다.

요점

장학은 크게 광의의 의미와 협의의 의미로 정의할 수 있다. 광의의 의미의 장학은 교육에 관련된 모든 교사의 역할을 지원하는 것으로서 행정적 업무, 학부모와의 관계, 교육과정의 설계, 교실 현장에서의 수업 개선까지 모든 것을 포괄하는 의미다. 협의의 의미의 장학은 교사가 직접적으로 관련하는 교수-학습 상황에 국한되는 것으로, 교수-학습 상황에 영향을 줄 수 있는 제반적인 상황들을 지원하는 것이다. 장학활동은 외현적으로는 서로 상반되는 개념적 성격을 지니고 있지만 기능적으로는 상호 보완적인 성격을 지닌다.

장학은 시대적 변화와 연구자의 관점에 따라 다양한 형태로 제시되고 있으나, 교사의 교수-학습 상황의 개선 측면에서 구분한다면 원내장학 중심으로 수업장학, 임상장학, 동료장학, 약식장학 및 자기장학으로 분류할 수 있다.

수업장학은 장학활동의 대상과 영역을 교사에게 국한하고 교수-학습 과정에서 수행하는 수업자의 수업 행위나 기술을 향상시키는 장학이다.

임상장학은 장학의 범위를 교실에서 일어나는 수업이나 활동에 초점을 맞추고 교사가 문제로 여기는 부분을 제한적으로 개선해 나가려는 특징을 가지고 있다. 수업장학과 임상장학은 같은 목적을 위해 같은 방법이 사용되고 있어 임상장학도 수업장학의 의미를 가진다.

동료장학은 관심 분야가 같은 교사들이 모임을 갖거나 또는 경력교사와 초임교사가 팀을 이루어 상호 간에 수업을 공개 · 관찰하고 이에 대한 의견을 교환함으로써 수업 연구 과제를 해결하거나 수업 방법을 개선하거나 공동의 관심사나 공동 과제를 해결하기 위해 협의하고, 전문적 · 개인적 · 조직적 발달을 도모하는 장학활동의 한 형태다. 동료 협력 과정에서 나타나는 멘터링은 초보자가 사회의 유능한 구성원이 되는 것을 돕기 위해 경험 및 기술 수준이 높은 사람과 경험 및 기술 수준이 낮은 초보자 사이에 발생하는 복잡하고 상호작용적이며 역동적인 지원 과정을 말한다.

약식장학은 원장 및 원감이 짧은 시간 동안 간헐적으로 학급 순시나 수업 참관을 통하여 교사의 수업활동 및 학급 경영을 관찰하고, 이에 대해 교사에게 지도 · 조언을 제공하는 활동을 의미한다.

자기장학은 교사가 전문적 성장 및 교수에 대한 개선을 위하여 외부의 간섭 없이 스스로 계획을 세우고 이를 실천하는 과정이다.

토의 문제

- 장학의 개념적 성격 중 상반되는 요소와 상호 보완적인 요소가 무엇인지 토의해 봅시다.
- 교사의 수업 개선 및 전문적 신장에서 장학활동이 갖는 의미를 이야기해 봅시다.
- 동료장학과 멘터링의 차이가 무엇인지 함께 논의해 봅시다.

참고문헌

고영희, 김홍원, 서혜경, 구자억(1984). 한국교육개발원 연구보고서. RR83-06.

교육인적자원부(2001). 유치원교사 교육 프로그램.

교육인적자원부(2005). 교사의 전문성 신장을 위한 동료장학 자료.

권건일, 신재흡(2007). **유아교사론**. 서울: 양서원.

김경이(2001). 초등학교 조직건강과 교사의 사기와의 관계. 국민대학교 교육대학원 석사학위 논문.

김은주, 권미량(2008). **유아교사교육**. 경기: 공동체.

김종철(1988). **교육행정의 이론과 실제**. 서울: 교육출판사.

남억우 외(1996). **교육학대사전**. 파주: 교육과학사.

노종희(1983). **교원 현직교육의 발전 방향과 과제**. 서울: 한국교육개발원.

박막숙(2003). 유치원 교사 관심사 발달단계에 따른 동료장학의 요구도 조사. 건국대학교 교육대학원 석사학위 논문.

박은혜(2007). 교사양성, 현직교육 측면에서의 유아교육·보육의 통합 방안 모색. **한국열린유아교육학회, 2007 춘계학술대회**, 51-69.

박은혜(2009). **유아교사론**(제3판). 서울: 창지사.

박은혜, 김명순(2002). 유치원 자율장학에 대한 유아교사들의 인식 및 요구. **교육과학연구**, **33**(1).

박은혜, 박혜경(2005). 장학요원의 멘터 효능감과 그에 따른 임상장학 양상에 관한 연구. **교육과학연구**, **36**(1).

신은수, 권미경(2004). 유치원 초임교사의 역할수행에 대한 인식과 역할수행에 영향을 주는 유의미한 타인에 관한 연구. 사회과학연구, 10.

신은수, 박은혜, 조운주, 이경민, 유영의, 이진화, 이병호(2010). 유아교육 선진화기반조성사업 5. 유치원 교사의 생애 주기별 역량 강화 및 활용. 서울: 육아정책연구소.

신은수, 박은혜, 조운주, 이경민, 유영의, 이진희, 이병호, 안정은, 오경미(2010). 유치원 교사의 생애주기별 역량 강화 및 활용. 부산광역시교육청 · 전라북도교육청 · 육아정책연구소.

신현석(2000). 장학의 개념적 성격에 관한 고찰. 한국교육학연구, 6(1).

오진석, 임연기(1987). 장학체제 개선을 위한 장학담당자의 직무분석. 한국교육개발원 연구보고서. RR87-26.

윤기옥(1995). 동료장학의 최근의 동향. 인천교육대학 논문집 29(1).

윤복남(2000). 유아교육기관 교사들의 현직교육에 대한 요구 분석. 계명연구논집, 97-114.

윤영애, 신은수(2005). 유아교사 관심사 발달단계에 따른 임상장학 수행방법에 대한 요구도. 육아지원연구, 1.

이명순, 이영미(2006). 만 2세 영아반 교사의 역할에서 멘터링의 의미와 전략. 한국보육학회지, 6(2), 21-41.

이윤식(1993). 장학론 논고: 교내 자율장학론. 서울: 과학과 예술.

이윤식(1999). 교사발달의 관점에서 본 장학. 한국교사교육, 16(2).

이은화, 배소연, 조부경(1995). 유아교사론. 서울: 양서원.

임갑빈(1983). 임상장학의 적용 가능성에 대한 기초연구 - 서울특별시 유치원 실태를 중심으로. 이화여자대학교 교육대학원 석사학위 논문.

임원신, 이진화(2000). 유아교사를 위한 임상장학 모형의 탐색. 인문사회연구, 2.

정계영(1994). 유아교육 교사의 현직교육에 관한 연구. 경북전문대학논문집, 13, 225-246.

조부경, 백은주(2002). 유치원 교사의 발달수준에 따른 장학 요구도 차이. 한국교사교육연구, 19(2).

주삼환(2003). 장학의 이론과 기법. 서울: 학지사.

한국유아교육학회(2011). 유아교육백서. 파주: 양서원.

홍정선(2008). 뇌발달 연구모임을 통한 영아반 교사의 전문성 성장 과정. 한국교사대학교 대학원 박사학위 논문.

황용준(1994). 자율성, 협동성을 기본으로 한 동료장학. 경기교육, 122.

Arnett, J. (1989). Caregivers in day-care centers: Does training matter? *Journal of Applied Developmental Psychology, 10*(4), 541-552.

Burden, P. R. (1982). Implications of teacher career development: New roles for teachers, administrators, and professors. *Action in Teacher Education, 4*(4), 21-25.

Campbell, P. H., & Milbourne, S. A. (2005). Improving the quality of infant-toddler care through professional development. *Early Childhood Special Education, 25*(1), 3-14.

Cogan, M. L. (1973). *Clinical supervision*. Boston, MA: Houghton Miffin.

Ford, D., & Parsons, J. (2000). Teachers as mentors (ERIC Document Reproduction Service No. ED 447073).

Glatthorn, A. (1984). *Differentialed supervision*. Alexandria, VA: Association for Supervision and Curriculum Development.

Glickman, C. D., Gordon, C. D., & Ross-Gordon, J. M. (2001). *Supervision of instruction: A developmental approach* (4th ed). Boston: Allyn & Bacon.

Kagan, D. (1988). Research on the supervision counselors and teachers in training: Linking two bodies of literature. *Review of Educational Research, 60*(3), 419-469.

Katz, L. G. (1972). Developmental stages of preschool teachers. *Elementary School Journal, 73,* 50-54.

Machado, J. M., & Meyer, H. (1997). Student teaching: Early childhood practicum guide (3rd ed.). Albany: Delmar Publishers.

McFaul, S. A., & Cooper, J. M. (1983). Peer clinical supervision theory vs. reality. *Educational Leadership, 41,* 4-11.

NAEYC(1993). Research into actions: The effects of group size, rations, and staff training on child care quality. *Young Children, 48*(1), 65-67.

NAEYC(2008). Worksforce designs: A policy blueprint for state early childhood professional development systems. Washington, D.C.: NAEYC.

OECD(1982). *In-service education and training of teachers*. Paris: OECD.

OECD(2010). *Education today 2010: The OECD perspective*. Paris: OECD.

OECD(2012). *Starting strong III: A quality toolbox for early childhood education and care*. Paris: OECD.

Orlich, D. C. (1989). *Staff development*. Boston, MA: Allyn and Bacon.

Ota, C., DiCarlo, C. F., Burts, D. C., Laird, R., & Gioe, C. (2006). The impact of training on caregiver responsiveness. *Journal of Early Childhood Teacher Education, 27*(2), 149-160.

Scott, N. H. (1999). Supporting new teachers: A report on the 1998-99 beginning teacher induction program in New Brunswick (ERIC Document Reproduction Service No. ED 437 347).

Townsend, T., & Bates, R. (2007). Handbook of teacher education: Globalization, standards and professionalism in times of change. Dordrecht: Springer.

Wang, J., & Odell, S. J. (2002). Mentored learning to teach according to standards-based reform: A critical review. *Review of Educational Research, 7*(4), 481-546.

유 | 아 | 교 | 사 | 론

제4부

유아교사 교육의 역사와 현대적 경향

제8장

유아교사 교육의 역사적 배경

유아교사 양성은 페스탈로치(Pestalozzi)의 교사 양성소에서 최초로 시작되었고, 프뢰벨(Fröbel)에 의해서 본격적으로 실시되었다. 우리나라는 일제 강점기에 미국의 선교사들이 프뢰벨식 유아교육을 도입하면서 유아교사를 양성하는 계기가 되었다.

이 장에서는 우리나라의 유아교사 교육의 역사적 배경을 알아보기 위하여 유치원 교사와 보육교사로 구분하여 유아교육과 보육정책, 유치원 교사 및 보육교사 양성 현황을 유아교육 및 보육 관련 법의 제정 이전과 이후, 개정 등의 시기로 나누어 살펴보고자 한다.

1. 유치원 교사

1) 「교육법」 제정 이전(~1949년)

(1) 유아교육정책

우리나라에서 유치원이 설립되기 이전에는 '서당'이라는 사립 교육시설에서 양반층의 일부 유아들이 교육을 받았고, 1876년 개항 이후 서양과의 교류가 점차 활발해지면서 근대적인 서구식 학교가 설립되었다. 근대식 학교는 선각자들에 의한 것과 선교사들을 중심으로 한 기독교계 학교가 설립·발전되었다. 선교사들이 설립한 학교는 'Day School'로 불리면서 1900년을 전후로 활성화되었고, 방 한 칸에서 교사 한두 명이 다양한 연령의 아이들을 가르치는 분위기로 서당과 큰 차이가 없었다(이상금, 1987).

우리나라 유아교육에 대한 최초의 명문화된 규정은 1908년 4월 2일에 공포된 '고등여학교령'에 나타나 있다. 이 영의 제10조는 "고등여학교에 부속유치원을 설치함을 득함"으로 규정하였다. 이에 따라 1908년 4월 1일 관립 한성여학교가 개설되었고, 같은 해 4월 7일 관립한성고등여학교 학칙이 제정되었다. '고등여학교령'을 보면, 정원·보육 시간·보모 1인당 보육 아동 수·보육료 등에 관한 기본적인 사항이 제시되어 있는데, 이는 일본의 「유치원 보육 및 설비규정」(1899)과 거의 유사하고, 이후 1922년 2월 16일에 공포된 '제2차 조선교육령'의 유치원 규정에 직접적인 영향을 주었다. 조선교육령은 해방 후 우리나라 「교육법」이 제정되기 전까지 유치원의 유일한 법적 근거가 되었으며, 해방 후 유치원 관계 법령 제정 시에도 중요한 자료가 되었다(팽영일, 2000). 「교육법」 제정 이전 유아교육 관련 법령을 살펴보면 〈표 8-1〉과 같다.

〈표 8-1〉 「교육법」 제정 이전 유아교육 관련 법령

관립한성고등여학교 학칙(1908)	
제4장. 부속유치원	
대상 연령	제18조. 유아의 연령은 만 4세부터 보통학교 입학하기 전까지로 함
정원	제19조. 유아의 정원은 80인으로 함
교육과정	제20조. 보육의 종목은 유희(遊戲), 창가(唱歌), 담화(談話) 및 수기(手技)
보육 시간	제21조. 보육 시간은 1일 5시간 이내로 함
교원 배치 기준	제22조. 보모 1인이 보육하는 유아 수는 40인 이하로 함
교육비	제23조. 보육료는 징수하지 아니함
운영 방식	제24조. 휴업일 및 입원, 퇴원하는 절차는 본교 규정을 준용함
제2차 조선교육령(1922)	
대상 및 목적	제1조. 유치원은 연령 3세부터 7세까지 유아의 보육을 목적으로 한다.
설립 유형	제2조. 유치원은 부(府)학교조합 또는 학교비의 부담 또는 사인(개인)의 부담으로 이를 설립할 수 있다. 부학교조합 또는 학교비의 부담으로 설립하는 것을 공립유치원이라 하고, 개인의 비용으로 설립하는 것을 사립유치원이라 한다.
교육 방법	제5조. 유아를 보육할 때는 그 심신의 건전한 발달과 선량한 습관을 얻게 하고, 그러므로 가정교육을 보충할 것을 요한다. 유아의 보육은 그 심신 발달의 정도에 적응하도록 습득하기 곤란한 사물을 주거나 혹은 과업의 일을 하게 하거나 강요해서 시켜서는 안 된다. 항상 유아의 심정, 행위에 주의하여 이를 고쳐 주어야 한다. 또 유아는 대단히 모방을 좋아하는 고로 항상 선량한 사례를 가르쳐 주어야 한다.
교육과정 정원	제6조. 유아보육의 항목은 유희, 창가, 담화와 수기다.
	제7조. 유아 수는 약 120명 이하로 한다. 특별한 사정이 있을 때는 약 200명까지 증가할 수 있다.
교원 배치 기준	제8조. 보모 1인이 보육하는 수는 약 40인 이하다.

(2) 유치원 교사 양성

1900년대 초에는 교육구국운동의 확산으로 사립학교가 활발하게 설립되었는데, 특히 기독교 계통의 사립학교에서는 유치과 또는 예비과를 두고 있었다. 이러한 형태의 유치과 설치는 당시 미국이나 일본에서는 흔히 볼 수 있었던 형태로, '유치과'라는 용어는 사용하였으나 유치원에 해당하는 교육은 실시하지 않은 것으로 보고 있다(이상금, 1987).

우리나라의 유아교사 양성은 1915년 이화학당의 교장이었던 룰루 E. 프라이(Lulu E. Frey) 여사가 이화학당에 2년 과정의 유치원 사범과를 개설하면서 시작되었고, 미국에서 유아교육을 전공한 브라운 리(Brown Lee) 선교사가 실무를 담당하였다. 미국 초기의 유아교사 양성 형태는 프뢰벨의 영향을 받아 도제 훈련 방식이었는데, 경험 있는 교사의 반에 예비 유아교사를 배정하여 교사가 보여 주는 프뢰벨식 교수 기술을 모방하고 배우는 형태였다(Hews, 1990). 우리나라의 이화유치원 사범과도 이와 유사하게 유치원에서 유아교사를 훈련시키는 도제 훈련 방식으로 운영되었다. 이화유치원 사범과는 당시 여자고등보통학교를 졸업하고, 음악에 소질이 있고, 유아를 사랑하는 마음을 가진 여성에게 입학을 허가하여 프뢰벨식 도제 훈련 방식으로 1928년까지 98명의 유아교사를 배출하였다(이상금, 1987). 이후에는 1922년에 중앙유치원 사범과, 1926년에 갑자유치원 사범과, 1927년에 숭의여학교 보육과가 개설되어 유아교사를 양성하였다. 이 시기의 유아교사 양성기관은 거의 미국인 선교사나 교회의 도움을 받아 설립되었기 때문에, 유아교사 교육과정은 당시 미국에서 유행하던 프뢰벨식 도제 훈련 교육 방식과 기독교 정신의 영향을 받았다(이원영, 1981).

1922년 제2차 조선교육령의 공포(1922년 2월 16일)와 함께 학교체제가 정비됨에 따라 유치원 사범과는 보육학교로 명칭이 변경되었다. 따라서 1927년에 갑자유치원 사범과가 경성보육학교로, 1928년에는 이화유치원 사범과와 중앙유치원 사범과가 각각 이화보육학교와 중앙보육학교로 이름을 바꾸어 유아교사를 양성하였다(이상금, 1987).

1927년에는 평양에 있던 숭의여학교에 보육과가 병설되어 지방에서 유치원 교사를 양성하기 시작하였다(손영의, 1973). 당시 지방교회에서 설립하는 유치원의 수가 급증하여 유아교사의 수요가 증가하였는데, 5년제의 중학교를 졸업한 자들에게 입학을 허가했던 숭의여학교 보육학과에서는 이러한 수요를 충족시켜 주는 역할을 하였다(이원영, 1981). 경성보육학교는 태평양 전쟁으로 폐쇄되었고, 숭의여학교 보육과도 1938년 일제에 의해 폐교되었다(이봉익, 구태수, 1981).

교사 양성 형태가 유치원 사범과에서 보육학교로 전환했다는 것은 큰 의미가 있다. 우선 유아교사를 양성하는 장소가 유치원이 아닌 독자적인 학교로 옮겨졌고, 이때부터 유치원은 교사 양성의 주체가 아니라 양성학교의 실습장 역할을 하게 되었다. 또한 보육학교로의 변화와 함께 교육과정도 교양과목과 전공과목으로 나뉘었고, 그 내용도 프뢰벨 교육 원리와 기독교 사상을 벗어나 실용적인 교과 교수 방법을 도입하게 되었다(이상금, 1987).

이처럼 1949년 「교육법」이 제정되기 이전까지 우리나라 유아교사의 양성은 이화보육, 중앙보육, 숭의보육 및 경성보육을 중심으로 이루어졌고, 유아교사 양성기관의 명칭이 유치원 사범과에서 보육학교로 전환되었다.

2) 「교육법」 제정 이후부터 1970년대까지

(1) 유아교육정책

1949년 12월 31일에 「교육법」이 제정 · 공포되면서, 학교에 유치원이 소속되었고, 1952년 「교육법 시행령」의 제정으로 유치원 설립인가, 원아 수, 보육 과목, 보육 일수 등이 구체적으로 정해졌다. 그러나 유아교육에 대한 정부 수준의 행정적 · 재정적 지원 및 지도 감독, 교육활동에 대한 장학 및 지도 체제의 부재로 유치원 교육과정의 운영은 「교육법」에 명시된 교육 목적과는 무관하게 운영되는 경우가 많았다. 유치원은 잘사는 집 아이들을 모아 놓고 춤추고 노래하기, 그림 그리기 등을 시키는 곳으로 생각하는 사람들이 많았고, 유아교육은 재능교육 내지는 특기교육으로 인식되었다(박재환, 1989). 따라서 유치원은 누구나 설립할 수 있는 곳으로 인식되어 유아교사의 전문성을 중요하게 취급하지 않았다. 1949년 「교육법」과 1952년 「교육법 시행령」 중 유아교육 관련 규정은 〈표 8-2〉와 같다.

〈표 8-2〉 「교육법」(1949)과 「교육법 시행령」(1952) 중 유아교육 관련 규정

「교육법」(1949)	
학교 유형	제81조. 모든 국민으로 하여금 신앙, 성별, 사회적 신분, 경제적 지위 등에 의한 차별이 없이 그 능력에 따라 균등하게 교육을 받게 하기 위하여 다음과 같은 학교를 설치한다. 1. 초등학교, 중학교, 고등학교, 대학 2. 사범학교, 사범대학 3. 기술학교, 고등기술학교 4. 공민학교, 고등공민학교 5. 특수학교 6. 유치원 7. 각종 학교
목적	제146조. 유치원은 유아를 보육하고 적당한 환경을 주어 심신의 발육을 조장함을 목적으로 한다.
대상	제148조. 유치원에 입학할 수 있는 자는 만 4세부터 초등학교 취학 시기에 달하기까지의 유아로 한다.
「교육법 시행령」(1952)	
정원	제185조. 유치원 1반당 원아 수는 40인 이하로 한다.
교육과정	제186조. 유치원의 보육 과목은 음악, 담화, 회화, 수기로 한다.
운영 방식	제187조. 유치원의 보육 일수는 매해 200일 이상으로 한다.

한국전쟁 후 특별한 기준 없이 유치원이 무질서하게 설치되어 운영하는 곳이 많아지자, 1962년 8월 '유치원 시설기준령'을 공포하여 1963년부터 시행에 들어갔다. 이 유치원 시설기준령의 공포는 유치원 시설 설비의 법적 근거를 마련하였다는 점에서 큰 의미가 있었다(팽영일, 2000).

1970년대 경제 발전과 함께 산업화·도시화가 급격하게 진행되면서, 여성 노동력의 필요성이 증대되었다. 반면, 가정의 자녀 양육 및 교육 기능은 약화되고 가족 구조도 대가족제에서 핵가족제로 빠르게 변화하면서 자연히 유아를 가정 대신 키우고 교육시켜 줄 곳이 필요하게 되었다. 이러한 요구를 반영하여 공립유치원이 세워지기 시작하였다.

해방 후부터 1970년대 유치원의 현황을 살펴보면 〈표 8-3〉과 같다. 〈표 8-3〉을 보면 1950년부터 1978년까지 유치원이 점점 증가하고 있고, 98% 이상 사립유치원에 의존하고 있음을 알 수 있다. 1965년부터는 공립유치원이 세워지기

〈표 8-3〉 해방 후 ~ 1970년대 유치원 수, 원아 수, 교원 수 현황

구 분		1950년	1965년	1970년	1978년
유치원 수	계	159	423	484	721
	공립		*4	**1	***8
	사립		419	483	713
원아 수	계	6,779	19,566	22,271	47,571
	공립		276	80	498
	사립		19,290	22,191	47,073
교원 수	계	474	1,402	1,660	2,561
	공립		11	3	20
	사립		1,391	1,657	2,541

* 1965년 4곳: 충북, 전남, 경북, 경남
** 1970년 1곳: 충북
*** 1978년 8곳: 서울 4, 부산 1, 충북 3
출처: 문교부(1955), 교육과학기술부(1965~1978).
http://cesi.kedi.re.kr/index.jsp

시작하여, 1970년대 초에 차츰 줄어들다가 1978년에 8곳으로 늘어나기 시작하였다.

(2) 유치원 교사 양성

1949년 「교육법」 제정 이후 1970년대까지의 유치원 교사 양성 현황을 『한국현대유아교육사』(김영옥 외, 1995)를 중심으로 살펴보면 다음과 같다.

해방 후 1946년 3월 7일 군정에 의해 소집된 '한국교육위원회' 심의회 결과에 따라 문교부가 전반적인 교육제도를 개편하면서 유아교사 양성기관이 변화되었다. 이화여자전문학교가 종합대학으로 승격되었고, 1년 과정이던 보육전수과가 4년제 아동교육과로 변경되었다가 1952년 학령전 교육전공으로 구분되었다. 중앙보육학교는 1945년 3년 과정의 중앙여자전문학교 보육과로 개편되었다가 1952년 문리과 대학 내에 120명의 정원으로 신설되었다. 4년제 대학 두 곳 외에 1948년에 서울가정보육사범학교(이후 1955년에 수도여자사범대학으로 승격되

면서 보육과가 폐지됨)와 조양보육사범학교(이후 경기실업초급대학으로 교명이 변경됨, 현재 경기대학교의 전신이 됨)에서 보육과가 신설되었다가 1969년에 폐지되었다. 또한 숭의보육은 1924년 평양에서 보모과를 설립한 이래 1938년 폐교되었다가, 1954년 한국보육학원이란 이름으로 2년제 보육과정을 운영하였고, 그 후 1963년 한국보육학원이 숭의학원에 편입되면서 숭의보육학교로 재출발하게 되었다.

1960년대 초에는 국가의 시책에 따라 실업초급대학이 급격히 증가되었다. 대전보육초급대학(1956), 한성여자실업초급대학(1963), 경희여자초급대학(1965) 등 7개교의 2년제 초급대학에서 유치원 교사가 양성되었다. 그 후 초급대학에 대한 행정적 · 법적 지원의 부족, 초급대학에 대한 사회적 인식의 부족으로 1965년부터 초급대학의 수가 줄어들었다. 그러나 1978년 한 해 동안에는 보육과를 둔 초급대학의 수가 급증하였는데, 1977년 12월 31일 국립학교 설치령이 개정됨에 따라 국립인 강릉교육대학, 군산교육대학, 목포교육대학, 마산교육대학 및 안동교육대학이 초급대학으로 개편되어 보육과가 설치되었기 때문이다. 당시 초급대학 설립의 일반적인 특징은 5 · 16 군사정변 이후 '경제개발 5개년 계획' 추진에 따라 중급 기술인을 양성하려는 목적이었다. 그러나 1979년 초급대학이 없어지는 일환으로 국립 초급대학들은 모두 대학으로 승격하였고, 보육과는 폐과되어 사립초급대학에만 남게 되었다.

1970년대에는 전문학교가 세워지면서 전문대학에도 보육과가 신설되었다. 또한 1977년 12월 31일 「교육법」 중 개정법률안의 공포에 따라 1979년부터는 단기고등교육기관들이 일원화되어 전문대학으로 개편되었고, 초급대학은 전문대학으로 바뀌거나 4년제 대학으로 승격하였으며, 전문학교는 전문대학으로 바뀌게 되었다.

1970년대 4년제 대학은 이화여자대학교 사범대학 교육학과 학령전 교육전공과 중앙대학교 보육학과가 있었고, 1977년 덕성여자대학에서 보육과(1978년 유아교육학과로 개명함)가 새로이 신설된 것이 특징이다.

이처럼 해방 후부터 1970년대까지 유아교사는 4년제 대학, 2년제 초급대학 및 전문학교에서 양성되었고, 대부분 2년제 초급대학이나 전문대학에서 담당해 왔다. 1978년을 기준으로 4년제 대학의 입학생 수는 이화여자대학교 교육학과 학령전 교육전공 30명, 중앙대학교 보육학과 30명, 덕성여대 유아교육학과 40명으로 모두 100명인 반면, 전문학교의 입학생은 1,400명이고, 초급대학 입학자는 271명이어서 4년제 대학과 2년제 전문학교의 학생 수 비율은 약 1 : 17로 2년제 과정에서 교육받는 학생 수가 월등히 많았다.

그러나 유아교사를 양성하는 4년제 대학과 전문학교에서 많은 수의 졸업생을 배출함에도 불구하고, 유아교사 자격증을 가진 교사는 여전히 부족한 형편이었다. 특히, 유아교사 양성제도상의 문제로 교사의 양성을 전적으로 사학에 의존하였고, 지역적으로 서울에 편중되어 있었으며, 4년제보다는 2년제 대학에서 더 많은 교사가 양성되고 있을 뿐만 아니라 무자격 교사가 많았다.

3) 「유아교육진흥법」 시기(1980 ~ 1990년대)

(1) 유아교육정책

1980년대는 정부에서 유아교육의 중요성을 인식하고 유아교육의 개혁을 주요 시책으로 삼았던 시기다. 1980년대가 급격한 양적 성장을 하였다면, 1990년대는 질적인 발전을 위해 다양한 장기 계획을 수립해 갔던 시기다.

1981년 우리나라 유아교육은 문교부 산하의 유치원, 내무부 산하의 새마을협동유아원, 농촌진흥원 산하의 농번기탁아소, 보건사회부 산하의 어린이집 등 여러 유형의 기관에서 다양한 모습으로 행해지고 있어서, 행정적 · 재정적 비효율성이 많았다. 이에 정부는 1982년 3월 26일에 '유아교육 진흥 종합계획'을 마련하고, 같은 해 12월 30일에 「유아교육진흥법」을 제정 · 공포하여, 어린이집, 농번기탁아소, 새마을협동유아원, 민간 유아원 등의 아동 관련 시설을 모두 새마을유아원으로 통합하였다. 그에 따라 우리나라 유아교육기관은 문교부가 주관하는

〈표 8-4〉 「유아교육진흥법」(1982)과 「유아교육진흥법 시행령」(1983)

「유아교육진흥법」(1982)	
목적	제1조. 이 법은 유아에게 좋은 교육 환경을 마련하여 심신 발달의 충실을 기함과 아울러 무한한 잠재력을 신장하게 함으로써 건전한 인격을 가진 국민으로 성장하여 개인으로서 행복을 누리고 나아가 그들의 역량을 국가 발전에 기여하도록 하기 위하여 유아교육과 보육을 진흥함을 목적으로 한다.
대상	제13조. 유아원을 취원할 수 있는 유아는 4세부터 초등학교 취학 시기에 달하기까지의 유아로 하되, 대통령령이 정하는 바에 의하여 영아반이 설치된 새마을유아원에는 4세 미만의 영아를 취원시킬 수 있다.
「유아교육진흥법 시행령」(1983)	
운영 방식	제11조. 유아원의 반 운영은 오전반, 오후반 또는 종일반으로 한다.

유치원과 내무부가 주관하는 새마을유아원으로 이원화되었다. 「유아교육진흥법」(1982)과 동법 시행령(1983)의 목적, 대상, 운영 방식을 살펴보면 〈표 8-4〉와 같다.

유아교육에 대한 국가적 관심은 행정조직의 확충과 법체계의 정비에서도 나타났다. 1983년 문교부에 유아교육 행정 전담 부서가 신설되었고, 시・도 위원회에도 유아교육 담당 장학사들이 배치됨으로써 유아교육은 국가적으로 교육의 전체 틀 안에서 인식되고, 행정의 효율성도 기할 수 있게 되었다.

1990년대 들어 우리나라 유아교육은 1980년대 급격한 성장에서 야기된 질적 문제에 대한 검토를 하기 시작하였다. 먼저, 1991년 12월 31일에는 「교육법」 제146조 및 제148조가 개정되면서 '보육'이란 용어가 '교육'으로, 유치원 취원 연령이 만 4세에서 만 3세로 하향되어 1992년 3월부터 만 3세의 유치원 입학이 합법화되었다.

한편, 교육부는 1993년에 '2000년대를 향한 유아교육 장단기 발전 방안'을 발표하였다. 〈표 8-5〉는 단기안(1994~1998)과 장기안(1999~2005)으로 구분하여 유아교육의 교육과정 및 교육 환경 개선, 교원의 전문성, 행정・재정 및 법규의 개선 방향 등을 제시하고 있다.

〈표 8-5〉 2000년대를 향한 유아교육 장 · 단기 발전 방안(1993)

계 획	내 용
단기안(1994~1998)	유치원의 기간 학제화, 종일반 운영의 활성화, 초등학교와의 연계교육 강화, 교육과정 개발기구의 설치, 지역사회 중심의 부모교육, 유아교사 자격 기준 강화 등
장기안(1999~2005)	5세 유아 100% 취원 무상교육, 3세 유아 교육 정착, 학급당 인원의 감축, 교사 인건비 국가 지원, 유아교육국의 설치, 공립화 75% 달성, 「유아교육법」 특별법 제정 등

〈표 8-6〉 1998년에 개정된 「유아교육진흥법」 일부 내용

항 목	내 용
목적	유아에게 적합한 교육적 환경을 제공하여 심신의 조화로운 발달이 이루어지도록 교육함과 아울러 그 보호자의 다양한 교육 요구에 부응함을 목적으로 한다.
대상 아동	만 3세부터 초등학교 취학 전까지의 어린이
서비스 기능	유치원이란 유아교육을 위하여 「초 · 중등교육법」에 의하여 설립 · 운영되는 학교를 말한다.
서비스 내용	유아교육이라 함은 유아를 대상으로 그 발달 특성에 적합한 교육과정을 다양한 교수 방법으로 실시하는 학교교육을 말한다.
책임	국가와 지방자치단체는 보호자와 더불어 영유아를 건전하게 보육할 책임을 진다.
운영 방식	유치원은 반일제, 시간연장제, 종일제 수업과정을 운영할 수 있으며, 보호자는 필요에 따라 수업과정을 선택할 수 있다.

출처: 국가입법정보포털(http://www.klaw.go.kr)

1997년 대통령자문위원회의 '신교육 체제 수립을 위한 교육개혁 방안(IV)'에서 공교육 체제의 확립을 위한 유아교육 개혁안을 제시하였고, 1998년에는 「유아교육진흥법」 개정으로 취학 전 일 년간의 유치원 무상교육을 명시함으로써 유치원 공교육화의 근거를 마련하였다.

〈표 8-7〉을 보면, 유아교육에 대한 정부의 적극적인 지원에 따라 1980년대는 유아교육기관이 양적으로 대폭 증가하다가, 1992년 이후부터 2002년 사이에 감소하는 경향을 볼 수 있다. 특히 공립유치원은 급증하다가 2002년으로 오

〈표 8-7〉「유아교육진흥법」 시기의 유치원 수, 원아 수, 교원 수 현황

구 분		1982년	1992년	2002년
유치원 수	계	3,463	8,498	8,343
	국립	0	1	3
	공립	2,328	4,595	4,237
	사립	1,135	3,902	4,103
원아 수	계	168,653	450,882	550,256
	국립	0	80	267
	공립	85,234	117,004	119,301
	사립	83,419	333,798	430,688
교원 수	계	4,349	21,107	29,673
	국립	0	4	15
	공립	633	5,460	6,384
	사립	3,716	15,643	23,274

출처: 교육과학기술부(1982~2002). 교육통계연보(http://cesi.kedi.re.kr/index.jsp).

면서 감소하는 반면, 사립유치원은 계속하여 증가하였다. 유치원의 원아 수와 교원 수는 1982년에 비해 계속하여 증가하고 있는데, 국공립에 비하여 사립유치원의 원아 수가 3.6배 많고, 사립유치원의 교원 수도 3.6배 이상 많은 것을 볼 수 있다.

(2) 유치원 교사 양성

1980년대 초에 정부의 유아교육정책이 강화되고, 「유아교육진흥법」이 제정되면서 사회적으로 유아교육에 대한 중요성이 인식되었다. 그에 따라 유아교사 양성기관이 양적으로 증가했을 뿐만 아니라 그 형태가 다양화되고, 교육 내용이 발전하는 등의 질적인 성장을 이루었다(이은화, 배소영, 조부경, 1995).

문교부는 '제5차 경제개발 5개년 계획'의 일환으로 교육 기회의 확대, 교육 여건 등을 개선하는 교육 부문 실천 계획을 발표하였는데, 16%인 유치원 취원율을 1986년까지 59%로 확대하고, 1981년 2,932개의 유치원 학급 단위를 1986년까

지 10,535학급으로 늘리며, 전문대학 및 방송통신대학 유아교육과에서 유치원 교사를 양성·공급한다고 하였다(조선일보, 1981. 11. 3.). 그 영향으로 2년제 대학의 유아교육과가 증가하였고, 국립대학교, 교육대학교, 4년제 대학에 유아교육과가 신설되었다.

특히, 공립유치원이 1979년 26개소에서 1981년 1,922개소로 급증하면서 이와 연계하여 1980년에 국립대학교에 유아교육과가 신설되었다. 또한 4년제 대학의 아동학과와 아동복지학과 등 관련 학과에서도 일정 비율(30%)의 학생에게 유치원 2급 정교사 자격증을 취득할 수 있게 하였고, 교육대학원에서도 유아교사를 양성할 수 있게 되었다. 이 외에도 한국방송통신대학은 1982년 2년제 전문대학 과정으로 유아교육과를 개설하였는데, 1990년부터는 학사과정으로 개편되었다(한국방송통신대학교, 1994).

한편, 문교부에서는 초등학교 병설유치원의 전임교사의 부족을 충당하기 위하여 초등학교 교사 중 저학년 담당 교사 1,569명을 대상으로 60시간 연수를 실시하여 유아교사와 겸직하게 하였다. 그럼에도 불구하고 전국의 공립유치원 학급 2,032개에 비해 확보된 교사는 유아교육 전공 공립유치원 교사 296명과 초등학교 저학년 교사 1,428명 등 총 1,724명으로 매우 부족한 상황이었기 때문에 공립유치원의 교육과정 운영에 많은 어려움이 있었다. 특히, 초등학교 교사가 유치원 교사를 겸임하면서 유치원 교육의 전문성이 문제가 되었고, 교사의 열악한 처우 등의 문제점이 계속하여 발생하여 1985년 12월 병설유치원 겸직교사를 폐지하고, 전임강사 임용 계획을 발표하였다(김영옥 외, 1995).

1982~2002년 시기의 유아교사를 양성하는 대학의 현황을 살펴보면 〈표 8-8〉과 같다. 〈표 8-8〉을 보면, 1994년에 유아교육과가 있는 4년제 대학은 17개 대학에 총 정원 590명, 2년제 전문대학은 69개 대학에 총 정원 8,600명으로, 4년제 대학교에 비해 2년제 대학이 14.6배 많은 것을 알 수 있다. 2002년에 4년제 대학은 34개 대학에 총 정원 1,139명으로 그 수가 2배로 늘어났고, 2년제 전문대학은 83개 대학에 총 정원 7,918명으로 대학 수는 증가하였으나 입학 정원은 감소

〈표 8-8〉 유아교사 양성기관 현황

구 분		2년제 대학			4년제 대학			개방대학/산업대학	
		1982년	1994년	2002년	1982년	1994년	2002년	1994년	2002년
유아 교육과	대학 수	56	69	83	10	17	34	*2	**3
	입학 정원	통계 자료 없음	8,600 (야 300)	7,918 (야 1,260)	345	590	1,139	160 (야 90)	2,860

*광주대학교, 전북산업대학교

**한국방송통신대학교(2,700), 산업대학(광주대학교(80), 호원대학교(80))

출처: 한국유아교육학회(1996, 2008) 발췌 수정.

한 것을 알 수 있다. 그러나 유아교육과 입학 정원은 4년제 대학에 비해 2년제 대학이 7배 이상 많은 것을 알 수 있다.

〈표 8-9〉를 보면, 1982년 이전에 박사과정이 설치되었던 대학은 2곳이었고, 석사과정은 2곳, 교육대학원은 2곳이 개설되어 있었으나, 2002년에는 박사과정이 개설된 대학이 9곳, 석사과정은 10곳, 교육대학원은 69곳으로 증가한 것을 알 수 있다.

이처럼 「유아교육진흥법」이 제정된 이후 유아교육에 관한 정부의 정책이 강화되었던 1980년대부터 1990년대의 유아교육은 양적, 질적으로 성장하면서 대학에서 유치원 교사를 양성하는 학과도 양적으로 증가해 간 것을 알 수 있다.

〈표 8-9〉 유아교육 전공 대학원 현황

단위: 개

구 분	일반대학원						교육대학원		
	석 사			박 사					
	1982년	1994년	2002년	1982년	1994년	2002년	1982년	1994년	2002년
전체	2	4	10	2	2	9	2	17	69
국공립		1	3			4		3	12
사립	2	3	7	2	2	5	2	14	57

출처: 교육인적자원부(1994, 2002), 한국유아교육학회(1996, 2008) 발췌 수정.

4) 「유아교육법」(2004) 제정 이후

(1) 유아교육정책

법 제정 논의를 공론화하기 시작한 지 7년 만에 2004년 1월 29일에 「유아교육법」이 제정되었다. 「유아교육법」(2004)의 주요 내용은 〈표 8-10〉과 같다. 「유아교육법」이 제정됨으로써 국가적으로는 유아 단계부터 체계화된 「교육법」을 적용받을 수 있게 되었으며, 결과적으로 유아는 양질의 교육을 받을 수 있는 기회를 갖게 되었다. 같은 날에 「영유아보육법」 개정 법률안(전면 개정안)도 공포되었는데, 당시 국회가 있는 여의도 한나라당 사옥 앞에서 유치원 관계자는 '유아교육법 제정 촉구'를, 어린이집 관계자는 '유아교육법 제정 절대 반대'를 위한

〈표 8-10〉 「유아교육법」(2004)의 주요 내용

항 목	내 용
목적	「교육기본법」 제9조(학교교육)의 규정에 따라 유아교육에 관한 사항을 정함을 목적으로 한다.
대상	만 3세부터 초등학교 취학 전
기관의 성격	유아교육을 위한 학교
서비스 내용	교육, 건강검진 및 급식
설치 기준	대통령령
설립 인가	시 · 도 교육감 인가
운영 방식	반일제, 연장제, 종일제
교육과정	유치원 교육과정
교육비 기준	• 반일제, 시간연장제, 종일제에 따른 교육 비용 달리 적용 • 경영자 징수(자율 결정)
교직원 자격	유치원 교사 자격증
교원 배치 기준	• 관할청이 배치 기준 결정 • 시 · 도 교육감이 결정(서울 지역) –3세아의 경우, 1 : 20 –4세 이상의 경우, 1 : 30
시설 설치 기준	• 임대, 담보, 매도 금지 • 1, 2층 원칙

〈표 8-11〉 연도별 유치원 수, 원아 수, 교원 수 현황

구 분		2004년	2008년	2010년
유치원 수	계	8,246	8,344	8,388
	국립	3	3	3
	공립	4,325	4,480	4,498
	사립	3,918	3,861	3,887
원아 수	계	541,713	537,822	538,587
	국립	268	249	236
	공립	123,638	118,879	126,341
	사립	417,807	418,694	412,010
교원 수	계	30,206	34,601	36,461
	국립	16	20	19
	공립	6,710	8,462	8,808
	사립	23,480	26,119	27,634

출처: 교육과학기술부 · 한국교육개발원(2004~2010).

주장을 하면서 유아교육의 이원화된 모습이 사회적 이슈가 되기도 하였다.

2004년 이후 현재까지 유아교육기관의 현황은 〈표 8-11〉과 같다. 〈표 8-11〉을 보면, 유치원의 수는 2004년에 비해 2010년에 이르면서 차츰 증가하였는데, 공립유치원의 수는 증가한 반면에 사립유치원의 수는 감소하고 있음을 알 수 있다. 원아 수는 2004년에 비해 2008년에 감소하다가 2010년에 다소 증가했고, 교원 수는 2004년에 비해 2010년에 계속하여 증가하고 있음을 알 수 있다.

(2) 유치원 교사 양성

유아교사의 전문성 수준의 확보를 위하여 2001년에 「고등교육법」 제48조 및 「고등교육법 시행령」 제57조가 개정되어 2년제 대학 유아교육과의 교육 연한을 3년으로 연장할 수 있게 되었고, 이에 대부분의 전문대학 유아교육과가 3년제 교육과정으로 전환하는 계기가 마련되었다. 최근에는 3, 4년제 유아교육과가 신설되거나 기존의 보육 관련 학과가 유아교육과로 전공 명칭을 변경하고 있어 유

〈표 8-12〉 유치원 교사 양성기관 현황(2007)

단위: %(개)

구 분	2·3년제 대학	4년제 대학	계
전체	56.4(115)	43.6(89)	100.0(204)
유아교육과	64.5(111)	35.5(61)	100.0(172)
유아교육 관련 학과	12.5(4)	87.5(28)	100.0(32)

출처: 교육인적자원부(2007), 한국유아교육학회(2008).

아교육과의 수가 계속 증가하고 있고, 관련 대학원 과정도 해마다 조금씩 증설되고 있다.

현재 유치원 교사는 주로 2, 3년제 대학의 유아교육과와 4년제 대학의 유아교육과와 관련 학과, 교육대학원 등 다양한 연한의 교육과정을 통해 배출되고 있다. 관련 학과의 경우, 그동안 정원의 30% 이내에서 유치원 2급 정교사 자격을 부여하였으나, 1998년 이후에 개설된 학과의 경우는 정원의 10%만이 2급 정교사 자격증을 받을 수 있게 되었다.

2007년 4년제 대학의 유아교육과와 관련 학과 그리고 2, 3년제 대학의 유아교육과 입학 정원은 총 13,839명이다(교육인적자원부, 2007). 4년제 대학의 경우, 유아교육과와 보육 관련 학과의 학생 수와 입학 정원은 변동이 없거나 다소 줄었다. 이에 비하여 2, 3년제 대학의 유아교육과는 3년제 전환 이후 전체 편제 정원이 늘어났으며, 대학원 역시 유아교육 전공이 신설되거나 전공 명칭을 변경하고 있어 전체적으로 유치원 교사 양성기관은 수적인 면에서 계속적인 증가를 보이고 있다(한국유아교육학회, 2005).

〈표 8-12〉를 보면, 2007년 유치원 교사는 115개의 2, 3년제 대학, 89개의 4년제 대학(관련 학과 대학 포함)에서 양성되어, 주로 2, 3년제 대학(56%)에서 유치원 교사가 배출되고 있다.

〈표 8-13〉을 보면, 대학원의 유아교육 전공은 일반대학원 석사과정이 14개, 박사과정은 15개가 설치되어 있다. 일반대학원 과정이 29개교, 교육대학원 과정이 73개교에 개설되어 있다. 교육대학원은 일반대학원과 달리 석사학위 취득

〈표 8-13〉 유아교육 전공 대학원 현황(2007)

단위: %(개)

구 분	일반대학원			교육대학원	계
	석 사	박 사	소 계		
전체	13.7(14)	14.7(15)	28.4(29)	71.6(73)	100.0(131)
국공립	18.2(4)	18.2(4)	36.4(8)	63.6(14)	100.0(30)
사립	12.5(10)	13.7(11)	26.2(21)	73.8(38)	100.0(80)

출처: 교육인적자원부(2007), 한국유아교육학회(2008).

과 동시에 유치원 2급 정교사 자격증을 취득할 수 있는 곳이 많다. 이 때문에 교육대학원의 본래의 의미인 교사 재교육뿐만 아니라 유치원 2급 정교사 자격 취득을 이유로 입학생이 증가하여 교육대학원의 수 또한 점차 늘어나는 추세다.

2. 보육교사

1) 「영유아보육법」(1991) 제정 이전

(1) 보육정책

우리나라의 보육사업은 1921년 서울에 있는 태화기독교사회관의 탁아 프로그램에서 빈민아동을 위한 구제사업의 일환으로 시작되었다. 이후 1926년 부산공생탁아소와 대구은총탁아소의 2개 시설이 설치된 것을 계기로 관립시설이 1개소, 공립이 2개소, 재단 설립이 3개소, 종교 단체 설립이 1개소, 기타 2개소로 늘어나 1939년에는 전국에 11개소의 공립 · 사립 어린이집에서 435명의 어린이가 보육을 받았다(서영숙, 김경혜, 1997).

해방 이후 1950년대에는 한국전쟁을 비롯한 정치적 · 사회적 혼란기로 정부가 보육사업에 대한 뚜렷한 정책을 펼치지 못하는 상황에서, 당시 전쟁고아나 기아 · 미아 등 요보호 아동에 대한 각종 수용보호시설과 탁아소가 주로 외국의 원조에 의하여 여러 곳에 설치되기 시작하였다. 탁아소는 1952년 10월 '후생시

〈표 8-14〉「영유아보육법」(1991) 제정 이전 보육 관련 법령

「아동복리법」(1961)(탁아시설)	
대상	제2조. 아동이라 함은 '18세 미만의 자'를 말한다.
시설 유형	제3조. 본 법에서 아동복리시설이라 함은 아동상담소, 보육시설, 조산시설, 정신박약아보호시설, 맹농아양호시설, 신체허약아보호시설, 지체불자유아보호시설, 모자보호시설, 탁아시설, 아동휴양시설, 교호시설, 부랑아보호시설과 소년직업보도시설, 기타 아동복리를 위한 시설을 말한다.
「아동복리법 시행령」(1962)	
목적	제2조(탁아시설). 보호자가 근로 또는 질병 등으로 인하여 양육하여야 할 아동을 보호할 능력이 없을 경우에 보호자의 위탁을 받아 그 아동을 입소시켜 보호함을 목적으로 하는 시설

설 운영 요령'을 근거로 설치되기 시작하였으나, 이 시설들은 단순히 아동을 보호해 줄 목적으로 설치되었고, 임시 구호적인 성격이 강했다.

1960년대는 정부의 경제정책의 가속화로 여성 노동력이 증가하면서 탁아소 시설의 증설 및 정비가 요청되었다. 이에 1961년 「아동복리법」이 제정 · 공포되었고, 국가 차원의 보육정책이 시작되면서 탁아소가 법적 아동복지시설로 인정되었다. 사회복지사업이 종래 이재난민 구호사업에서 영세민 구호사업으로 전환되면서, 탁아사업도 종래의 구빈사업적 성격을 벗어나 아동의 복리를 증진시키기 위한 사업으로 그 성격이 변화하였으나 여전히 위탁과 보호를 목적으로 하는 성격이 짙었다.

1960년대 후반 보육 수요가 늘어나면서 탁아시설이 부족해지자 1968년 3월 14일 정부는 「아동복리법 시행령」으로 '미인가 탁아시설 임시조치 요령'을 공포하였다. 이 시행령은 빈곤층 아동을 대상으로 민간 어린이집 설치를 가능하게 하여 탁아사업을 적극 권장하였고, 1969년에는 탁아소의 명칭을 '어린이집'으로 인가 갱신하였다. 보건사회부 예산에도 어린이집을 위한 시설보조금과 인건비 및 운영비 보조금 등이 예산에 책정되기도 하였다(박혜정, 1989).

그 후 1970년대 중반부터는 국가의 경제 발전과 사회구조 및 가족 기능의 변

화에 따라 보육 문제에 대한 정부와 국민의 관심이 높아졌다. 1977년에 어린이집 수효가 600개를 넘게 되자 2월에 보건사회부는 탁아시설의 질적 향상 제고를 위한 조치로 '미인가 탁아시설 임시조치 요령'을 폐지하였다. 또한 탁아시설의 복지법인화를 권장하기 위해 「사회복지사업법 시행규칙」 제6조 제2항을 개정하였다. 1978년 4월 23일에는 탁아를 원하는 모든 취학 전 아동을 수탁 보호할 수 있도록 그 대상을 확대한 '탁아시설 운영 개선 방안'을 발표하였으나, 보육사업은 정부 재정 지원 미흡, 법인화 요구에 따른 시설 운영자의 기피 등으로 크게 위축되어 어린이집의 수적 성장이 둔화되었으며, 탁아의 요구를 수용하지 못하였다(한국유아교육학회, 2003).

1980년대는 정부가 유아교육의 중요성을 언급하면서 유아교육의 개혁을 주요 시책으로 삼았던 시기다. 1980년 12월에 새마을사업의 일환으로 내무부에서 218개소의 '새마을협동유아원'을 전격 신설하였고, 1981년 4월 13일 「아동복리법」이 「아동복지법」으로 전면 개정되어 무료탁아시설은 법인 이외의 사람도 신고만으로 시설을 설치 · 운영할 수 있게 되었다. 1981년 우리나라 유아교육은 문교부 산하의 유치원, 내무부 산하의 새마을협동유아원, 농촌진흥원 산하의 농번기탁아소, 보건사회부 산하의 어린이집 등 여러 유형의 기관에서 다양한 모습으로 행해지고 있어, 현실적으로 행정과 재정상에 비효율적인 면이 많았다.

이에 정부는 1982년 3월 26일에 '유아교육 진흥 종합계획'을 마련하고 12월 30일에 「유아교육진흥법」을 제정 · 공포하였다. 당시 보건사회부에서 관장하던 어린이집 691개소, 농업진흥청에서 관장하고 1966년 이래 운영하던 농번기탁아소 382개소, 1980년 12월부터 새마을협동유아원 263개소, 개인에 의해 설립된 민간 유아원 38개소 등 총 1,374개소의 아동 관련 시설이 있었으며, 이들이 모두 새마을유아원으로 통합되었다. 정부는 새마을유아원에 대한 지원 체계를 분류하여 종합계획 수립, 장학 지도, 재정 지원, 교사 양성, 교재 · 교구 개발 및 보급은 문교부에서, 설치 · 운영 및 행정 지도는 내무부에서, 아동에 대한 보건 및 의료 지원은 보건사회부에서 각각 맡도록 하였다.

한편, 1987년 12월 4일 노동부에서는 「남녀고용평등법」에 의한 직장탁아제도를 도입하여 공단 지역을 중심으로 근로자 자녀를 위한 21개소의 시범탁아소를 설치하였다. 1989년 9월 19일 보건사회부에서는 저소득층 맞벌이 가정의 자녀 보육 문제를 해결하고자 「아동복지법 시행령」을 개정하여 1982년에 삭제된 탁아시설의 설치 · 운영 근거를 부활하였고, 1990년 1월 9일에는 동법 시행규칙을 개정하여 탁아시설의 설치 기준과 운영 방법 등을 규정하고, 세부 지침도 마련하여 본격적으로 보육(탁아)사업을 실시하였다. 또한 서울시에서는 33곳의 저소득층 밀집 지역에 '88탁아소'를 설치하였다.

이처럼 1980년대 보육정책은 교육부의 「유아교육진흥법」, 노동부의 「남녀고용평등법」, 보건사회부의 「아동복지법」 등 세 가지 법령에 의하여 추진되었다. 그러나 새마을유아원은 양적 확대에도 불구하고 늘어나는 보육 수요를 충족시키지 못하고, 실제 운영도 전일제가 아니었다. 또한 보육 내용이 교육 중심인 기존 유치원과 유사하여 저소득층 자녀나 맞벌이 부부의 보육 부담을 덜어 주는 데는 한계가 있었다. 이에 요보호 가정의 자녀나 취업 여성의 자녀 양육 문제가 큰 사회적 문제로 등장하게 되었다(박혜정, 1989). 또한 유아교육 및 보육에 관련된 사업이 여러 부처에서 제각기 독자적으로 관리 · 운영됨에 따라 정부 재정의 비효율적 투자는 물론 유아에 대한 체계적이고 효율적인 보육을 실시하는 데 어려움이 노출되었다.

1979년부터 1980년까지의 어린이집과 새마을협동유아원, 1981년부터 1991년까지의 새마을유아원 현황은 〈표 8-15〉와 같다. 1981년에 기존의 어린이집과 새마을협동유아원이 새마을유아원으로 통합되면서, 1982년에는 새마을유아원의 수가 많아져 1987년까지 차츰 증가하다가, 1987년부터 1991년 사이에 새마을유아원의 수가 점차 감소했음을 볼 수 있다. 이러한 현상은 새마을유아원의 일부가 어린이집으로 변경된 것에 따른 것이다.

〈표 8-15〉 어린이집, 새마을협동유아원, 새마을유아원 현황(1979~1991)

단위: 개소

기관 \ 연도	1979년	1980년	1981년	1982년	1983년	1984년	1987년	1991년
어린이집	611	657	새마을유아원으로 통합					
새마을협동유아원 새마을유아원	–	–						
원아 수				1,845	2,054	2,403	2,422	1,647
교원 수				123,325	178,000	191,939	208,891	107,303
				–	4,662	5,589	8,147	5,241

출처: 교육부(1979~1991), 내무부(1986), 한국유아교육학회(1996) 발췌 수정.

(2) 보육교사 양성

「아동복리법」에 의해 탁아시설이 운영되었던 1980년대까지는 인력에 대한 조항이 명시되어 있지 않았다. 탁아시설 종사자의 양성과정을 살펴보면, 「영유아보육법」 시행 이전에는 한국평생교육기구, 기독교방송문화센터, 서울YMCA 센터, 여성사회연구회, 대한주부클럽연합회, 명륜교육원, 한국여성개발원 등의 비인가 탁아모 훈련기관에서 가정탁아 및 방문탁아, 지역탁아 종사자를 양성하였으며, 여기서 배출된 인력은 보육교사가 아니라 지역탁아모, 대리양육모, 탁아교사 등으로 불렸고, 교사의 업무는 단순 '탁아'에 그쳤다.

한편, 농촌 지역의 아동은 농번기탁아소의 혜택을 받고 있었다. 1975년에는 농번기탁아소가 전국에 5,570개소가 설치 · 운영되고 있었다(최은숙, 박양자, 1977). 농번기탁아소는 1963년 농촌진흥청에 의해 처음 설치되었는데, 1980년대 후반까지 매년 5월 1일부터 10월 31일까지 농번기에만 운영되었다. 농수산부 및 농촌진흥청 관할의 농번기탁아소는 보건사회부 산하의 상설 어린이집과 함께 농촌 유아의 건전한 성장 · 발달에 긍정적인 공헌을 하였다는 평가를 받았다. 그러나 농번기탁아소의 운영에는 많은 어려움이 있었으며, 농촌지도소, 새마을부녀회 등에서 시설 및 운영비를 후원하였고, 부모들이 무보수로 봉사하였다(제주특별자치도 보육정보센터, 2009).

2) 「영유아보육법」(1991) 제정 이후

(1) 보육정책

취업 여성 수의 증가와 핵가족화에 따라 사회국가적 차원에서 영유아보육을 다루어야 한다는 문제가 대두되면서, 여성단체 등이 보육에 관한 독립된 입법을 요청함에 따라 1991년 1월 14일 「영유아보육법」이 제정 · 공포되었다. 보육사업은 그동안 관상 부서가 다원화되어 사업 진행의 비효율적인 점이 많고, 주관 부서의 일원화가 필요하다는 인식이 제기되었다. 「영유아보육법」이 제정 · 공포됨에 따라서 「아동복지법」(보건복지부), 「유아교육진흥법」(내무부, 교육부), 「남녀고용평등법」(노동부)으로 다원화되었던 법체계와 주무 부서가 보건복지부로 일원화되어 보육사업이 체계적이고 본격적으로 추진되는 계기를 마련하였다. 또한 「유아교육진흥법」에 의하여 설치 · 운영되어 온 새마을유아원은 1994년 1월

〈표 8-16〉 「영유아보육법」(1991)의 주요 내용

항 목	내 용
목적	보호자가 근로 또는 질병, 기타 사정으로 인하여 보호하기 어려운 영아 및 유아를 심신의 보호와 건전한 교육을 통하여 건강한 사회 구성원으로 육성함과 아울러 보호자의 경제적 · 사회적 활동을 원활하게 하여 가정복지 증진에 기여함을 목적으로 한다.
대상 아동	6세 미만의 취학 전 아동
서비스 기능	보호자가 근로 또는 질병, 기타 사정으로 영유아를 보호하기 어려운 경우에 보호자의 위탁을 받아 영유아를 보육하는 시설
서비스 내용	영유아의 신체적 · 지적 · 정서적 · 사회적 발달 등을 도모하는 내용을 포함하여야 하며, 구체적인 내용은 보건사회부령으로 정한다.
책임	-모든 국민은 영유아를 건전하게 보육할 책임을 진다. -국가와 지방자치단체는 보호자와 더불어 영유아를 건전하게 보육할 책임을 진다.
수혜 아동	취학 직전 일 년의 유아교육은 무상으로 하되, 국가의 재정을 고려하여 순차적으로 실시함

출처: 국가입법정보포털(http://www.klaw.go.kr).

까지 「교육법」에 의한 '유치원'이나 「영유아보육법」에 의한 '어린이집'으로 전환하게 하였으며, 어린이집은 종전의 단순 '탁아' 사업에서 보호와 교육을 동시에 중시하는 '보육' 사업으로 확대·발전하였다.

「영유아보육법」이 제정된 이후 지속적으로 확대되고 있는 보육 수요에 비해 어린이집의 공급이 원활하지 않자 정부는 1995년부터 '보육시설 확충 3개년 계획'을 수립하여 추진하였고, 어린이집의 양적 확대와 보육 서비스의 질적 제고 및 보육 서비스 전달 체계 강화라는 측면에서 보육사업이 계속하여 확충되었다.

이후 보건복지부에서는 10차례의 법령 개정과 어린이집 확충 계획을 통하여 늘어나는 보육 수요에 대응하고, 보육 서비스의 질적 향상을 위해 지속적인 노력을 기울였다. 1999년에는 어린이집 설치 절차의 간소화로 인가제에서 신고제로 전환하여 어린이집이 양적으로 급증하는 현상을 초래했다. 그러나 어린이집의 지역별 불균형 설치 및 특수 어린이집의 부족 등 수요를 충족시키지 못하여 2000년 이후에는 다양한 보육 서비스 제공에 노력을 기울이게 되었고, 특수 어린이집, 즉 영아 전담시설, 장애아 전담시설이나 통합 어린이집, 방과후 어린이집, 휴일 보육 및 시간제 연장시설 등이 증가하였다.

2001년에는 만 5세 무상보육 대상 지역 확대 등이 있었으며, 보육의 국가적 책임과 지원을 강화해야 한다는 의견이 많아졌다. 이에 보건복지부는 2001년 12월에 '보육사업 중장기 종합계획'을 발표하였고, 2002년 3월 6일에는 보건복지부, 노동부와 여성부가 공동으로 '보육사업 활성화 방안'을 발표하여 보육의 공공성 확립, 보육 대상 유형의 다양화, 보육 서비스의 질적 수준 향상을 제시하였다.

〈표 8-17〉을 보면, 1992년 4,513개였던 어린이집이 2002년에는 22,147개로 급속한 양적 발전을 하고 있음을 알 수 있다. 국공립 어린이집과 직장 어린이집은 약간의 증가를 보이는 반면, 민간 어린이집과 가정 어린이집은 대폭적인 증가 추세를 보이고 있다.

〈표 8-17〉 어린이집 수와 아동 수 현황(1992~2002)

구분		계	국공립	사회복지 법인	민간			가정	직장
					소계	법인·단체	개인		
1992년	시설 수	4,513	720	425	1,383	14	1,369	1,957	28
	아동 수	123,297	49,529	31,243	26,554	785	25,769	15,203	768
2002년	시설 수	22,147	1,330	1,633	11,046	575	10,471	7,939	199
	아동 수	800,991	103,351	142,035	455,936	30,289	425,647	90,939	8,730

출처: 보건복지부(2010) 부분 발췌.

(2) 보육교사 양성

1991년에 제정 · 공포된 「영유아보육법」은 보육교사의 자격과 해당 양성 교육과정에 관한 내용을 명시하고 있어 보육교사를 양성하는 길이 다양하게 열리게 되었다. 1990년대 이후 보육교사의 필요에 따라 4년제 대학에 아동학 계열 학과를 설치하는 대학이 증가하였으며, 과거에 존속해 오던 보육(학)과가 다시 등장하였다. 이 아동학 계열 학과와 보육(학)과에서는 일정 비율의 학생들이 유치원 교사 자격을 취득하였고, 나머지 학생들은 보육교사 자격을 취득하였다. 또한 1990년대에 1년 교육과정의 보육교사 전담 양성교육기관(현재 보육교사교육원)이 생겨나기 시작하여 2급 보육교사를 배출하게 되었다.

「영유아보육법」에 따르면, 전문대학 및 대학의 아동복지학과, 가정학과, 초등교육과, 심리학과, 특수교육과, 간호(학)과, 사회복지학과, 유아교육(학)과, 아동학과, 사회사업학과, 가정교육과, 가정관리학과, 보육학과 등 유아교육 및 아동복지 관련 학과의 학생은 「영유아보육법」 시행 세칙이 제시하고 있는 보육 관련 교과목 10개 과목을 이수하고 일정 기간 어린이집에서 보육실습을 마치면 보육교사 자격을 인정받았다. 그러나 이러한 학과와 과목들은 사회적인 변화와 학문적 흐름에 따라 다른 관련 학과나 유사 과목으로 신설 및 변경되더라도 이수 과목으로 인정받지 못하는 문제점이 있었다.

이와 관련하여 1994년부터 1997년까지 3년 동안 진행된 '보육사업 확충 3개년 계획'에 따라 갑자기 설립된 어린이집의 보육교사 수급을 맞추기 위해 1996년

〈표 8-18〉 보육 관련 학과 수 현황

단위: 개

구 분	2년제 대학		4년제 대학		개방대학/산업대학	
	1994년	2002년	1994년	2002년	1994년	2002년
보육 관련 학과가 개설된 대학 수	–	10	–	27	–	2

출처: 한국유아교육학회(1996, 2008) 부분 수정.

「영유아보육법」 제8조 제2항 관련 시행규칙을 통해 보육교사 교육을 위한 교육과정과 교과목 선정 기준을 보다 넓게 명시하였다. 즉, 영유아의 보육에 필요한 교과 분야를 영유아 보육에 대한 기초 이론, 영유아 교육, 영유아 건강 · 안전 · 영양, 영유아 보육 관련 기타 일반적인 이론 등 4개 분야로 나누고 165개 교과목을 선정하였다.

〈표 8-18〉을 보면, 유아교육과를 제외한 보육 관련 학과가 개설되어 있는 대학의 수는 2002년에 2년제 대학 10개, 4년제 대학 27개, 개방대학 및 산업대학 2개임을 볼 수 있다.

한편, 보육교사 양성교육기관의 현황을 살펴보면, 1994년에 2급 보육교사를 배출하는 보육교사교육원은 전체 65개소, 16,550명이었으나, 2002년에는 80개소 17,890명으로 증가하였고, 각 교육원당 100~600명 정도 배출되고 있다. 2002년 자료를 보면, 대학 부설이 49개소, 민간 단체 및 개인이 운영하는 곳은 31개소로 전체 보육교사교육원의 62%는 대학에서 운영하고 있음을 알 수 있다(보건복지부, 2002).

이처럼 1990년대부터 2000년대 초에 보육교사는 유아교육과, 보육 관련 학과, 보육교사교육원에서 지정된 과목을 이수하면 자격을 인정하는 것으로, 학과보다는 교과목 이수 여부에 따라 다양하고 개방된 교육과정을 거쳐 양성되어 왔다.

3) 「영유아보육법」(2004) 개정 이후

(1) 보육정책

2004년 3월 11일 「영유아보육법」 개정 법률안(전면 개정안)이 공포되어 어린이집의 설치 및 종사자 배치 기준을 대폭 강화함으로써 보육 서비스의 질적 수준 향상과 보육의 공공성 강화 등을 통해 보육사업이 더욱 발전할 수 있는 계기를 마련하였다.

「정부조직법」 개정으로 2004년 6월 12일부터 보육의 주무 부서가 보건복지부에서 여성부(이후 여성가족부, 현재 보건복지부)로 이관되었다. 또한 2005년 12월 「영유아보육법」과 동법 시행규칙의 일부 개정으로 원장과 보육교사의 국가자격

〈표 8-19〉 2004년 개정된 「영유아보육법」의 주요 내용

항 목	내 용
목적	영유아를 심신의 보호와 건전한 교육을 통하여 건강한 사회 구성원으로 육성함과 아울러 보호자의 경제적 · 사회적 활동을 원활하게 함으로써 가정복지 증진에 기여함을 목적으로 한다.
대상	6세 미만 취학 전 아동(12세까지 연장 가능)
기관의 성격	보호자의 위탁에 의한 어린이집
서비스 내용	보호 · 양육+교육, 건강 · 영양 및 안전
설치 기준	여성가족부령
설립 인가 (국공립 외)	시장 · 군수 · 구청장 인가
운영 방식	종일 운영
교육과정	표준교육과정
교육비/보육료 기준	시 · 도지사가 정하는 범위 내 수납(상한제)
교직원/종사자	보육교사 자격증
교원 배치 기준	• 엄격한 배치 기준 • 「영유아보육법 시행규칙」 −0세아 1:3, 1세아 1:5, 2세아 1:7, 3세아 1:15, 4세 이상 1:20
시설 설치 기준	• 임대, 담보, 매도 가능 • 1층 원칙

증제 도입과 어린이집운영위원회 설치 의무화로 어린이집 운영의 책임성과 투명성을 강화하게 되었다. 한국여성개발원 산하(현재 보육진흥원)에 '보육시설평가인증사무국'과 '보육교사자격관리사무국'이 설립되어 어린이집 평가 인증은 2005년 시범 운영에 이어 2006년부터 본격적으로 실시하고 있고, 보육교사자격증도 발급하고 있다.

2006년 7월 27일에 여성가족부는 '제1차 중장기 보육계획(새싹플랜)'을 최종 확정하여 발표하여 보육 지원 대상을 저소득층 위주에서 중산층까지 확대함과 동시에 공급자 중심의 정책에서 사용자 중심으로 정책을 전환하였다. 또한 2006년 11월 10일 「영유아보육법 시행규칙」 개정을 통해 어린이집에서 사용할 '표준보육과정'을 마련하고 구체적인 보육 내용 및 교사 지침을 고시하였다.

정치적 상황의 변화로, 2008년 3월에 보육 업무가 여성가족부에서 보건복지부로 다시 이관되었고, 기존의 새싹플랜을 보완하여 '아이와 부모가 행복한 세상'이라는 새로운 정책 비전의 보육정책 기본계획인 '아이사랑플랜'(2009~2012년)을 발표하였다.

〈표 8-20〉을 보면, 「영유아보육법」 개정 이후 어린이집의 수는 2004년 26,903개였던 것이 2010년에는 38,021개로 증가했음을 알 수 있고, 국공립 어린이집의 증가 비율에 비해 민간 어린이집과 가정 어린이집의 증가 비율이 높은 추세를 보이고 있다. 더불어 어린이집을 이용하는 아동의 수도 2004년 930,252명에서 2010년 1,279,910명으로 증가했음을 알 수 있다.

〈표 8-20〉 어린이집 수와 아동 수 현황(2004~2010)

<table>
<tr><th colspan="2" rowspan="2">구 분</th><th rowspan="2">계</th><th rowspan="2">국공립</th><th rowspan="2">사회복지법인</th><th colspan="3">민 간</th><th rowspan="2">부모협동</th><th rowspan="2">가 정</th><th rowspan="2">직 장</th></tr>
<tr><th>소 계</th><th>법인 · 단체</th><th>개 인</th></tr>
<tr><td rowspan="2">2004</td><td>시설 수</td><td>26,903</td><td>1,349</td><td>1,537</td><td>13,191</td><td>966</td><td>12,225</td><td>미분류</td><td>10,583</td><td>243</td></tr>
<tr><td>아동 수</td><td>930,252</td><td>107,335</td><td>135,531</td><td>555,812</td><td>48,414</td><td>507,398</td><td>미분류</td><td>119,787</td><td>11,787</td></tr>
<tr><td rowspan="2">2010</td><td>시설 수</td><td>38,021</td><td>2,034</td><td>1,468</td><td>14,677</td><td>888</td><td>13,789</td><td>74</td><td>19,367</td><td>401</td></tr>
<tr><td>아동 수</td><td>1,279,910</td><td>137,604</td><td>114,054</td><td>723,017</td><td>51,126</td><td>671,891</td><td>1,898</td><td>281,436</td><td>21,901</td></tr>
</table>

출처: 보건복지부(2010).

(2) 보육교사 양성

2004년 3월 11일 「영유아보육법」이 개정되면서 보육교사의 직급은 종전의 1, 2급 체제에서 1, 2, 3급으로 세분화되었고, 자격 기준도 상향 조정되었다. 따라서 2005년 이후에는 개정된 「영유아보육법」 시행령 및 시행규칙에 따라 자격 기준이 적용되고 있다.

보육교사를 배출하는 교육기관은 크게 대학과 보육교사교육원으로 나뉜다. 대학이나 대학교, 대학원에서는 2급 이상의 보육교사를 배출하고 있고, 보육교사교육원은 보육교사 3급 교사를 배출하고 있다. 보육교사 2급 이상의 자격은 대학에서 보육교사 자격을 이수할 수 있는 교과목이 개설되어 있고, 이 과목들을 이수하기만 하면 학과와 상관없이 인정받을 수 있다.

〈표 8-21〉을 보면, 2007년도를 기준으로 보육교사를 양성하는 학과는 2년제 대학 131개, 4년제 대학 142개, 대학원 221개로 총 494개의 학과가 있다. 유아교육과를 제외한 보육교사 양성 학과는 보육 관련 학과, 아동복지 관련 학과, 사회복지 관련 학과, 가정학 관련 학과가 있다. 그러나 2005년 입학생부터 보육교사를 '대학(전문대학 포함) 또는 이와 동등 이상의 학교에서 여성가족부령이 정하는 보육 관련 교과목 및 학점을 이수하고 졸업한 자'로 규정하고 있어 주요 학과 및 관련 학과 이외에서도 보육교사를 양성할 수 있게 되어, 정확한 보육교사의 현황을 파악하는 데는 한계가 있다.

〈표 8-21〉 보육교사 양성기관 현황(2007)

단위: 개

구 분	대 학		대학원	전 체
	2년제 대학	4년제 대학		
보육 관련 학과	31	8	5	44
아동복지 관련 학과	15	11	9	35
사회복지 관련 학과	77	96	146	319
가정학 관련 학과	8	27	61	96
계	131	142	221	494

출처: 교육인적자원부(2007).

3급 보육교사를 배출하는 곳은 보육교사교육원으로 2011년 12월 전국에 73개소가 있다(보건복지부, 2012). 이 중 대학 부설이 46개소(63%), 민간단체 및 개인이 운영하는 곳이 27개소(37%)로, 전체 보육교사교육원의 63%가 대학에서 운영하고 있다.

요점

우리나라는 일제 강점기에 미국의 선교사들이 프뢰벨식 유아교육을 도입하면서 유아교사들을 양성되는 계기가 마련되었다. 우리나라의 유치원 교사 양성은 1915년 이화 유치원 사범과가 개설되면서 본격적으로 시작되었고, 보육교사의 양성은 「아동복리법」에 의해 탁아시설이 운영되었던 1980년대까지는 인력에 대한 조항은 명시되어 있지 않다가 1991년 「영유아보육법」이 제정되면서 명시되기 시작하였다.

1949년 「교육법」이 제정되기 이전까지 우리나라 유아교사의 양성은 이화보육, 중앙보육, 숭의보육, 경성보육을 중심으로 이루어졌고, 유아교사 양성기관의 명칭이 유치원 사범과에서 보육학교로 전환되었다. 해방 후부터 1970년대까지 유아교사는 4년제 대학, 2년제 초급대학 및 전문학교에서 양성되었고, 대부분 2년제 초급대학이나 전문대학에서 담당해 왔다. 1980년대 초에 정부의 유아교육정책이 강화되고 「유아교육진흥법」이 제정되면서 유아교사 양성기관의 양적 증가뿐 아니라 그 형태가 다양화되고 교육 내용이 발전하는 등의 질적인 성장을 이루었다. 그 영향으로 2년제 대학의 유아교육과가 증가하였고, 국립대학교, 교육대학교, 4년제 대학에 유아교육과가 신설되었다.

1991년 「영유아보육법」의 제정으로 보육교사의 자격과 양성 교육과정 내용의 구체적 명시로 인해 보육교사 양성 체제가 만들어졌다. 그 후 1990년대부터 현재까지 보육 및 아동학 관련 학과를 설치하는 대학이 증가하였고, 1년 교육과정의 보육교사교육원이 설치되었다. 보육교사를 배출하는 교육기관은 크게 대학과 보육교사교육원으로 나뉜다. 2004년 「영유아보육법」의 개정으로 보육교사의 직급은 종전의 1, 2급 체제에서 1, 2, 3급으로 세분화되었고, 자격 기준도 상향 조정되었다. 대학이나 대학교, 대학원에서는 2급 이상의 보육교사를 배출하고 있고, 보육교사교육원은 보육교사 3급 교사를 배출하고 있다.

유치원 교사는 주로 2, 3년제 전문대학과 4년제 대학에서 양성되고 있다. 2001년 「교육법」의 개정으로 2년제 전문대학 유아교육과를 3년으로 연장하는 법적 근거가 마련되어, 80% 이상의 전문대가 3년제로 전환되었다. 현재 유치원 교사는 2, 3년제 대학의 유아교육과, 4년제 대학의 사범대학이나 일반대학의 유아교육과와 2, 3, 4년제 보육 관련 학과, 방송통신대학, 교육대학원 등 다양한 연한의 교육과정을 통해 배출되고 있다.

이처럼 1990년대부터 유아교사가 유치원 교사와 보육교사로 양성되기 시작하여 양성교육기관, 양성 교육과정, 교사 자격 기준 등이 매우 다르다. 우리나라 유아교사 교육 및 교사자격관리 부서는 유치원 교사와 보육교사로 이원화되어 있으며, 유치원 교사는 교육부에서, 보육교사는 보건복지부에서 관리하고 있다.

토의문제

- 유치원 교사의 양성 과정은 어떻게 변화해 왔는지 토의해 봅시다.
- 어린이집 교사의 양성 과정은 어떻게 변화해 왔는지 토의해 봅시다.

참고문헌

교육과학기술부(1965~1978). 교육통계연보(http://cesi.kedi.re.kr/index.jsp).

교육과학기술부(1982~2002). 교육통계연보(http://cesi.kedi.re.kr/index.jsp).

교육과학기술부(2009. 12. 9). 보도자료.

교육과학기술부. 2010년도 교원자격검정 실무편람.

교육과학기술부 · 한국교육개발원(2004~2010). 교육통계연보(http://cesi.kedi.re.kr/index.jsp).

교육인적자원부(2007). 교원양성기관 현황.

국가입법정보포털(http://www.klaw.go.kr).

국무총리실, 교육과학기술부, 보건복지부(2011. 5. 2). 보도자료.

김영옥, 박혜경, 양옥승, 이기숙, 이영자, 이원영, 이윤경, 장영희, 정미라, 주영희(1995). 한국현대유아교육사. 서울: 양서원.

문교부(1955). 문교요람.

박재환(1989). 우리나라 유치원 교육과정의 탐구. 서울: 창지사.

박혜정(1989). 한국의 유아교육. 서울: 양서원.

보건복지부(2010). 보육통계.

보건복지부(2012). 보육사업안내.

서영숙, 김경혜(1997). 보육학개론. 서울: 양서원.

손영의(1973). 한국 유치원 교육발달에 관한 일 연구. 이화여자대학교 대학원 석사학위 논문.

이봉익, 구태수(1981). 유치원 교사양성 제도에 관한 연구. 청주교육대학논문집, 18, 7-30.

이상금(1987). 한국 근대 유치원 교육사. 서울: 이화여자대학교 출판부.

이원영(1981). 유치원 교사 양성 문제. 새교육, 326, 53-59.

이은화, 배소연, 조부경(1995). 유아교사론. 서울: 양서원.

제주특별자치도 보육정보센터(2009). 제주보육 50년사.

조선일보(1981. 11. 3.). 보도자료.

최은숙, 박양자(1977). 농촌 탁아소의 효과분석. 농학연구, 2(1), 369-390.

최종도(1974). 아동복리 사업의 동향. 동광 기독교아동복리회, 67, 7-17.

팽영일(2000). 유아교육의 역사와 사상. 서울: 양서원.

한국방송통신대학교(1994). 요람. 방송통신대학교 출판부.

한국유아교육학회(1996). 유아교육백서. 파주: 양서원.

한국유아교육학회(2003). 유아교육백서(1995~2000). 파주: 양서원.

한국유아교육학회(2008). 유아교육백서(2001~2005). 파주: 양서원.

Hews, D. W. (1990). Historical foundations of early childhood teacher training. In B. Spodek & O. Saracho (Eds.), *Early childhood teacher preparation* (pp. 1-22). New York: Teachers College Press.

제9장

유아교사 교육의 비교교육적 동향

세계 주요 선진국들의 유아교육과 보육은 역사적으로 서로 독립된 정책 관할 체계하에서 발달해 왔다. 그러나 1990년대 들어 출산율의 감소와 여성의 경제활동 참여 증가, 평생학습의 출발점, 아동의 교육 및 보육을 받을 권리에 대한 세계적인 관심은 영유아에게 보다 양질의 서비스를 제공하기 위하여 유아교육과 보육 체제의 협력과 통합을 추구하고 있고, 교사 자격을 강화하려고 노력하고 있다. OECD 25개 국가 중 오스트리아, 핀란드, 일본, 노르웨이, 스위스를 제외한 20개 국가는 고등교육기관에서 최소 3년 이상 양성교육을 받아야 유아교육기관의 관리자, 교사, 자문위원이 될 수 있도록 규정하고 있다(UNICEF, 2008).

OECD(2001, 2006)에서는 유아교육과 보육에 대한 통합적 개념과 정부의 체계적인 접근을 강조하고 있다. 유아교육과 보육에 대한 체계적인 접근을 시도하는 주요 국가들을 살펴보면, 미국은 유아교육 관련 부서의 협력 체계를 강화하고 만 3~5세의 공교육화를 추진하고 있고, 영국은 1999년부터 교육과학성으로 이관하였으며, 프랑스는 연령별로 분리 · 통합하였다. 스웨덴은 1997년에 영유아 교육 및 보육에 관한 업무를 담당하는 중앙부처를 통합하여 '교육부'로 단일화하였고, 일본은 일부 제도를 통합하면서 유치원과 보육시설의 서비스 기능을 통합해 가고 있고, 싱가포르는 교사양성제도를 통합하였다(김은설 외, 2009; 김은영 외, 2008; 이옥 외, 2006).

이 장에서는 세계 주요 선진국 중 유아교육과 보육의 협력과 통합을 위해 새로운 변화를 시도하고 있는 미국, 영국, 프랑스, 일본, 스웨덴 및 싱가포르를 중심으로 유아교사 양성 및 자격 기준을 살펴보고, 그 시사점을 살펴보고자 한다.

1. 미 국

1) 유아교육정책

미국은 유럽보다 유아교육의 공교육화가 낙후된 국가로서, 유치원 교육과 보육의 이원화로 동일 연령대 유아를 위한 교육과 보육의 관장 부처나 법체계도 이원화된 체제를 구축하고 있다. 특히, 미국은 유치원 공교육화를 실시하는 과정에서도 만 5세 유아만을 대상으로 시작하여, 만 4세 미만의 영유아는 유아원이나 보육시설에서 보호를 받아 교육의 효율성에 대한 부정적 평가와 문제를 지적받아 왔다(http://www.nces.ed.gov). 2004년 이후, 미국의 각 주는 유럽 교육 선진국의 유아교육 공교육화 방향과 같은 선진 정책을 실행하기 위하여, 만 3, 4세 유아를 공교육 대상으로 하향화하는 유아원과 유치원을 연계하는 만 3~5세 유아교육 학제 정책을 강력히 추진하고 있다(http://www.nces.ed.gov).

미국의 유아교육은 3~5세의 동일 연령대 유아를 위한 교육과 보육의 관장 부처나 법체계도 이원화되어 있다는 점에서 우리나라와 유사한 체제다. 즉, 20세기 초 미국의 초등교육 체제 구축 이후 교육부에서 관장하여 초등학교와 연계 운영되는 공사립의 유아원 및 유치원 교육과 1963년 이후 복지부에서 관장하는 헤드 스타트와 Child Care 프로그램의 보육의 이원화로 운영되고 있다. 특히, 미국은 유치원 공교육화를 실시하는 과정에서 만 5세 유아만을 대상으로 초등학교와 연계된 유치원 학급을 운영하고, 만 4세 미만의 영유아는 유아원이나 보육시설에서 보호를 받고 있는 체제다(http://www.nces.ed.gov).

미국에서는 최근 유아교육정책을 크게 다음과 같은 세 가지 흐름에서 개혁하고 있다(김은영 외, 2008; 신은수 외, 2010).

- 유아교육정책, 아동 및 가족 관련 통합적 자료 수집 체계 수립을 위하여 관계부처 간 협력기구(Federal Interagency Forum on Child and Family Statistics: FIFCFS) 설립 및 초당파적 기구 설립 등의 정책을 추진하고 있다.
- 유아교육의 공교육화 추세로 주정부가 지원하는 Pre-K 프로그램의 확산 정책이다.
- 유아교사의 전문성 강화를 위한 학력 및 역량 강화를 위한 정책의 제안이다.

2) 유아교사의 양성 및 자격 기준

미국의 유아교사 양성기관의 경우, 입학 기준 및 양성 과정 프로그램의 세부 규준이 주별로 혹은 기관 유형별로 다양하다. 교사 양성 과정에 의한 분류로 4년제 대학 졸업자, 2~3년제 대학 졸업자, 고등학교 졸업자 모두 보육교사가 될 수 있는 다양한 경로를 갖고 있어, 보육교사 및 유치원 교사에게 요구되는 자격 기준이 엄격한 편은 아니다.

교사 양성의 경우, 미국의 보육 및 유치원 교사는 크게 세 가지로 나눠 볼 수 있다. 첫째로, 4년제 대학 학사과정은 많은 주에서 양성 과정 졸업 후에 유치원 초임교사 자격증 발급을 위해 시험을 치른다. 시험은 기초 영역 시험(읽기, 쓰기, 수학 등), 교과목 위주의 전공 시험, 일반 지식에 대한 교양 시험, 교수에 대한 교직 시험 그리고 교수 수행평가까지 하는 경우도 있다. 이 시험은 각 주에서 자체적으로 실시하기도 하고, 국가적으로 NTE(National Teacher's Examination)에서 실시하기도 한다(김은영, 1999; 이미화 외, 2008 재인용).

둘째로, 커뮤니티 칼리지에서 제공하는 준학사제도를 통한 것으로, 이 과정을 통해 보조교사의 자격을 가질 수 있다. 2년제 전문대학에 해당하는 것으로, 직업교육으로서 양성 과정의 의미가 크다. 많은 주들이 이 교육과정에 교사가 되기 전에 의무적인 훈련을 제시하고 있어, 대개 자격증 취득 전 직전 훈련을 실시하고 있다.

셋째로, 18세 이상 고등학교 졸업자를 대상으로 아동발달조합(Child Development Associate: CDA) 자격을 주는 것으로, 유아교육전문가협의회(Council for Professional Recognition)에 의해 운영된다. CDA 자격증을 얻기 위해서는 5년간 아동과의 경험이 480시간 이상 되어야 하며, 아동에 대한 형식적인 훈련과 교육을 120시간 이상 받아야 한다. CDA 교육과정은 현장학습, 교육과정 및 평가의 세 단계로 이루어지며, 이 세 단계가 끝나면 유아교육전문가협의회로 CDA 프로그램 이수 결과가 보내져 심의를 받게 된다. CDA 자격은 3년간 유효하며, 5년 이내에 동일한 교육을 통하여 자격을 갱신해야 한다(서문희, 이상헌, 임유경, 2000; 이미화 외, 2008 재인용).

공립학교 유치원과 주정부의 지원을 받는 Pre-K 프로그램의 주교사는 4년제 대학 학사학위 소지자가 담당하고 있으며, 헤드 스타트 프로그램의 주교사 중 75%는 최소 1년 과정의 CDA 이수자이며, 그 가운데 57%는 2년제 대학 이상의 학위 소지자다.

3) 시사점

첫째로, 정책 간 조율이 부족함에 따라 생기는 문제들을 해결하기 위해서 미국 연방정부에서 부처 간 협력제를 강화하려는 GSGS(Good Start, Good Smart) 사업은 우리나라 유아교육정책에 시사하는 바가 크다. 지난 몇 년간 우리나라에서는 국가 차원의 육아정책이 여러 이익집단들의 상충되는 견해에 의해 법령 제정 단계부터 실력 행사가 나타나고, 여당과 야당의 정책 입안자들이 이에 따라 정책 방향을 수정하는 등 어려운 시기를 겪었다. 결국 「유아교육법」은 통과되었지만, 「영유아보육법」 개정과 함께 여전히 유치원은 「유아교육법」, 보육시설은 「영유아보육법」의 적용을 받으며 같은 연령의 유아들이 서로 다른 부처의 서비스를 받고 있어 효율성이 떨어지고 있다. 이에 2005년 12월 26일 보건복지부, 여성가족부, 교육인적자원부가 양해각서(mou)를 체결하여 육아정책개발센터가 출범하여 종합적인 육아정책 개발 · 연구가 본격적으로 시작되었으며, 유아교육과 보육의 통합을 위한 연구를 비롯하여 육아정책에 관한 다양한 연구와 지원을 하고 있다. 유아교육정책이 부처 간 혹은 이익집단 간의 대립 구도에서 벗어나 영유아와 그 가족들을 위한 최선의 정책이 될 수 있도록 논의하고, 그 방향이 모색되어야 할 것이다.

둘째로, 미국에서 최근 불고 있는 전국 Pre-K 운동과 그에 따른 유아교육의 공교육화에 대한 논의 과정 및 관련 연구들 역시 우리나라에 시사하는 바가 크다. 1960년대 이후로 미국 유아교육정책에서는 헤드 스타트가 그 주요 사업이었으며, 주된 재정 지원 및 사회적 공감대가 형성된 사업이었다. 그러나 주정부의 지원을 받는 Pre-K 프로그램이 늘어 감에 따라, Pre-K 운동 혹은 프리스쿨 운동은 앞으로 미국의 유아교육정책에 관하여 헤드 스타트와 함께 또 하나의 중요한 화두가 되고 있다(김은설 외, 2009). 현재 미국의 공사립 연구기관에서는, 주정부 Pre-K 프로그램들이 연방정부의 헤드 스타트 프로그램처럼 저소득층 위주의 정책(targeted Pre-K)이 되어야 하는지, 아니면 모든 Pre-K 연령의 아동에게 개방되는 보편적인(universal Pre-K) 정책이 되어야 하는지 논의 중이다. 특히, 미국의 각 주에서는 각기 독창적인 모습으로 주정부 지원 Pre-K 프로그램을 실험적으로 운영하고 있는데, 미국 각 주의 프로그램을 분석하고, 성공적인 공교육화 과정에 대한 연구를 살펴본다면, 우리나라 현실에 가장 적합한 모형을 개발할 수 있을 것이다.

셋째로, 미국의 공사립 연구기관에서는 유아교사를 현재처럼 다양한 배경의 교사들로 그대로 유지할 것인지, 공교육 체제처럼 일정 대학교육 및 전문 지식을 요구할 것인지에 대한 논의가 활발하게 일어나고 있다. 미국의 유아교육은 보육과 구분되어 유치원은 공교육에 K학년 무상교육으로 편입되어 있으며, 일부 지역에서 유치원 전 단계인 Pre-K(또는 Kindergarten)도 공교육 체제 내로 편입시켜 운용하고 있다. 유치원 교사의 경우, 모두 4년제 대학의 학사학위를 기본으로 하여 초·중등 교사와 동일한 자격 기준과 양성 과정을 거치게 되고, 유치원과 초등학교 연계의 개념을 넘어서 K학년을 포함한 12학년제가 하나의 교육 시스템이다. 따라서 유치원 교사와 초등학교 교사 간 호환이 지극히 자연스러운 현상이다. 반면에 보육교사는 우리나라와 마찬가지로 다양한 형태와 운용의 모습으로 교사의 자격 기준과 양성 체제가 다양하게 적용되고 있다. 고등학교 졸업자부터 4년제 대학 졸업자까지 다양한 자격과 학력 수준을 갖고 있는 사람들이 보육교사로 종사하고 있다.

미국의 보육교사 처우는 다른 직종에 비해 상대적으로 낮은 임금 체계를 가지고 있으나, 공립학교 교사의 경우 높은 직업 안정성과 교사로서의 고유한 직무 영역을 가지고 있다. 또한 보육교사의 경우, 일원화되지 못한 배출 경로와 학력 수준에 의해 시장 내에서 다양한 질적 수준의 보육 서비스를 제공하고 있다. 따라서 미국의 각 주에서 실험적으로 연구 진행 중인 정책과 프로그램에 대한 계속적인 고찰은 우리나라의 교사양성제도의 개선 방안을 모색하는 데 도움이 될 것이다.

2. 영 국

1) 유아교육정책

영국은 1997년 이전까지 유아교육과 보육이 교육과 사회복지사업으로 분리된 이원화 체제로 운영되고 있었으나, 1997년 교육고용부로 통합되어 교육고용부(Department for Education and Employment) 산하의 아동국(Minister for Children)에서 총괄하게 되었다.

1997년 노동당이 집권하면서 국가의 역할을 노동시장 참여와 고용 기회를 증진시키기 위하여 교육과 평생학습을 통해 개인의 인적 자본에 투자하는 것으로 재정의하였다. 아울러 노동당은 영유아기 서비스 증진을 국가의 최우선 과제로 채택하여, 사회적 소외 집단 및 저소득 가정의 아동을 우선적으로 지원하기로 하고, 유아교육과 보육 서비스의 확대 지원과 체제 개편을 단행하게 되었다. 이는 지난 20년 동안 영국의 세계화 및 경제 합리주의 정책의 결과로 부와 경제 분배의 불균형이 야기되었다는 인식에서 출발한 것이다. 특히 영유아기는 생애의 기초가 되는 발달과 성취를 결정하는 중요한 시기이므로, 모든 아동에게 공평하게 질 높은 유아교육보육 서비스(Early Childhood Education and Care: ECEC)를 제공해야 한다는 국가의 책무성을 강조하게 되었다.

2008년 세계경제 시장에서 경쟁력을 갖추기 위하여 사회의 기반인 아동과 청소년, 가족에 대한 정부 지원을 강화하려는 강력한 의지에서 아동학교가족부(Department for Children, Schools and Families: DCSF)를 신설하여 영유아 교육 및 보육 관련 업무를 이관하였다. 영국의 유아교육 및 보육 정책에 대한 최근의 흐름은 다음과 같은 세 가지 흐름에서 살펴볼 수 있다.

• 영국의 유아교육 체제는 국가와 지방정부가 공동으로 책임을 지는 정책을 구

축하고 있으며, 영유아 교육 및 보육이 일원화되어 운영되고 있다.

- 영국은 유아교육과 보육을 통합한 단일 체계의 유아교육과정을 개발하는 데 노력해 왔다. 영국은 1999년 생애 초기 학습 목표(Early Learning Goals)를 제정하여 생애 초기부터 핵심 역량을 발달시킬 수 있는 교육을 제공하기 위하여 유아교육과정과의 연계 작업을 시작하였다. 2002년 「교육법」에 의거하여 3~5세 유아도 국가 수준 교육과정의 생애 초기 학습 목표에 따라 교육받게 되었다. 0~3세를 위한 유아교육과정은 2004년에 소개되었으며, 2006년 「아동보호법」에 근거하여 유아교육 대상을 0~5세로 확대하였다(정미라, 박은혜, 신은수, 권정윤, 2007).
- 영국 정부는 2006년에 유아교사에 대한 대대적인 개혁(2006 Childcare and Early Years Providers Survey)을 시작하였다. 개혁의 주안점은 먼저, 대학 졸업 지도자 기금 장려 방안을 도입하여 모든 종일제 보육시설에서 2015년까지 대학 졸업자들이 주도적으로 근무할 수 있게 하며, 소외 · 빈곤 지역에는 시설당 2명의 대학 졸업자를 배치할 예정이다. 그리고 유아교사의 자격 향상을 위한 연수를 계획하고, 단일한 자격 체계를 마련하여 전문성을 제고할 수 있는 기회를 제공하고, 가정보육을 기관보육으로 더 많이 통합할 예정이

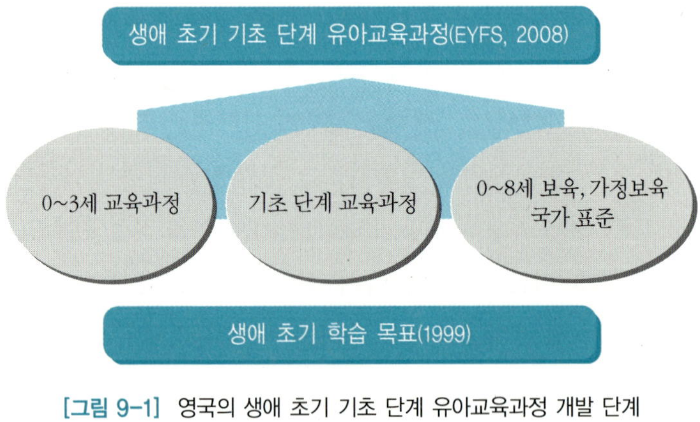

[그림 9-1] 영국의 생애 초기 기초 단계 유아교육과정 개발 단계

출처: 정미라 외(2007). p. 99.

다. 또한 보육사와 다른 가정보육사에게 연수 기회를 확대하여 3급 이상의 자격을 획득할 수 있게 할 예정이다(Nicholson, Jordan, & Kinnaird, 2006; 문무경 외, 2009 재인용).

2) 유아교사의 양성 및 자격 기준

영국의 유아교사 양성제도는 초등교사와 같으며, 교육 기간은 3~4(5)년이다(http://www.oecd.org). 영국에서는 교사가 갖추어야 하는 자격 표준을 주요 핵심 역량별로 제시하여 관리하고 있다. 핵심 단계인 1~4단계를 가르치기 위한 교사 양성과정의 모든 예비교사는 교사 자격증 표준(Standards for QTS)을 달성하고, 2002년부터는 3~16세를 대상으로 하는 교사 자격을 취득하고자 하는 모든 예비교사는 교사 자격증 핵심 역량 시험(QTS Skills Test)을 통과해야 하며, 시험은 컴퓨터를 이용한 방식으로 이루어진다(정미라 외, 2007).

영국에서 교사 자격을 취득하는 방법으로는, 교육대학에서 3년 과정을 이수하여 보통 교육학사를 취득하거나, 4년을 이수하고 상급 교육학사를 취득하고, 교육학부 대학원 과정에서 1년간 교직과정을 이수한 후 교육대학원의 과정 수료증을 취득하기도 한다.

영국에서는 학부과정이 3년제이지만, 유아교사는 4, 5년의 교육과 실습을 강화하여 교사의 질을 향상시키는 데 노력하고 있다. 영국의 「교육법」(1994)에 따르면, 모든 교사양성교육기관은 교원양성연수원의 평가 인정을 받도록 되어 있다(http://www.oecd.org).

영국의 유아교육기관 종사자는 일정한 자격이 요구되지만, 기준이 매우 다양하다. 공립학교의 경우, 3~5세 유아를 담당하는 교사는 정식 교사 자격증이 요구되지만, 사립 유아원은 교사 자격증이 반드시 요구되지 않는다. 놀이 집단의 교사는 200시간의 연수만 받도록 되어 있다.

보육사 자격은 지방정부가 승인한 양성훈련기관에서 6개월 과정을 마치면 취

〈표 9-1〉 영국의 교사 자격 시험

구 분	세부 내용
수 능력 평가 (Numeracy Test)	• 계산 능력 • 통계 해석 및 활용 • 일반 산수의 활용 및 적용
문해 능력 평가 (Literacy Test)	• 맞춤법 • 문법 • 이해력
정보/의사소통 기술 (Information and Communications Technology: ICT)	• 발표 능력 • 이메일/자료 편집 • 기타 소프트웨어 기술

득할 수 있다. 대개 전문학사과정 및 단기과정을 통해 보육교사가 양성되어 보육시설이나 사립 유아원에서 일하게 된다.

영국의 유아교사 자격 기준은 자격과 교육과정 관리국(Qualifications and Curriculum Authority: QCA)에 의해 인정되는 등급에 따라 8등급으로 구분된다. 초급에 해당하는 1급, 중급에 해당하는 2급, 고급에 해당하는 3~8등급이 있다.

8세 미만의 아동보육에 관한 국가 기준(National Standards for Under Eights Day Care and Childminding: Full Day Care)에 따르면, 종일제 시설에서 근무하는 모든 책임관리자 및 관리자급 종사자는 최소한 3급 이상의 자격을 소지해야 한다. 모든 종사자의 절반 이상은 2급 이상의 자격을 소지하도록 규정하고 있다. 서비스 종사자가 자격 기준을 충족하지 못한 기관은 자격 기준을 언제, 어떠한 방법으로 충족할 것인지에 대해 세부적인 내용을 작성한 실행계획서를 교육표준청 감독관에게 제출하여야 한다.

영국의 유아교사 유형별 자격 기준을 살펴보면 〈표 9-2〉와 같다. 교사의 법적 근무 시간, 교사의 최소 수준, 연간 현직교육에 대한 규정 등은 중앙정부에 대한 보고 사항이 아니며, 지역마다 다소 차이가 있다. 최근 아동학교가족부는 육아 지원 인력을 위한 발전 전략의 필요성을 인식하고, 아동 서비스를 위한 임

〈표 9-2〉 영국의 유아교사 유형별 자격 기준

교사 유형	특징 및 자격 기준	근무 기관
사립 보육시설 교사	• 전문학사과정 및 단기과정으로 보육 관련 교육과정 이수 • 놀이 집단 교사는 3~4세 유아를 담당하며, 200시간의 연수로 가능	개인이 설립한 보육시설
보모	• 정부에 등록되어 있지 않음	가정방문
보육사	• 0~3세의 영아보육 • 정부에서 지정하는 특정 수준의 조건이 요구되며, 국가 표준 규정을 준수해야 함	자신의 가성에서 보육 서비스 제공
공립 유아학교 교사	• 3~5세 유아 담당 • 정식 교사 자격증 필요 • 3~4년제 대학의 학위를 받은 교사	유아학교
사립 유아학교 교사	• 3~5세 유아 담당 • 정식 교사 자격증 필요 없음	
유치원 교사	• QTS 시험 중 3과목 시험에 응시하여 합격	유치원

금 및 노동력 전략에서 이를 언급하며, 임금, 성과급 등을 통한 임금의 상대적 격차 등을 검토할 것을 강조하고 있다(문무경, 2007).

3) 시사점

영국은 최근 유아교육 및 보육 관련 정책을 강화하고 있으며, 3~6세 유아의 1인당 교육 비용은 OECD 국가 중 최고 수준이다. 또한 부모의 선택권 보장, 유아교육과 보육시설의 확충을 위한 접근성 제고, 보육의 질적 향상을 위하여 영국 정부는 다양한 지원을 하고 있다. 영국의 유아교육정책을 근거로 우리나라 유아교육정책에 주는 시사점을 다음과 같이 정리해 볼 수 있다.

첫째로, 영국은 영유아 및 그 가족에게 유아교육 및 보육 서비스를 통합적으로 제공하기 위하여 1997년부터 교육고용부로 통합하고, 2008년 아동학교가족부를 신설하여 유아교육 및 보육 업무를 통합하고 있다. 현재 우리나라는 교육부에서 유아교육을, 보건복지부에서는 영유아 보육을 담당하고 있어 행정 및 예산 지원의 효율성이 떨어지고 있다. 따라서 영국처럼 유아교육 및 보육 관련 부처와의 유기적인 협조를 강화하고, 그다음 단계로 영국의 교육기술부 슈어스타트국과 같이 통합된 조직을 구성하거나, 아동학교가족부 같은 교육, 보건, 복지 등을 통합적으로 제공하는 정부 부처를 만들어 유아교육 및 보육 정책을 추진하는 방안을 모색할 필요가 있다.

둘째로, 영국 정부는 보육의 질을 높이기 위한 방법으로 보육 종사자의 전문성 강화에 관심을 갖고, 보육 종사자에 대한 10년간의 장기 계획과 같은 국가적 전략을 통하여 다양한 전문성 개선 방안을 제시하고, 보육 종사자의 훈련 및 보수, 교육 등 전문적인 지원을 강화하고 있다. 우리나라도 보육 종사자의 전문성 제고를 위한 정부 중심의 제도와 정책이 필요하다. 특히, 보육 종사자의 정보 공유 및 파트너십을 통한 협력 등은 우리나라 보육 종사자 관련 정책에 실제적으로 반영할 수 있을 것이다. 이러한 개선 과정을 통해 보육 종사자의 열악한 근무 조건 및 환경, 실제적 지원의 부족 등 우리나라 보육정책의 문제점을 개선하는 계기를 마련할 수 있을 것이다.

3. 프랑스

1) 유아교육정책

프랑스는 오래전부터 유아교육부터 대학교육에 이르기까지 공교육 체제를 갖춘 국가로서 유럽에서 유아교육 및 보육 정책이 가장 잘 발달되어 있는 나라다. 특히, 유아교육은 공교육 체제를 통해 보편적 교육기관으로서의 정체성을 지닐 뿐만 아니라, 1886년 이래로 초등학교와 함께 프랑스 교육의 기본 학제 속에 포함되어 있으며, 의무교육은 아니지만 만 3~5세의 유아를 대상으로 하는 유아학교(ecolematernelle)는 100%의 취원율을 보이고 있어 EU 국가들 중에서 취원율이 가장 높은 수준이고, 양적 · 질적 측면에서 선진국형 유아교육제도를 갖추고 있다.

프랑스는 연령별로 유아교육과 보육이 분리된 대표적인 나라로, 3세 이상은 유아교육, 3세 미만은 보육으로 연령별 각기 다른 관리 체제 · 제정 · 교직원 교육 방식의 이원화된 체계를 가지고 있다. 따라서 유아교육 및 보육교사도 보육시설에서 근무하는 보육교사와 유아학교에서 근무하는 유아교사로 나누어지며, 이들 각각에 대한 전문 인력 양성 체제도 다르다.

2) 유아교사의 양성 및 자격 기준

프랑스 0~6세 유아교육 및 보육을 담당하는 교사 및 전문가 과정은 다양하지만, 크게 유아교육기관에서 근무하는 유아교사와 보육시설에서 근무하는 보육교사 그리고 유아의 방과 후 활동을 담당하는 교사로 구분된다. 유치원 교사는 1991년부터 초등교사와 동일한 교원양성기관인 교사양성전문대학원(Institute Universitaire de la Formation des Maitres: IUFM, 학사학위 취득 후 입학 가능)에서 양성되고, 그 법적 지위와 책임이 동일하다. 반면, 보육교사는 교육 기간이나 교육내용에 있어 유치원 교사 양성 체제와는 차이를 보이고 있다. 또한 각 담당 영역별로 육아 지원 인력의 전문성 수준도 세분화되어, 주된 역할을 하는 교사와 보조적 역할을 하는 인력이 자격 기준에 따라 엄격히 구분된다는 특징이 있다.

프랑스에서는 유아교육이 공교육 체제에 속함에 따라, 유아교사의 전문성을 인정하고 그 역할의 중요성에 대한 인식도 매우 높다. 따라서 프랑스의 유아교사는 OECD 국가 중 가장 학력이 높다. 반면, 프랑스의 경우도 만 3세 미만 영아를 위한 보육시설이나 기타 보육 분야에서 일하는 교사 및 직원의 경우는 대체로 유아교사보다 교육 기간이나 전문성, 보수, 근로 조건 등에서 떨어지는 편이다. 그러나 2000년대 중반 이후 국가 단위의 보육교사 자격증 시험 체제를 도입하는 등 보육교사 자격제도를 재정비함으로써 보육교사 양성 체제에 큰 변화를 보이고 있다.

(1) 유아교사

프랑스에서 교사는 IUFM이라는 교원양성기관에서 종합적으로 양성된다. IUFM은 다양한 전문 분야의 학사학위 이상 소지자를 대상으로 전문적인 교사 양성을 목적으로 설립된 대학원 수준의 종합교사교육기관이며, 유치원·초등 교사 과정과 중등교사 양성 과정으로 나누어진다.

유·초등 교사 자격증(Certificat d'Aptitude au Professorat des Ecoles: CAPE)은 국가임용고시에 합격하고 IUFM의 실습교사과정(2학년)을 이수한 후 평가에 따라 받을 수 있다. 평가는 유아교사로서의 전문지식과 실제 현장 능력을 중심으로 이루어지는데, 주로 IUFM 2년차에 대한 평가를 토대로 한다. 임용고시에 합격했다 하더라도 평가에서 일정 점수를 획득하지 못하면 일 년간의 유예 기간을 두고 한 번의 기회를 더 준다. 두 번째 기회에서도 통과하지 못한 경우에

〈표 9-3〉 프랑스의 교사 자격증 부여 체계

<table>
<tr><th colspan="7">교사 자격증 부여</th></tr>
<tr><td>IUFM
2학년 과정</td><td colspan="6">실습교사과정 이수와 논문 작성</td></tr>
<tr><th colspan="7">교사임용고시 응시 및 합격</th></tr>
<tr><td rowspan="3">IUFM
1학년 과정</td><td>PE</td><td>CAPES</td><td>CAPEPS</td><td>CAPET</td><td>CAPLP</td><td>CPE</td></tr>
<tr><td>유아·초등
교사</td><td>중등교사</td><td>체육교사</td><td>공업교사</td><td>직업전문
과정 교사</td><td>진로교사</td></tr>
<tr><td colspan="6">교사임용고시 준비</td></tr>
<tr><th colspan="7">IUFM 입학: 서류 전형 혹은 입학 시험</th></tr>
<tr><td>대학교</td><td colspan="6">Licence</td></tr>
<tr><td>고등학교</td><td colspan="6">Terminale(고등학교 3학년)</td></tr>
</table>

는 교사 자격증이 주어지지 않는다.

유아교사에 대한 명칭도 1992년 이후부터 일반적 의미의 교사를 칭하는 'Instituteur(trice)'에서 전문직으로서 교사의 의미인 'Professeur des écoles'로 변경되어 전문성을 더욱 강조함으로써 유아교사에 대한 사회적 인식과 질적 향상을 가져오는 계기가 되었다. 이와 함께 유아교사가 되고자 하는 지원자는 증가하는 추세다.

(2) 영유아 보육교사

1973년에 시작된 영유아 보육교사는 이전에는 유아정원사 혹은 유아놀이사로 불렸으며, 교육을 포함하여 아이들 맡기, 예방, 협력 등의 네 가지 임무를 지닌다. 보육을 담당하는 교사의 업무는 만 3세 미만 아동에게만 국한되지 않고, 때로는 0~6세 아동 모두의 보육을 담당하는 것이다. 따라서 영유아 보육사는 0~6세 아동의 보육을 담당하는 전문가로 집단보육시설, 유아정원, 시간제 보육시설, 가정보육시설 등의 다양한 형태의 보육시설에서 근무한다.

영유아 보육교사의 양성 체제는 2005년과 2006년에 제도 개혁이 이루어졌는데, 교육과정이 강화되고 교육 기간이 길어지는 등 체계가 재정비되고 국가시험이 도입되면서 영유아보육사의 위상 강화에 중점을 두었다. 영유아보육사가 되기 위해서는 전문양성학교에서 2년간의 교육과정을 이수한 후 국가시험에 합격해야 하며, 합격 이후에도 보육시설에서 15개월(60주)의 실습 기간과 1,500시간의 7개 학습 영역에 대한 이론 학습을 마쳐야만 자격증을 받을 수 있다.

프랑스의 영유아 보육교사 국가자격 시험은 〈표 9-4〉에 제시된 바와 같이 총 4단계로 구성된다. 논문 발표, 교육활동의 세 가지 과제에 대한 구두시험, 전문적 의사소통 필기시험, 종합 필기시험의 형태를 띤 네 가지 영역의 시험을 통과하면 사회복지부로부터 영유아 보육교사 국가자격증(le Diplôme d'Etat d'Educateur de Jeunes Enfants: DEEJE)을 받게 된다.

〈표 9-4〉 프랑스의 영유아 보육교사 전문 능력 교육과정 및 시험 유형

전문 능력	전문 능력 내용	전문 능력 세부 내용	시험 유형
DC 1	영유아와 그 가족을 맞이하고 동반하기	• 가족을 맞이하고 동반하는 데 적합한 방법 개발 • 일상생활에서 부모의 기능을 인정하고 지원 • 일차적인 애착 관계에 관련한 조기 예방에 기여	논문 발표
DC 2	영유아 교육활동	• 전반적인 아동 발달을 촉진하고 다양한 환경(가족, 학교, 놀이)에서 사회성을 개발 • 교육, 건강, 사회적 소외 문제에 대한 예방을 인식하고 실행	교육활동의 세 가지 과제에 대한 구두시험
DC 3	전문적 의사소통	• 기관의 타 전문가들과 협동하여 사회-교육 프로젝트를 전개 • 부모와 협력하여 아동의 사회-교육 행동 담당	전문적 의사소통 필기시험
DC 4	기관별, 상호 기관별, 파트너십에 대한 활동성	• 영유아 기관과 정책에 적합한 현실적인 사회-교육적 개입과 프로젝트 진행 • 지역사회 행동에 참여하고, 다양한 행위자들의 능력 상승	종합 필기시험

출처: Arrêté du 16 novembre 2005, Circulaire DGAS/4A du 2006-25 du 18 janvier 2006.

(3) 보육전문가

보육전문가는 1947년에 생긴 국가공인자격증으로 다양한 환경 내에서 영유아의 건강을 증진 · 유지 · 회복시키는 임무를 지니는 건강교육을 담당하는 전문가다. 주로 병원이나 모자보건국(PMI), 공공 보육시설에서 일하며, 보육시설(Crèche)의 장이 될 수 있다. 자격증을 취득하기 위해서는 보육전문가양성학교(Ecole de Puéricultrice)에서 3년 과정을 이수하거나 이미 간호사나 사회복지사 자격증 취득자인 경우는 전문가양성학교에서 1년간 이수하고, 이 기간 동안 국가고사, 논문, 구두시험을 통과해야 한다.

(4) 준보육전문가

준보육전문가는 1947년 보육전문가(Puéricultrice) 자격증이 시작될 때 생겨났

으며, 국가기관(Prefet de région)에서 인증된 학교에서 1년간의 직업교육 과정 후 도지사가 자격을 인정해 준다. 주로 보육시설에서 영유아를 돌보며 간호사나 보육전문가의 보조적 역할을 하며, 모성적 돌보기를 담당하고, 병원이나 병원 이외의 공간에서 정상 아동이나 병이 있는 아동과 장애아동을 돌보는 역할을 수행하기도 한다.

준보육전문가 자격을 취득하기 위해서는 중학교 이상의 학력을 가진 사람이 전문양성학교에서 1년간의 이수과정을 거쳐 구두, 필기, 실기 시험을 통과해야 한다.

(5) 가정보육모

가정보육모라는 명칭은 1977년부터 공식적으로 사용되었으며, 일정한 보수를 받으며 자신의 집에서 미성년자를 보육하는 자를 말한다. 이들은 특별한 자격증은 필요 없으나 1992년 제정된 법령에 의해 모자보건국이 자격인증 절차와 교육 시간을 제시하여 유급휴가 및 직업의 사회적 권리 보장 등 전문직업인으로서 지위를 획득하게 되었다. 가정보육모는 주로 공공보육시설(crèche familiale이 대표적)에 소속되어 보수를 받고 활동하거나 독자적으로 자신의 집이나 부모에 의해 고용되어 활동할 수 있고, 그들을 고용하는 부모는 고용 여부를 관할 당국에 신고하면 세금을 공제받을 수 있다(loi du 17 mai, 1977).

자격이 인증된 보육모에게는 인증서가 부여되며 유효 기간은 5년이다. 전문교육과정은 5년마다 자격증을 갱신하는 데 필요하다.

(6) 유아학교 보조교사

유아학교에는 정규 교사 이외에 보조교사(Agent Territorial Specialisé des Ecoles Maternelles: ATSEM)가 있는데, ATSEM은 지방공무원으로 교장의 추천을 받아 시장이 임명한다. ATSEM은 정규 교사를 도와 아동의 생활 규칙이나 질서 유지, 급식 및 학습 준비를 돕는 역할을 하며, 특별히 아동의 위생과 안전을 담당한다.

(7) 사회문화 교육전문가

정규 유아교육 및 보육 시간 외에 3~12세 미만 아동의 보육과 교육을 담당하는 기관이 방과 후 여가센터(centredeloisir)이며, 여기에서 일하는 전문가들은 사회문화 교육전문가(Animateur Socioculturel)로 불린다. 방과 후 활동이란, 점심시간, 저녁시간, 수요일 하루 종일과 방학 기간에 실시되는 활동으로 정의되며, 교육 장소는 지방자치단체에서 허가한 센터가 있기도 하지만 대부분 학교에서 공교육의 연장선으로 정규 학교 활동 이외의 과외 시간에 이루어지는 교육활동의 교육적 질을 강화하는 데 목적을 두고 있다. 유아학교의 방과 후 활동은 매달 유아학교에서 신청하며, 등록비는 선택한 활동과 학부모의 월급에 따라 정해진다.

사회문화 교육전문가는 유아의 자유선택 활동 시간에 문화, 체육활동 중심의 교육활동을 주로 담당하는데, 여기에는 그림 그리기, 찰흙으로 만들기, 구슬놀이, 연극놀이, 비디오 보기, 노래하기, 동화 읽기, 집단놀이, 자전거 타기 등이 있다.

사회문화 교육전문가의 자격증은 2001년 BPJEPS(Brevet Professionnel de la Jeunesse, de l'Education Populaire et du Sport)로 통일되었으며, 체육청소년부에서 발급된다. 방과 후 활동을 담당하는 사회문화 교육전문가는 자격증을 지닌 정규 혹은 계약직 사회문화 교육전문가들로, 주로 지방자치단체에 의해서 고용된다.

3) 시사점

첫째로, 프랑스 육아 지원 인력의 전문성과 자격 기준은 OECD 국가들 중에서도 매우 높은 수준이며, 대부분의 유럽 국가들과 마찬가지로 프랑스에서도 0~6세 영유아를 책임지는 전문교사를 위한 양성 기간이 늘어나고 양성과정이 점차 강화되고 있다. 이는 영유아 교사가 담당하는 역할의 중요성을 인정하는 사회적 인식과 분위기를 반영하는 것이라고 볼 수 있다. 즉, 교육의 질은 교사에 의해 좌우되며, 특히 영유아기 교육에서 교사의 중요성이 강조되면서 육아 지원 인력에 대한 국가의 관리가 강화되었으며, 이는 영유아 교사의 질적 향상 및 직업적 위상 강화로 이어진다.

둘째로, 양성 과정의 강화와 더불어 자격을 부여하기까지 여러 차례의 선발과 심사(screening) 과정을 거치도록 되어 있어 자격증 발급이 매우 엄격하게 관리되고 있음을 알 수 있다. 프랑스에서는 특정 양성기관이나 교육기관을 이수하였다고 해서 자격증이 자동적으로 발급되는 경우는 없으며, 일정한 교육과정을 이수한 후에 반드시 구두시험, 필기시험, 실습 등을 거쳐 합격한 자에 한해서만 자격증을 부여하도록 되어 있다. 특히, 유아학교 교사의 경우에는 국가임용고시에 합격한 후 일 년간의 실습과정을 거쳐 평가가 이루어지며, 평가 점수가 일정 기준에 미치지 못하면 일 년간의 유예 기간을 두고 한 번 더 기회를 준 후, 두 번째 기회에서도 통과하지 못하면 교사 자격증을 주지 않는 등 자질이 없는 교사가 현장에 발붙이지 못하도록 철저히 차단하고 있다.

마지막으로, 프랑스의 육아 지원 인력은 다양한 전문직이 공존 · 협력하는 체제로 구성된다. 보육시설의 영유아보육사는 보육전문가, 준보육전문가, 가정보육모 및 심리치료사와 함께 협력하여 일하는 경우가 많으며, 보육시설과 유아학교 내에는 주 역할을 하는 교사와 보조 역할을 하는 교사의 자격 기준이 구분되어 교사의 전문성 수준에 따른 역할 분담이 이루어진다. 또한 유아학교의 방과 후 여가센터에는 문화, 체육활동을 담당하는 사회문화 교육전문가가 별도로 존재하는 등 영역별로 전문성을 가진 영유아 교사가 영유아에 대한 교육과 보육을 담당하고 있다.

우리나라도 육아 지원 인력의 전문성을 높이기 위해서는 먼저 양성 기간을 늘리고, 교과목 이수 학점을 상향 조정하는 등 육아 지원 인력 양성 과정을 강화할 필요가 있으며, 국가시험제도의 도입 등을 통해 국가가 이들 인력에 대해 엄격하게 관리할 필요가 있다. 특히, 특정 양성기관 혹은 교과목을 이수하면 곧바로 자격증이 주어지는 현재의 양성 체제를 시급히 개편해야 할 것이다. 또한 육아 지원 인력의 전문성과 자격 기준에 따라 역할과 처우를 달리함으로써 효율적인 자원 배분을 이루고, 우수한 인력을 보육 및 교육 현장으로 끌어들이는 유인이 되도록 해야 할 것이다.

프랑스의 유아 무상교육은 프랑스 사회의 저출산 문제를 해결하는 데 결정적인 역할을 해 왔고, 무상교육을 실시한 것과는 별도로 취업모를 위한 다양한 형태의 양육지원제도를 구축하고 있는 점도 주목할 필요가 있다. 취업모를 위한 집단보육시설을 확충하는 일 외에도 임시보육시설이나 가정보육모제도, 육아수당 등의 확립으로 부모의 육아 부담을 경감시켜 주고 있다. 가정보육모제도를 지원함으로써 가정보육모가 부모의 자녀 양육에 대한 파트너 역할을 성실히 수행하고 있는 점은 육아와 직장을 병행하기 어려운 우리나라 현실에서도 육아에 대한 사회적 지원을 강화함으로써 부모나 유아의 특성이나 요구에 따라 기관 중심뿐만 아니라 가정 중심 형태의 다양한 자녀 양육을 실시할 수 있는 토대를 마련하는 방법이 될 것으로 보인다.

4. 일 본

1) 유아교육정책

현재 일본의 유치원과 보육소는 서로 다른 목적과 성격을 갖고 각기 다른 부처하에 운영되고 있다. 그러나 1990년대에 접어들면서 저출산 현상에 따른 유치원의 원아 수 감소 및 맞벌이 가정의 증가에 따른 보육소 입소 희망 아동의 증가 현상이 발생함에 따라 유치원의 보육소화 및 보육소의 유치원화가 진행되고 있는 상황이다. 이에 1998년에 정부가 '유치원과 보육소의 시설 공용화에 관한 지침'을 발표하여, 기존 시설의 기능을 통합하여 운영하는 종합시설이 제안되고,

시범 사업 기간을 거쳐 2006년 취학 전 모든 아동을 대상으로 교육 · 보육을 종합적으로 제공하고, 보호자에게 자녀 양육에 관한 지원을 제공하는 인정어린이원을 운영하게 되었다(유희정, 2006).

2) 유아교사의 양성 및 자격 기준

유치원 교사 자격증은 문부과학성이 관할하고, 각 도도부현의 교육위원회가 수여하고 있다. 교사 자격의 경우, 0~2세 영아 교사는 보육사 자격 보육자여야 하고, 3~5세 교사는 유치원 교사 면허와 보육사 자격을 모두 갖추고 있는 것을 권고하고 있다. 학급 담임은 유치원 교사 면허 보유자를 원칙으로 하되, 장시간 이용 아동 담임교사는 보육사 자격 소유자를 원칙으로 하여 어느 한쪽의 자격만 가진 교사를 배제하지 않도록 하고 있다.

일본은 보육에 종사하는 남성의 수가 늘어나게 되자 보모라는 용어 대신 보육사라는 용어를 사용하고 있으며, 국가 자격으로서 후생성 대신이 지정하는 보육교사 양성 학교, 기타 시설을 졸업하거나 또는 도도부현 지사에 의해 실시되는 8개 과목의 보육교사 시험에 합격하고 자격을 취득하는 방법이 있다. 보육교사 양성기관의 종류로는 학교교육에 의한 대학 및 단기 대학(2년제)과 후생성 대신에 의해 승인된 기관으로 구분되며, 단기 대학과 보육교사 양성기관이 주된 기관으로 보육교사의 75%가 2년제 대학에 의해 배출된다.

(1) 유치원 교사

유치원 교사 양성은 직접양성 방식과 간접양성 방식으로 구분된다. 직접양성 방식은 문부 대신이 유치원 교원 양성 과정을 인정하는 대학 또는 단기 대학에 입학하여, 「면허법」에 규정된 소정의 단위를 이수함으로써 면허장을 취득하는 형태다. 간접양성 방식은 현직에 있으면서 「면허법」에 의거한 강습회, 통신교육 등을 통해서 소정의 단위를 이수함과 동시에, 재직 연수에 의해 면허장 종류를 바꾸는 형태다(이선옥, 2008).

① 직접양성제도

면허장에는 보통면허장과 임시면허장 등 두 종류가 있고, 보통면허장은 전수면허장, 1종 면허장, 2종 면허장 등 세 가지 종류로 나뉜다. 전수면허장은 대학원에서 석사학위를 취득한 자에게 부여되고, 1종 면허장은 4년제 대학에서 학사학위를 취득한 자에게 부여된다. 그리고 2종 면허장은 2, 3년제 단기 대학에서 62단위 이상을 이수한 자에게 수여된다.

교원 양성은 원칙적으로 2년제 단기 대학과 4년제 대학교 모두에서 수행되는데, 4년제보다 2년제 양성시설의 수가 더 많다. 게다가 4년제의 경우, 초등학교 교사 양성에 부수적으로 양성되는 경향이 있어 졸업생들은 대부분 초등학교에 취직하는 것을 선호하여 실제로는 2년제 졸업생이 유치원 교사의 주를 이루고 있다(이선옥, 2008). 또한 예외적으로 지정 양성기관에서도 교원 양성이 이루어지고 있는데, 이러한 양성기관은 단기 대학과 동등한 자격이 있어, 2년간의 과정을 마친 수료자에게 2종 면허장을 부여하고 있다.

〈표 9-5〉 일본의 유치원 교사 자격증 종류

종 류	자격 기준
1종 면허장 (1種 免許狀)	• 4년제 대학의 유치원 교사 양성 과정 졸업
2종 면허장 (2種 免許狀)	• 2년제 단기 대학 또는 전문학교의 양성 과정에서 취득 • 통신교육으로도 취득 가능
전수 면허장 (專免 修許狀)	• 4년제 대학 졸업 후 대학원 석사과정, 전공과 등에서 취득

주: 한 단계 상위의 자격증을 취득하려면 시험 없이 서류를 통해 인물, 학력, 실무에 대해 심사하는 '교직원 검정'을 봐야 함.

② 간접양성제도

유치원 교사 2종 면허장을 소지하고 유치원 교사로서 일정 기간 동안 근무하면서 소정의 단위를 이수하고 '교육직원검정' 시험에 합격한 자에게 1종 면허장이 부여된다. 또 임시면허장을 가지고 유치원에서 일정 기간 근무한 자도 동일한 방법으로 2종 면허장을 취득할 수 있다. 뿐만 아니라 대학교, 단기 대학에서는 4년 및 2년의 정규과정 외에도 전공학과 및 청강생 통신교육과정도 인정하고 있어, 일정한 자격을 가진 자가 이러한 과정을 통해서 소정의 단위를 이수하면 보통면허장을 취득할 수 있도록 하고 있다.

(2) 보육사의 양성

보육사 양성기관에는 「학교교육법」에 의한 대학교, 단기 대학, 전수학교와 후생 대신이 승인한 양성기관 등이 있다. 보육소의 보육사 양성은 크게 두 가지 유형으로 구분되는데, 보육사 양성기관을 통한 자격 취득과 보육사 시험을 통한 자격 취득이 있다.

① 기관을 통한 양성

보육사 양성기관은 74%가 대학교 또는 단기 대학이고, 그 외 단기 양성기관인 양성시설은 8% 정도다. 보육사 양성기관의 교육과정은 「아동복지법 시행규칙」에 의거하여, 후생 대신이 고사한 수업 교과목 및 단위 수를 책정하게 되어 있다. 보육사 자격을 취득하기 위하여 이수해야 하는 교과목의 명칭 및 수, 단위 수는 〈표 9-6〉과 같다.

보육실습은 보육사 양성 교육과정 중에서 가장 중요한 과목으로, 실습보육소에서의 견학, 관찰, 참가 등 활동을 통해서 영유아의 심신의 발달과 행동, 보육사의 일과 역할, 보육소의 운영과 사회적 역할에 대한 이해, 상호작용, 보육사의 업무 등에 관한 실제적인 경험을 익히게 된다.

〈표 9-6〉 일본의 보육사 양성기관의 수업 교과목과 이수 단위

일반교육과목	체 육	전문과목	
		갑 류	을 류
인문 관련 과목, 사회과학 관련 과목, 자연과학 관련 과목	강의 및 실기	A. 복지: ① 사회복지 I ② 사회복지 II ③ 아동복지(각 2단위) B. 보육 · 교육: ① 교육원리 ② 양호원리 I ③ 보육원리 I ④ 보육실습(각 4단위) C. 심리: ① 아동심리학 ② 교육심리학(각 2단위) D. 보건: ① 소아보건 I (4) ② 소아보건 II (실습)(1) ③ 정신위생(2) ④ 소아영양(3) E. 보육 내용: ① 건강 ② 사회 ③ 자연 ④ 언어 ⑤ 음악 리듬 ⑥ 회화제작(각 1단위), 영아보육(2) F. 기초 기능: ① 음악 I ② 도화공작 ③ 체육(2)	A. 보육 · 교육: ① 보육원리 II ② 양호원리 II ③ 보육실습 II ④ 보육실습 III(각 2단위) B. 심리: ① 청년심리학 ② 영유아심리학 ③ 임상심리학(각 2단위) C. 보건: 소아보건 II (2) D. 가정: 가정관리(2) E. 보육 내용: ① 건강 ② 언어 ③ 음악리듬 ④ 회화제작(각 1단위) ⑤ 양호내용 ⑥ 영아보육 II (각 2단위) F. 기초 기능: 음악 II (2)
각 2과목 이상, 4단위 이상	각 1단위	23과목 46단위 (전부 필수)	5과목 8단위

② 시험을 통한 양성

보육사 시험은 매년 1회씩 각 도도부현에서 실시되며, 수험 자격은 2년 이상 대학을 다니면서 62학점 이상을 취득한 자, 고등전문학교를 졸업한 자, 고등학교 졸업자 및 이에 준하는 자, 아동복지시설에서 5년 이상 아동의 보호에 종사한 자, 각 지방자치단체에 의해서 그 자격이 인정된 자 등이 해당한다. 과거에는 보육사 양성기관 출신인 보육사보다 오히려 보육사 시험에 합격함으로써 보육사 자격을 취득하는 사람의 수가 많았으나, 지금은 90% 이상이 양성기관을 통하여 자격을 얻고 있어 시험을 보는 비율이 매우 낮아졌다.

3) 시사점

첫째로, 일본은 유치원과 보육소 현장 및 지방자치단체가 주도적으로 통합을 시도하며, 유아교육과 보육 현황이 우리나라의 경우와 비슷하며, 중앙정부의 노력이 없더라도 지방자치단체와 현장에서의 협력과 통합 노력이 효과적일 수 있음을 시사해 주고 있다.

둘째로, 보육사 양성은 공급이 수요를 초과하고 있어 양성기관의 양보다는 질을 높이려는 방안이 모색되고 있다. 보육사가 자격을 취득한 후 취직하고 있는 곳을 살펴보면 40.3%가 보육소에서 일하고 있고, 10.7% 정도가 보육시설이 아닌 기타 복지시설에서 일하고 있는 것으로 나타나고 있으나, 자격 취득자 중 49.3%는 보육사로서 취직하고 있지 않은 것으로 조사되었다(이선옥, 2008). 이들은 유치원 교원면허장을 취득하여 유치원에서 근무하고 있거나 일반 기업에서 근무하고 있는 것으로 나타났는데, 이는 보육사 양성이 그 수요에 비해 공급 과잉 현상을 보이기 때문이다.

셋째로, 보육사는 영유아 지도를 위한 지식과 기술이 필요한 전문직이라는 인식에서 볼 때, 고등학교 졸업자가 응시할 수 있는 보육사 시험제도를 개선해야 한다는 주장이 있다. 즉, 보육사의 양성은 원칙적으로 대학 등 고등교육기관에서 행해져야 하며, 부득이하다면 보육사 시험의 합격 수준을 높여 보육사의 질적 수준을 향상시킬 필요가 있다는 것이다.

이와 같은 일본의 보육교사 전문성 관련 논의는 비슷한 양성제도를 가진 우리에게도 의미 있는 시사점이 될 수 있다. 수요와 공급을 적절히 조절하고 보육교사 양성기관의 질을 높이도록 하고, 보육교사 양성 과정의 직무를 전문화하여 교육하자는 주장도 생각해 볼 만하다. 뿐만 아니라 보육교사는 전문직이므로 원칙적으로 대학 등 고등교육기관에서 이루어져 한다는 의견은 앞으로의 보육교사 양성에 대한 방향성을 제시해 주고 있다.

5. 스웨덴

1) 유아교육정책

스웨덴은 육아지원제도가 일찍이 일원화된 대표적인 나라다. 스웨덴은 영유아에 대한 교육과 보육을 사회적 책임으로 보고, 1944년부터 1996년까지 보건복지부에서 총괄하여 운영해 왔다. 그러나 1997년에 이르러 영유아 교육 및 보육과 관련한 모든 업무를 교육과학부(Ministry of Education and Science)로 이관하였다. 영유아 교육과 보육에 관한 업무를 보건복지부에서 교육과학부로 이관한 배경으로는, ① '복지국가의 초석'에서 '지식국가'로의 전환, ② 보편적 평생학습체제로서의 개혁, ③ 취학 전 교육을 의무교육체제로 통합할 때 얻을 수 있는 경제적 효율성 등을 들 수 있다(이옥 외, 2006).

1998년 「학교법(School Act)」에 따라 유치원과 보육시설의 구분을 없애고, 만 1~6세 영유아를 위한 푀르스콜라와 만 6~7세 유아를 위한 유아학급, 가정보육시설, 여가활동센터 등이 영유아 교육 및 보육 서비스를 제공하고 있다.

2) 유아교사 양성 및 자격 기준

스웨덴에서 만 5~6세를 가르치는 유아교사는 초등교사와 동일한 수준의 학력을 요구한다. 스웨덴의 유아교육 및 보육 교사는 근무하는 기관의 유형에 따라 유아교사, 보조교사, 가정보육모, 레크리에이션 교사 등의 네 종류로 구분된다. 유아교육 및 보육 교사 양성 과정과 활동 분야를 살펴보면 〈표 9-7〉과 같다.

〈표 9-7〉 스웨덴의 유아교육 및 보육 교사 양성 과정 및 활동 분야

교사 유형	양성 과정	활동 분야
유아교사	• 3년 6개월(140주) 대학교육 이수(실습 12주 포함)	• 피르스콜라 • 개방형 피르스콜라 • 유아학급 • 레저타임센터
보조교사	• 고등학교에서 3년간 아동과 레크리에이션 프로그램 이수(실습 15주 포함) • 또는 성인교육기관에서 1년간 보조교사 과정 이수	• 피르스콜라 • 개방형 피르스콜라 • 유아학급 • 가정보육
가정보육모	• 지방자치단체가 운영하는 기관에서 90~100시간 훈련과정 이수	• 가정보육
레크리에이션 교사	• 3년 6개월(140주) 대학교육 이수(실습 12주 포함)	• 레저타임센터 • 피르스콜라(유아교사와 함께)

출처: 한유미 외(2005).

(1) 유아교사

유아교사는 대학(3년 6개월)에서 배출되는데, 9세 이하 아동을 대상으로 하는 교육과 보호에 대한 전반적인 내용을 배우므로, 아동의 연령에 상관없이 교사로서의 역할을 수행할 수 있도록 훈련받게 된다. 주된 양성 과정의 교과 내용은 아동발달, 가족사회학, 교수방법 등으로서 보조교사 양성 과정보다 이론의 비중이 훨씬 더 높은 경향이 있지만, 현장실습 기간도 12주로 실습 역시 강조되고 있다. 유아교사는 피르스콜라와 유아학급 등의 영유아를 위한 유아교육 및 보육 기관뿐 아니라 학령기 아동을 위한 레저타임센터에서도 일할 수 있으며, 초등학교 저학년 교사들과 다양한 방법으로 협력하고 있다.

교사연수 프로그램은 대학에서 제공하는 6주간의 단기 과정부터 1년이나 그 이상의 교육과정이 있다. 공식적인 연수 과정은 없으며, 지방자치단체에 따라 연수의 기회가 각기 다르다. 특수한 지원을 필요로 하는 아동, 다문화교육, 교육행정 등에 관해서 연수가 이루어지고, 피르스콜라의 원장은 지방자치단체로부

터 받은 교사연수 예산을 사용하여 교사에게 연수 기회를 제공한다. 교사가 연수를 받는 것이 공식적인 의무 사항은 아니지만, 연수를 받지 않으면 봉급 책정 시 불이익을 받을 수 있다.

(2) 보조교사

보조교사는 고등학교에서 양성된다. 보조교사 양성은 3년간의 과정을 통하여 공통과목 750학점, 선택과목 300학점, 전공과목 1,450학점 등 총 2,500학점을 이수하도록 되어 있다. 교과목을 구체적으로 살펴보면, 유아교육기관에 대한 지식, 아동보육과 레저학, 전문직으로서의 아동보육, 사회현상으로서의 레저타임, 발달과 사회화, 전문직과 평생학습, 유아기와 레저타임 교육 등의 전공과목과 그 외의 선택과목이 제공되며, 별도로 15주간의 현장실습을 하도록 하고 있다.

보조교사의 또 다른 양성기관으로는 각 지방자치단체가 운영하는 성인교육기관(Komvux)이 있는데, 이는 우리나라의 보육교사교육원과 같은 1년 훈련과정이다. 이 과정은 고등학교 졸업에 요구되는 1개의 필수과목 외에 4개의 공통과목을 이수하고, 2개의 선택과목 중 한 개를 선택하여 총 800학점을 이수하도록 되어 있다. 하지만 많은 지방자치단체에서 교사를 선발할 때 대학교육을 받은 유아교사에게 우선권을 주기 때문에, 보조교사는 유아교사 자격을 갖추도록 압력을 받고 있다. 이는 유아교사 양성 학과의 입학 경쟁률을 높여 교사의 질을 향상시키는 요인이 되었다.

유아교사와는 달리 보조교사는 취학 전 영유아를 위한 육아지원기관에서 근무할 수는 있으나 레저타임센터에서는 근무할 수 없으며, 현장에서의 역할 또한 주교사를 돕는 보조적인 역할을 수행하도록 제한되어 있다.

(3) 가정보육모

가정보육모는 유아교사나 보조교사와 같이 공식적인 교육은 받지 않았으나 지방자치단체가 운영하는 기관에서 90~100시간 정도의 훈련을 받고 자신의 집에서 보육을 제공하게 된다. 일반적으로 가정보육모 자격 취득을 위하여 보조교사 교육과정이 권고되고는 있으나, 중앙정부 수준에서의 특별한 지침이나 요구는 없다. 대부분의 지방자치단체에서 90~100시간의 훈련 이외에 연간 30시간의 연수를 꾸준히 받도록 권유하고 있지만, 실제로 가정보육모를 위해 체계적으로 개발된 교육 프로그램은 없는 실정이다.

가정보육모는 지방자치단체에 고용되고 급여를 받는 대신 철저한 관리 · 감독을 받는 공립 가정보육모와 지방자치단체에 의해 인가를 얻고 관리 · 감독을 받거나 공적 규제를 받지 않고 완전히 개인적으로 운영하는 사립 가정보육모로 나누어진다.

(4) 레크리에이션 교사

레크리에이션 교사는 유아교사와 마찬가지로 3년 6개월의 대학교육을 받은 자들로서 주로 레저타임센터에서 6~12세에 해당하는 학령기 아동의 육아 지원을 담당한다. 레크리에이션 교사 양성 교과목은 교수법, 발달심리학, 가족사회학 및 창의적 활동 등을 포함하여, 그 체제 및 이수 과목이 유아교사 양성 과정과 매우 유사하다고 할 수 있다.

(5) 원 장

피르스콜라의 원장은 일정한 자격 심사 과정을 통해 지방자치단체 보육위원회에서 선출되거나, 자신이 신청하거나, 지방자치단체의 다른 피르스콜라 원장 또는 보육공무원의 추천을 받을 수 있다. 유아교사 자격증과 보육 관련 경력이 있어야 하며, 근무기관에서 받은 추천서 및 면접 등의 심사 절차를 거친다. 유아교사도 원장 선임에 참여하여 의견을 제시할 수 있다.

원장은 행정적인 모든 일을 관리하는 총괄 책임자로, 주로 재정 업무를 담당하며, 지방분권화에 따라 그 재량권이 커졌다. 스웨덴의 피르스콜라에는 원감이

〈표 9-8〉 스웨덴의 원장 프로그램

단 계	내용 및 대상	목 적	비 고
1단계 원장 지원자들을 위한 모집훈련 프로그램	원장의 다양한 리더십을 다루지만 국가의 교육 목표에 초점을 둠	• 여성 원장의 증가 • 새로운 원장을 해당 지방자치단체의 외부에서 채용 • 교육 배경이나 직업은 다르지만 덕망 있는 사람을 발견	지방자치단체에 의해 진행되며, 시행은 지방자치단체 간에 차이가 있음
2단계 기초연수 프로그램	새로 임명된 원장의 처음 1년 동안 업무를 도움	원장의 실제적 업무와 행정적 업무에 초점을 두지만 교육적 리더십도 소개함	
3단계 원장연수 국립 프로그램	경력 1년 이상 2년 이하의 원장에게 30일가량의 세미나를 제공함	스웨덴의 학교 시스템, 푀르스콜라에 대한 국가적 목표, 사회와 지역사회에서 학교의 역할에 대해 원장들의 이해와 지식을 높임	중앙정부가 국립교육원을 통해 원장의 훈련을 조직하는 책임을 맡고, 지원을 함
4단계 심화연수 프로그램	경력 2년 이상의 원장을 대상으로 함		대학에서 제공함

라는 직책이 없다. 1986년 국가와 지방자치단체들이 각기 관여하는 4단계의 통합된 원장 프로그램이 만들어졌다.

스웨덴 유아교사의 근무 특성을 보면, 교사 대 유아의 비율이 낮으며, 학급당 유아의 수가 20명을 넘지 않는 경우가 일반적이다. 대개 학급당 3명의 교사가 팀을 이루어 일한다. 팀을 구성하는 가장 일반적인 형태는 2명의 유아교사와 1명의 보조교사이며, 3명이 모두 유아교사인 경우, 2명이 보조교사이고 1명이 유아교사인 경우도 있다. 교사들은 상호 간에 수평적인 협력 관계를 보이고 있다.

유아교사의 신분 및 지위는 국가 수준의 취학 전 교육과정(Lpfö98)을 수료한 뒤 두드러지게 향상되었다. 푀르스콜라에 종사하는 교사의 월급은 다소 적지만, 근무 조건이 양호하고 이직률도 낮은 편이다. 가정보육모를 포함해 모든 교사가 지방자치단체에 의해 임명되고, 급여도 지방자치단체로부터 받는 공무원 신분이라는 점에서 비교적 안정된 직종이라고 할 수 있다. 교사의 직무 만족도는 보육시설 설립 유형에 따라 차이가 있는데, 사립 보육시설 교사의 경우 공립 보육시설 교사보다 만족도가 높다. 이는 사립 보육시설이 유아의 수와 학급의 크기가 작고, 교육계획에서의 자율권이 상대적으로 많으며, 교사당 유아의 비율이 적은 것과 같은 특징을 가지기 때문인 것으로 볼 수 있다.

스웨덴에서는 훈련된 교사를 공급하는 것이 교육의 질과 직결된 필수 요인이라는 입장에서 정부가 교사 수급을 관리하고 있다. 기존 교사의 성별 및 연령 구성에 관한 필수적인 정보가 들어 있는 교사인명록(NAE teacher directory)을 토대로 교육부는 매년 교사 양성 대학에서 배출해야 할 예비교사의 수를 설정한다. 하지만 푀르스콜라나 레저타임센터의 교사는 교사 인명록에 포함되어 있지 않다.

3) 시사점

첫째로, 스웨덴은 1996년 육아지원제도가 일원화되고, 교육과학부로 이관되었다. 이와 함께 2001년 7월부터 스웨덴 전역에서 새로운 교사교육에 의해 유아교사와 초등교사 그리고 레크리에이션 교사 등 모든 교사의 양성 교육과정이 3년 6개월로 통합되었다. 이를 통해 모든 유형의 교사를 '교사'라는 단일 호칭으로 부르게 되었다. 또한 유아교사는 레크리에이션 교사나 초등학교 저학년 교사와 다양한 방법으로 협력하고 있으며, 급여 또한 차이가 감소하고 있다.

둘째로, 스웨덴의 육아 지원 인력은 양성 과정의 차이에 따라 자격과 역할을 구분하고 있다. 즉, 대학교육을 이수한 유아교사와 고등학교에서 아동과 레크리에이션 프로그램을 이수하거나 성인교육기관에서 보조교사 과정을 이수한 보조교사로 나뉘며, 한 학급에서 두 종류의 교사가 팀을 이루어 협력하고 있다. 보조교사의 역할은 주교사를 돕는 보조적인 것이다.

셋째로, 양성 과정에서는 실습을 강조하고 있다. 즉, 유아교사와 레크리에이션 교사의 양성 과정의 경우 140주 중 12주, 보조교사 양성 과정의 경우 3년 중 15주로 우리나라의 4주에 비하여 길다.

넷째로, 유아교사의 근무 조건 또한 한 학급의 교사당 유아의 비율(3 : 20)이 적고, 교대 근무나 시간차 근무로 일일 8시간 근무가 가능하며, 대체교사 지원이 시스템화되어 있는 등 근무 환경이 양호하여 이직률도 낮은 편이다. 스웨덴의 육아지원제도는 우리에게 유아교육 체제의 바람직한 일원화 방향을 제시해 주고 있다.

6. 싱가포르

1) 유아교육정책

싱가포르는 우리나라와 동일하게 유치원과 보육시설이 이원화 체계로 운영되고 있다. 싱가포르는 유아교사의 질을 높이고자 유치원 교사와 보육시설 종사자 자격을 통합하면서 유아교사 교육제도에 커다란 변화를 가져왔다. 1990년대 후반에 이르러, 싱가포르 교육부와 지역개발·체육부는 유아교육 및 보육 서비스의 질적 수준 향상을 위해 부처 간 협력을 통해 통합위원회인 유아교육통합위원회(Steering Committee on Preschool Education: SCPE)를 조직하였다. SCPE는 관련 서비스의 질적 향상을 위해서는 훈련된 교사 양성이 가장 중요하다고 보고, 유치원 교사와 보육교사의 양성 과정과 자격제도를 2001년에 통합하였다.

2) 유아교사 양성제도의 특징

싱가포르는 2001년 영유아 교사의 질을 높이고자 유치원 교사와 보육시설 종사자 자격을 통합하였다. 이를 위해 싱가포르 정부는 영유아 교사 자격인증위원회(Preschool Qualification Accreditation Committee: PQAC)를 새로이 구성하여 관련 업무를 담당하게 하였다.

PQAC는 교육부와 지역개발 · 체육부 장관과 관료급 인사, 유아교육 전문가로 구성된 위원회로 영유아교사양성기관의 교육 기준을 관리 · 감독하며, 교원양성기관에 대한 평가 업무와 인증을 부여하는 일을 담당한다. PQAC의 설립 이후, 정식 교육을 통해 양성된 인력은 유치원과 보육시설의 취업이 모두 가능한 상호 고용 체제를 형성하게 되었다.

싱가포르 정부의 교사 양성 과정 및 자격 기준의 통합으로 교사 양성 계획 및 조정, 교원의 수급 조절에 관한 행정적 효율성이 증대되었다. 영유아 교사에 대한 양성과 자격 부여가 좀 더 명확해졌으며, 공인자격증을 소지한 교사의 비율이 증가되어, 교사의 질 관리와 급여 수준이 향상되었다. 또한 교사 양성 과정의 통합의 효과는 교사뿐만 아니라 그 외의 관련 영역에 대해서도 포괄적이고 통합적인 협력을 향상시켰다(이옥 외, 2006).

3) 유아교사의 양성 및 자격 기준

싱가포르는 유치원 교사와 보육교사의 양성 과정과 자격제도를 2001년에 통합하여 실시하고 있고, 2009년 1월부터는 새로운 교사 자격이 도입되어 교사의 전문성을 더욱 강화하고 있다.

(1) 2001년에 통합된 유아교사 양성 및 자격 기준

싱가포르에서 유치원 교사 및 보육시설 종사자가 되기 위한 교사 훈련 과정 입문 자격 기준은 대학에서 아동 관련 학과를 전공한 사람을 제외하고는 영어/모국어 GCE 'O'level로 모두 같고, 교사 과정에 등록한 후 과정에 따라 훈련을 받으며 해당 자격을 획득하게 된다.

〈표 9-9〉 싱가포르의 교사 훈련 자격 및 내용

자 격	자격 요건	이수 과목	보 직
Certificate in Preschool Teaching	최소한의 영어가 1언어일 경우 3 GCE 'O' level인 자 또는 Early Childhood Bridging을 가진 자로서 40세 이상인 자 또는 ELI 또는 MTL에서 'O' level 수준 이상이며 Preschool에서 5년 이상 경력자로서 고용자로 추천을 받은 자	• 유아교육 1 & 2에 대한 원리와 실제 • 아동발달과 학습 • 교육과정 구성 및 교수법 • 인간발달 및 전문가적 발달 • 안전, 건강, 영양 • 전문가로서의 실제적 교수	교사
Diploma in Preschool Education-Teaching	최소한 영어가 1언어일 경우 3 GCE 'O' level인 자 또는 Certificate in Preschool Teaching 자격이 있는 자 또는 Early Childhood Care & Education Intermediate Course를 수료한 자	• Preschool Education 1 & 2에 대한 실제 • 아동발달과 학습 1 & 2 • 교육과정 구성 및 교수법 • 인간발달 및 전문가적 발달 • 안전, 건강, 영양 • 전문가로서의 실제적 교수	주임교사
Diploma in Preschool Education-Leadership	Diploma in Preschool Education Teaching의 소유자로 유아를 가르친 경험이 2년 이상인 자	• 유아교육에서 현 이슈와 연구 • 유아교육 교육과정의 구성 • 실제 연구 대상으로서 Preschool • Preschool의 운영 및 행정	원장 및 시설장*
Diploma in Early Childhood Education-Teaching & Leadership	최소한 영어가 1언어일 경우 5 GCE 'O' level인 자 또는 Preschool Education(Teaching) 자격이 있는 자 또는 Early Childhood Care & Education Intermediate Course를 수료한 자	• Preschool Education 1 & 2에 대한 이론과 실제 • 아동발달과 학습 1 & 2 • 교육과정 구성 및 교수법 • 인간발달 및 전문가적 발달 1 & 2 • 안전, 건강, 영양 • 전문가로서의 실제적 유아교육에서 현 이슈와 연구 • 유아교육 교육과정의 구성 • 실제 연구 대상으로서 Preschool • Preschool의 운영 및 행정 교수 • 전문가로서의 리더십의 실제	원장 및 시설장

* 학위 소지자 혹은 3년제 전문대 출신은 Specialist Diploma in Early Childhood(Teaching & Leadership)를 통해 원장 자격을 얻을 수 있음.

출처: 유희정 외(2011).

싱가포르의 유아교사 자격은 대표적으로 네 가지 유형이 있는데, Certificate in Preschool Teaching, Diploma in Preschool Education-Teaching, Diploma in Preschool Education-Leadership 그리고 Diploma in Early Childhood Education-Teaching & Leadership이다. 자격 요건 및 훈련 내용은 다음의 〈표 9-9〉와 같다. 각각의 자격을 얻은 후에 교사, 주임교사 혹은 시설장으로 일할 수 있다.

(2) 2009년부터 도입된 교사 자격

2009년 1월부터 새로운 교사 자격이 도입되었다. 변경된 제도에서는 우선 학력에 있어 5개 과목 이상에서 GCE 'O' level을 받아야 하며, 영어 혹은 모국어에서 최소 B4 이상의 'O' level(B4 이하의 점수를 얻은 자는 교사 등록은 가능하나 2년 내에 해당 수준을 획득해야 함)을 획득하여야 한다. 뿐만 아니라 K1, K2학년의 아동을 가르치기 위해서는 2013년까지 영유아 교육 분야 Diploma level의 훈련을 받아야 하며, 앞에서 제시한 언어 자격을 갖추어야 한다.

〈표 9-10〉 싱가포르의 교사 자격 변경 내용

현재 자격	신규 교사* (2009년부터 적용) Pre-Nursery/Nursery, K1/K2	기존 교사** (2013년부터 적용)	
		K1/K2	Pre-Nursery/ Nursery
최소 3개 이상 과목(영어 포함)에서 'O' level	최소 5개 과목 이상(영어 포함)의 'O' level(영어 과목에서 C5 혹은 C6 받은 자는 2년 이내에 B4 혹은 IELTS에서 6.5 이상의 점수를 획득해야 함)	최소 3개 이상 과목(영어 포함)에서 'O' level	최소 3개 이상 과목(영어 포함)에서 'O' level
Certificate in Pre-school Teaching	Diploma in Pre-school Teaching (4년 내에 획득하여야 함)	Diploma in Pre-school Teaching	Certificate in Pre-school Teaching

* 신규 교사: 2009년 1월 1일 이후 등록자
** 기존 교사: 2008년 12월 31일 이전 등록자

출처: MOE MCYS(2008), 유희정 외(2011) 재인용.

4) 시사점

싱가포르의 통합은 중앙정부가 주도적으로 교육과 보육을 일원화하였다. 유아교육과 보육 통합의 분위기 조성을 위해서는 육아에 대한 사회 전반의 분위기 및 보편적 복지 서비스 인식이 필요하다. 보육은 교육으로 이해될 수 있고, 교육은 평생학습과 발달적 관점에서 보육으로 이해될 수 있다는 점을 강조한다.

요점

OECD(2001, 2006)는 유아교육과 보육에 대한 통합적 개념과 정부의 체계적인 접근을 강조하였다. 유아교육과 보육에 대한 체계적인 접근을 시도하는 주요 국가들을 살펴보면, 미국은 유아교육 관련 부서의 협력 체계를 강화하고, 만 3~5세의 공교육화를 추진하고 있으며, 영국은 1999년부터 교육과학성으로 이관하였고, 프랑스는 연령별로 분리 · 통합하였다. 스웨덴은 1997년에 영유아 교육 및 보육에 관한 업무를 담당하는 중앙 부처를 통합하여 '교육부'로 단일화하였고, 일본은 일부 제도를 통합하면서 유치원과 보육시설의 서비스 기능을 협력 또는 통합해 가고 있고, 싱가포르는 교사양성제도를 통합하였다.

2000년 이후, OECD 경제 선진국들 중 북유럽 국가들에 비해 상대적으로 유아교육 체계가 약하게 평가되었던 미국과 영국은 자국의 유아교육에 대한 평가를 근거로 만 5세 미만의 유아교육 체제를 강력하게 개혁하였다. 미국의 유아교육 체제 개혁은 국가의 교육 목표(National Goals, 2000)로서 '표준(Standards)에 기초한 평가'에 근거를 두고 있다. 국가의 교육 효과에 대한 평가에 기초하여 2002년 제정한 「아동낙오방지법」에 근거한 'GSGS' 정책은 미국의 기존 초등학교 병설의 K학년 체제를 '공립 유아학교' 체제로 전환하는 개편을 하였다. 영국의 육아정책도 최근 5년간 실로 많은 변화와 개혁을 거듭하고 있다. 유아교육과 보육 정책 관할 부처의 통합 및 슈어스타트국의 설치, 취약 · 소외 영유아를 위한 막대한 국가 재정의 투입, 육아 지원 인력을 위한 전략 수립, 서비스 질 제고를 위한 교육표준국의 평가 체제 강화, 만 0~5세 영유아를 위한 통합적 기초 단계 교육과정의 개발 및 시행 등 모든 아동을 소중히 여기고, 최상의 출발을 할 수 있도록 보장하려는 영국 정부의 강한 책무성에 기초하고 있다.

교사 자격과 관련하여 볼 때, 유럽 경제 선진국들 중 영국, 프랑스, 스웨덴 등의 북유럽 국가들은 유아교사와 초등교사의 자격과 동일한 교사 양성 체제를 구축하고 있다. 영국과 스웨덴 등의 북유럽 국가들은 학사학위 이상을, 프랑스의 경우는 5년제 전문학위의 교사 전문성을 요구하는 등 유아교사의 전문적 자질을 강화하고 있다. 미국도 유아교사의 자격 취득 요건이 주마다 매우 다르지만 공립유치원의 교사가 되기 위해서는 4년제 대학 졸업을 원칙으로 하고 있으며, 2년제 대학을 졸업하고 유치원에서 근무할 수는 있으나 정교사가 아닌 보조교사로 근무하는 것을 원칙으로 하고 있다.

우리나라는 유아교육 및 보육 업무에 관한 관할 부처 간의 다른 풍토와 목표로 인해 유아교육과 보육의 통합 정책에 제약을 받고 있다. OECD 교육 선진국들처럼, 유치원 교사, 초·중등 교사 양성 체제의 일원화를 통해 인간 발달의 연속성과 개별성을 존중하는 차원에서 교원 자격 및 교사양성제도의 개편안이 모색될 수 있도록 관련 부처, 지방자치단체, 학부모가 함께 동의할 수 있는 광범위하고 실제적인 비전 제시와 실천하려는 의지와 노력이 필요하다.

토의 문제

- 세계 여러 나라의 교육과 보육의 이원화 정책에 대하여 비교하여 토의해 봅시다.
- 미국, 영국, 프랑스, 일본, 스웨덴, 싱가포르의 유아교사 양성 및 자격 기준에 대하여 토의해 봅시다.
- 선진 국가의 유아교사 양성 기준이 우리에게 주는 시사점에 대하여 토의해 봅시다.

참고문헌

김은설, 안재진, 최윤경, 김의향, 양성은, 김문정(2009). 보육 종사자의 전문성 제고 방안 연구. 육아정책개발연구.

김은영, 조운주, 김진숙, 이세원(2008). 유아교육 · 보육과정과 초등교육과정 연계 방안 연구. 육아정책개발연구.

김희진, 박은혜, 신은수, 이지현(2010). 핵심역량 기반 유치원 교육과정 개발을 위한 기초연구. 서울: 서울시유아교육진흥원.

문무경(2007). 유치원과 보육시설 협력 방안. 육아정책포럼, 8, 5-8.

문무경, 김은설, 김진경, 황해익, 문혁준, 김문정, 양시내(2009). 유아교육과 보육의 협력 및 통합 시범적용 연구. 육아정책연구소.

미국육아정책개발센터(2008). 육아정책포럼(봄호), 제8호. 육아정책개발센터.

서영숙, 이미화, 임승렬, 조부경(2005). 한국 유치원/보육교사 교육의 역사와 미래: 유아교육 · 보육의 질적 향상과 유아교사의 전문성 제고를 위한 교사교육. 한국유아교육학회 창립 30주년 기념식 및 정기학술대회 자료집, 107-130.

신은수, 박은혜, 김재춘(2010). 유아교육 정책 현안 분석 및 발전 방향 연구. 육아정책연구소.

유희정(2006). 민간보육시설 및 사립유치원의 공공기관화 방안 연구. 육아정책포럼, 4, 12-21.

유희정, 차영숙(2011). 영유아 프로그램의 이론과 실제. 서울: 파란마음.

이선옥(2008). 일본의 유아교사 양성제도에 관한 고찰. 한국일본교육학연구, 12(2), 115-133.

이옥(1996). 스웨덴의 아동보육제도 연구. 대한가정학회지, 34(4), 187-202.

이옥, 김은설, 신나리, 문무경, 최혜선(2006). 육아정책의 효율성 제고를 위한 유아교육 · 보육의 협력과 통합 방안. 서울: 육아정책개발센터.

이미화, 김경희, 김문정(2008). 육아지원인력의 재교육 실태 및 개선 방안 연구. 서울: 육아정책개발센터.

정미라, 박은혜, 신은수, 전정윤(2007). 영유아기 핵심역량 표준 설정을 위한 기초연구. 교육인적자원부.

한유미, 오연주, 권정윤, 강기숙, 백석인(2005). 스웨덴의 아동보육제도. 서울: 학지사.

American Federation of Teachers (2002). *At the starting line: Early childhood education programs in the 50 states.* Washington, D.C.: Author.

Eurydice(2009). *Key data on education in Europe.* Brussels: Education, Audiovisual and Culture Executive Agency.

Federal Interagency Forum on Child and Family Statistics (2007). *America's Children: Key national indicators of well-being, 2007.* Federal Interagency Forum on Child and Family Statistics, Washington, DC: Government Printing Office.

Foundation for Child Development (April 3, 2005). *Experimental pre-school reforms show encouraging successes, plans underway to espand to all 50 states.* Available from http://www.ffcd.org/news/experimental.html

Gilliam, W. S., & Marchesseault, C. M. (2005). From capitols to classrooms, policies to practice: State-funded prekindergarten at the classroom level. Part 1: Who's teaching our youngest students? *Teacher Education and training, experience, compensation and benefits, and assistant teachers.* New Brunswick, NJ: National Institute for Early Education Research.

GSGS Interagency Workgroup (2006). Good Start, Grow Smart: A guide to Goodtart. *Grow Smart and other federal early learning initiatives.* Washington, D.C.: Author.

OECD(2001). *Starting Strong.* Paris, France: OECD.

OECD(2006). *Starting Strong II.* Paris, France: OECD.

Pre-K Now (2008). *Leadership matters: Governors' Pre-K proposals Fiscal Year 2009.* Washington, D.C.: Pre-K Now.

Schumacher, R., Ewen, D., Hart, K., & Lombardi, J. (2005). *All together now: State experiences in using community-based child care to provide Pre-Kindergarton.* Washington, D.C.: Center for Law and Social Policy.

Taguchi, H., & Munkammar, I. (2003). Consolidating governmental early childhood education and care services under the ministry of education and care: A Swedish case study. *UNESCO Early Childhood and Family Policy Series, 6.*

UNICEF(2008). *The state of the world's children.* New York, NY: UNICEF.

http://www.nces.ed.gov

http://www.nieer.org

http://www.preknow.org

http://www.oecd.org

제10장

유아교사 교육의 정책적 쟁점과 발전 방향

우리나라의 유아교사 교육은 그동안 양적인 성장에 치중하면서 빠른 성장을 이루었다. 그러나 그 과정에서 여러 가지 문제점들이 야기되었고, 이에 대한 개선을 위해 여러 가지 쟁점들이 대두되었다. 따라서 이 장에서는 유아교사 교육과 관련된 정책적 쟁점을 다루면서 유아교사 교육이 앞으로 나아가야 할 방향을 제시해 보고자 한다.

1. 유아교사 양성 체제

1) 정책적 쟁점

현재 우리나라의 유아교사 교육 체계는 행정 체제상 유치원 교사와 보육교사 교육 체제로 이원화되어 있다. 유아교육을 담당하고 있는 교사는 같은 연령의 유아들을 가르침에도 불구하고 교육부와 보건복지부에서 각기 유치원 교사와 보육교사로 분리하여 유아교사를 양성하고 있다. 이와 같은 행정 체제는 중복 평형 체제로 동일 연령대 유아에 대한 교육을 두 개의 서로 다른 정부 부처가 주관하고 있는 것이다. 즉, 유치원은 교육부가, 보육시설은 보건복지부가 주관하고 있어 유치원 교사와 보육교사를 양성하는 과정에서 혼란이 가중되고 있는 실정이다.

유아교사를 양성하는 기관과 양성하는 과정도 일 년간 훈련과정부터 4년제 대학교에 이르기까지 무척 산만하고 편차도 크다. 그래서 이에 따른 유아교사의 학력 기준, 양성기관과 기간 및 자격을 부여하는 조건과 자격 명칭 등과 관련된 여러 가지 문제점이 제기되고 있다.

유치원 교사는 「유아교육법」 제22조의 교사 자격 기준에 해당되는 자로서, 대통령령이 정하는 바에 따라 교육부 장관이 검정·수여하는 자격증을 받은 자여야 한다. 교육부가 자격증을 수여하는 유치원 정교사의 경우, 전문대학 이상의 유아교육과에서 교육부에서 요구하는 교직과목과 전공과목을 이수하고 학사학위를 받게 되면 2급 정교사 자격증을 받아 유치원 교사가 될 수 있다. 그러나 교사의 전문성을 고려해 보면, 일반적으로 전문직이 요구하는 기준에 못 미치는 대학 교육을 받게 되어 교사의 전문성에 대한 불신을 야기할 수 있다. 또한 2~4년의 교육 연한의 차이에도 불구하고 똑같은 유치원 2급 정교사 자격증을 받게 되어 형평성에 대한 논란이 제기되어 왔다.

보육교사는 2년제와 3년제 전문대학과 그 이상의 학교에서 보건복지부령으로 정하는 보육 관련 교과목 및 학점을 이수하게 되면 보육교사 2급 자격증을 부여받을 수 있다. 그러나 보육교사는 유치원 교사와 달리 고등학교 또는 이와 같은 수준 이상의 학교를 졸업한 후 보건복지부령으로 정하는 교육훈련시설에서 정해진 교육과정을 수료하게 되면 보육교사 3급 자격증을 받게 되고, 3급 자격을 취득한 후 일 년 이상의 보육 업무 경력이 있으면 보육교사 2급 자격을 받게 된다. 이와 같이 보육교사 자격을 부여하는 체계가 다양하고, 교육 연한도 짧게는 1년 과정부터 4년 과정까지 범위가 넓어 교사의 전문성 수준은 천차만별이라고 할 수 있다.

2) 발전 방향

앞서 언급하였듯이, 이원화된 유아교사 양성 체제의 현행 제도에서는 유치원 교사와 보육교사의 다양한 학력과 역할에도 불구하고 동일한 자격증을 부여함으로써 야기되는 형평성의 문제와 질적 불균형의 문제가 제기되어 왔다. 유아교육을 담당하는 교사를 양성하는 체계가 이원화된 것은 유아교육의 기능을 '교육'과 '보호'로 구분하는 데서 비롯되었다고 볼 수 있다. 일반적으로 유치원은 유아를 교육하는 곳이라고 인식하고, 보호는 보육시설에서 담당한다고 보고 양분화하게 되었으나, 교육 대상인 유아에게 교육과 보호가 분리된 채 이루어질 수 없다. 오히려 질적으로 우수한 유아교육이 이루어지려면 교육과 보호가 반드시 통합되어 제공되어야 한다.

유아교사는 발달의 결정적 시기에 있는 유아를 교육하는 매우 중요한 역할을 담당해야 하고, 초 · 중등 교사와 같은 수준의 업무를 수행해야 한다. 오히려 더 어린 학생들을 교육하는 과정에서 교육적 측면뿐만 아니라 보호 기능까지도 통합해서 제공해야 하므로, 유아교사는 더욱 많은 역할과 업무를 수행하게 된다. 따라서 유아교사도 초 · 중등 교사와 동일한 학력으로 4년제 대학 졸업이나 이와 동등 혹은 그 이상의 학력을 소지한 후 자격을 취득할 수 있도록 해야 한다(나정, 2001). 즉, 현재와 같이 유아교사를 양성하는 기간의 편차가 크고 짧은 교육 기간에 유아교사를 양성하는 것은 유아교육의 질은 물론 교사의 전문성을 낮추게 하는 요인이 되므로, 다양하게 운영되고 있는 교육 기간을 4년제 대학 과정으로 개편할 필요성이 있다.

또한 단순히 교육 기간을 연장하는 선에서 개편하기보다는 유아교사에 대한 수요를 고려하여 유아교사 배출에 대한 중장기 수급 계획을 마련하고, 각 교육

기관의 정원을 재조정할 필요가 있다. 또한 유치원과 초·중등 교사 양성 기능을 각기 다른 기관에서 분리·수행함으로써 학교급 간 교육의 연계성 부족, 비효율적인 자원 사용, 각 양성기관의 연계 및 협조 체제 부족 등의 문제점이 나타나고 있다. 이러한 문제점을 해결하고, 보다 충실하고 효과적인 교사 양성교육을 실시하기 위해서는 학교급의 교사 양성 기능이 통합되어야 한다. 따라서 장기적인 안목에서 교사 양성 관련 정책은 각급 학교 교사 양성기관의 통합을 지향하는 방향으로 나아가는 것이 바람직하다고 할 수 있다(문은식, 2006).

유아교사의 전문성을 향상시키고, 유아교육의 질적 수준을 높이기 위해서는 무엇보다도 이원화에서 비롯된 혼란을 줄이고 관리 부처가 일원화될 필요가 있으며, 자격증을 제공하는 체제도 정비되어야 한다. 관리 부처의 일원화에 대한 제안은 오래전부터 지속적으로 쟁점이 되어 왔다. 그 이유는 현행의 다양한 유아교사 양성 체제에 의해 자격증 관리의 어려움, 유아교사에 대한 사회적 인식의 저하, 공급 과다에 의한 이직 등의 문제가 발생하기 때문이다. 이에 유아교사 교육 관련 전문가들은 유아교사 양성 체제를 일원화할 것을 주장하며, 대체로 교육부로의 일원화와 연령별 일원화와 같은 두 가지 차원의 제안이 대두되었다.

그러나 현재까지 이원화되어 있는 두 체제를 일원화한다는 것은 현실적으로 무척 어려운 과제이므로, 유아교육계의 전문가들이 지속적으로 노력하여 현실적인 개선 방안을 모색할 필요가 있으며, 장·단기적 계획을 수립하고 실천할 수 있는 토대를 마련하여야 한다.

2. 유아교사 양성 교육과정과 교육 여건

1) 정책적 쟁점

국가와 사회가 요구하는 최적의 교육과 보호를 해 줄 수 있는 유능한 교사를 배출하기 위해서는 그에 적합한 교육과정이 마련되고 적용되어야 한다. 교육과학기술부에서 고시(교육과학기술부 고시 제2008-119호 개정)한 유치원 교사 자격 취득을 위한 세부 기준을 보면, 현재 2, 3년제 대학과 4년제 대학교의 유아교육과에서 유치원 정교사 2급 자격증을 부여받으려면 전공과목으로 기본이수과목 21학점(7과목) 이상, 교과교육 영역 8학점(3과목) 이상을 포함하여야 하며, 교직과목을 총 22학점을 이수해야 한다. 그나마 다행인 것은 교육과학기술부(2009)에서 유치원 교사를 배출하는 대학에서 적용해야 할 교직과목 및 전공과목, 교양과목 등에 대한 개선책을 마련하여 2010년부터 2, 3, 4년제 대학교 유아교육과에서 현재 적용되고 있는 것이다.

그러나 수학 연한이 다양하여 2, 3년제 대학의 경우 그 기간 내에 이와 같은 학점을 이수하기 위해 교양과목 등을 제대로 듣지 못하고 전공과 교직과목 중심으로 빠듯하게 교사교육을 받고 졸업과 동시에 자격증을 받게 된다. 또한 현행 유치원 교사의 양성은 초 · 중등 교사 양성 체제와는 다르게 2, 3년제 대학과 4년제 대학교의 유아교육과를 중심으로 이루어지고 있는데, 교육 연한과 관계없이 졸업과 동시에 유치원 2급 정교사 자격증이 부여됨으로써 교사의 전문성과 사회적 지위에 대한 문제가 지속적으로 제기되고 있다.

이와 같이 다양한 교육 연한을 통해 배출된 교사에게 똑같은 자격증을 부여하는 것은 문제의 소지가 많으며, 유아교사의 전문성과 정체성에 대한 인식과 공신력에 한계를 보여 준다(문은식, 2006; 양옥승, 2002).

이러한 문제를 해결하기 위해서 예비교사 교육을 받고, 수학 연한에 따라 다양한 자격으로 세분화하는 제도가 마련될 필요가 있음이 지속적으로 요구되고 있다. 전문적인 지식과 자질을 갖춘 유아교사를 양성하기 위해서는 무엇보다도 유아교사 양성 교육과정이 내실화되고 체계화되어야 할 것이다. 그리고 유치원 교사와 보육교사 양성 과정에서 표준 양성 교육과정을 마련하여 단일화하는 방안도 검토되어야 한다. 또한 유치원 교사와 보육교사 양성 과정이 단일화된다면 현재 유치원 교사를 대상으로 한 임용제도도 재검토되어야 할 것이다.

2) 발전 방향

앞서 설명하였듯이, 우수한 교사를 양성하기 위해서는 우수한 학생들을 선발하여 이들에게 양질의 교육과정을 제공해야 함은 물론 교사양성기관의 교수, 시설 등 교육 여건도 함께 개선해야 한다. 교사양성기관의 교육과정 운영의 내실화를 위하여 놀이실, 율동실, 음악실, 미술실, 어학실습실, 수업분석실, 교육자료 제작실, 교육공학센터 등과 같은 부대시설의 완비가 필요하다(문은식, 2006). 특히, 유아교사 양성기관은 학생들이 유치원 수업을 참관하고 실제로 교육실습까지 할 수 있도록 부설 유치원과 협력 유치원을 의무적으로 설치하여 예비 유아교사의 질을 높여야 한다. 이에 유아교사의 전문성을 신장하고 유아교육의 질적 수준을 높이기 위해서는 유아교사를 양성하는 모든 기관에 대한 평가인증제를 도입하여 실시하여야 한다는 주장이 제기되고 있다.

교사교육 평가인증제도는 각 교사교육기관의 잠재적 역량을 최대한으로 개발하도록 선의의 경쟁적 분위기를 조성함으로써 교육의 수월성을 획기적으로 제고하고 공동 활동인 교육을 담당하는 교육기관의 공적 책임을 환기시켜 그 공공성을 확립하여, 자율적인 노력에 의해 발전을 도모하기 위하여 교사교육기관의 교육력을 평가하는 제도를 말한다(윤정일, 2002). 현재는 유치원 교사와 보육교사를 양성하는 기관이 난립하고 있어 기관 간의 불균형과 교육 여건 등의 격차가 심하지만, 유아교사를 양성하는 모든 기관에 평가인증제가 도입된다면 유아교사의 전문성과 유아교육의 질은 좀 더 보장될 수 있을 것이다.

3. 유아교사의 자격 기준

1) 정책적 쟁점

유치원 교사의 자격 기준은 교사가 되기 전 준비 기간과 책임 부분 면에서도 여전히 다양한 수준이 존재하고 있어 자격 기준의 전문성이 부족하고, '전문가가 되기 위한 대학에서의 준비 과정이 아주 길어야 한다.'는 전문가의 특성에 기초해 볼 때도 부족한 측면이 있다. 실제로 현재 유아교사의 위치는 사회적으로도 초 · 중등 교사에 비해 더 낮은 수준의 지위를 갖고 있는 것이 사실이다. 유아교사의 봉급 수준도 초 · 중등 교사의 수준에 못 미치고 있고, 대부분의 유아교사가 여성으로 이루어져 있어 여성에 대한 인식의 편견 등으로 사회적 인정도도 낮다. 더욱이 보육교사의 자격증제도는 무척 다양하고 복잡하여 교사의 질적 수준에 대한 심각한 우려가 제기되고 있다.

보육교사의 경우는 2, 3년제 대학, 4년제 대학교의 유아교육과와 아동학과, 아동보육학과, 사회복지학과 등에서 일정 과목을 이수하게 되면 자격증을 부여하는 것뿐만 아니라, 평생교육원이나 사이버 강의 등을 통해서도 보건복지부가 요구하는 교과목을 이수하게 되면 자격증을 부여하는 등 현재의 자격증제도의 문제점이 지속적으로 제기되고 있다.

2) 발전 방향

현재의 유아교사와 관련된 자격증제도는 자격 부여 요건을 강화하는 방향으로 반드시 개선될 필요가 있다. 유아교직의 중요성을 고려해 볼 때 유아교사 전문성 강화를 위한 자격 기준이 명확하게 제공되어야 한다. 이러한 측면에서 유아교사 전문성 확보를 위해 나아가야 할 방향을 제시하면 다음과 같다.

첫째로, 유아교사의 전문성을 인정받기 위해서는 적어도 예비교사 교육 기간이 일반적으로 전문가라고 인정받는 수준으로 확보되어야 한다. 유아교사로서의 준비 기간이 초·중등 교사처럼 4년간의 준비 과정을 거치고, 자격증을 부여하는 기준도 전문가의 수준에 맞게 자격 기준과 자격증제도를 개선하고 더욱 강화하여야 한다.

둘째로, 유아교사의 사회경제적 지위 향상을 위한 노력이 지속적으로 이루어져야 한다. 즉, 현재 유아교사의 봉급 수준이 전문가의 수준에 걸맞게 변화되어야 진정한 의미의 전문가로서 인정받을 수 있는 여건이 조성될 수 있다.

셋째로, 유아교직이 더욱 전문화되기 위해서는 전문가적인 자질을 갖출 수 있도록 하는 현직교육과정이 좀 더 강화되어야 한다.

넷째로, 유아교육의 사회적 기여도를 입증하는 연구 활동이 꾸준히 이루어져야 한다. 전문성을 가진 직업은 직업과 관련된 연구소가 설립되어 있어야 하고, 관련된 전문가들은 활발한 연구 및 봉사 활동을 제공해야 한다. 물론 유아교육과 관련된 연구소들이 점차적으로 증가하고 있는 추세라고 할 수 있지만, 전문성 강화를 위해 다양한 영역에서 연구 활동이 이루어져야 할 것이다.

4. 유아교사의 현직교육

1) 정책적 쟁점

유아교사의 전문성은 교육의 질을 결정하는 매우 중요한 부분으로, 유아교사의 전문성과 수월성을 확보하는 문제는 지속적으로 논의되어 왔다. 우리나라 전체 유치원 교사 중 사립학교 교사가 76%를 차지하고 있다. 따라서 1학급 이하의 병설유치원(공립의 68% 정도)에 초임교사가 배치되는 현실은 전문성 개발에 많은 어려움이 있다(김영옥, 2010). 교사의 전문성을 위해서는 장학, 연수 프로그램이나 초임교사와 경력교사 등의 특성에 따른 프로그램과 같은 현직교육 체제가 정비되고 활성화되어야 한다.

유아교사를 대상으로 한 현직교육은 지금껏 여러 가지 문제점이 제기되고 있어 개선해야 할 필요성이 제기되어 왔다. 특히, 현직교육을 책임지고 있는 기관의 여건이 미흡하고, 현직교육과정이 비체계적이며, 운영 방법 면에서도 다양성이 부족하다는 비판을 받아 왔다. 그 이유는 현장의 교사들이 원하는 교육과 그들에게 적합한 현직교육이 이루어지지 않고 있기 때문이다.

2) 발전 방향

유아교사를 대상으로 하는 현직교육은 유아교육 현장에서 교사가 실제로 부딪히고 있는 문제나 과제를 잘 해결할 수 있도록 도움을 주는 방향으로 나아가야 한다. 현직교육의 문제점에 대한 개선 방안을 제시하면 다음과 같다.

첫째로, 현직교육에서 가장 많이 사용되는 방법은 대집단 위주의 강의식 교사연수라고 할 수 있는데, 이와 같은 연수 방법은 교사의 요구를 반영한 것이기보다는 일방적으로 전달하는 식으로 이루어진다. 그러나 현직교육의 주체는 유아교육 현장이 되어야 하며, 유아교사가 직면하고 있는 문제를 직접 제기하고 공동으로 해결할 수 있는 체계가 개발되어야 한다. 이와 같은 방향으로 나아가기 위해서 무엇보다도 교사의 요구도를 분석하여 충분하게 반영된 현직교육이 이루어지면 유아교사의 전문성이 신장될 수 있을 것이다. 또한 교사의 적극적인 참여를 유도하는 다양한 형태의 교사연수 방법이 개발되어 적용되어야 한다. 특히, 교사의 전문성을 증진시키기 위해서는 상위 자격 취득을 위한 수단으로만 사용되기보다는 교사의 요구에 기초한 맞춤형 연수 기회를 제공하는 것도 필요하다. 즉, 현직교육 대상자의 경험과 요구를 고려하여 워크숍, 토의, 현장실습과 참관, 사례 발표나 개인 연구 발표 등 다양한 방법을 고려하여야 한다.

둘째로, 유아교사를 위한 대다수의 연수는 대도시를 중심으로 이루어지고 있어서 중소 도시의 유아교육기관에 있는 교사는 연수 기회 자체를 갖지 못할 가능성이 높고, 연수를 받기 위해 교통과 숙박, 기타 경비 등의 문제로 어려움을 겪고 있다. 이런 문제를 해결하기 위해서는 인터넷을 활용한 교육 체계 등을 마련할 필요가 있고, 교통과 숙박, 기타 경비 등을 지원하는 시스템의 마련도 고려해야 한다. 또한 1, 2회의 산발적인 교사연수에 그치기보다는 사전의 철저한 계획에 기초하여 주기적 · 계속적 · 체계적 현직교육이 이루어져야 한다.

셋째로, 현직교육을 실시할 때 교사의 전문성 발달 수준이나 단계를 고려할 필요가 있다. 그 이유는 교사의 전문성 발달 수준에 따라 관심사나 요구가 다를 수 있고, 필요한 재교육 내용도 다양하기 때문이다. 각 교사들이 요구하는 재교육 내용은 교사의 경력 및 발달단계에 따라 차이가 있으므로, 교사의 요구와 수준별로 다양한 현직교육 체계가 마련되어야 할 것이다.

요점

유아교사 교육과 관련된 정책적 쟁점과 발전 방향을 크게 네 가지 차원에서 구분하여 살펴보면 다음과 같다. 첫째로, 유아교사 양성 체제에 대한 쟁점과 발전 방향으로, 현재 우리나라의 유아교사 양성 체제가 이원화되어 생기는 여러 가지 문제점과 쟁점을 제시하였다. 교육부가 주관하여 양성하는 유치원 교사 양성 체제와 보건복지부가 주관하여 양성하는 보육교사의 체제가 양성 과정 및 기간, 자격을 부여하는 조건 등에서 산만하고 편차가 심하여 여러 가지 문제점들이 야기되고 있다. 이에 유아교사 교육 전문가들은 유아교육의 중요성과 전문성을 고려하여 현재 다양하게 운영되고 있는 유아교사 양성 교육 기간을 4년제 과정으로 개편하고 교사 양성 기능을 통합하는 방향으로 나아갈 것을 제안하고 있다.

둘째로, 유아교사 양성 교육과정과 교육 여건에 대한 쟁점 및 발전 방향으로, 현재 유아교사 양성 과정이 이원화된 교사 양성 체제와 각기 다른 교육 연한에 따라 다양하게 운영되고 있는 문제점이 제기되고 있다. 이에 따라 유아교사의 전문성과 정체성에 대한 인식과 공신력의 한계가 나타나므로, 이러한 문제를 해결하기 위해 유아교사의 수학 연한에 따라 다양한 자격으로 세분화하는 제도의 필요성이 요구되고 있으며, 전문적 자질과 지식을 갖춘 유아교사를 양성하기 위해서 유치원 교사와 보육교사 양성을 위한 표준 양성 교육과정을 마련하여 단일화하는 방향으로 나아갈 것에 대한 의견이 제기되고 있다.

셋째로, 유아교사의 자격 기준에 대한 쟁점 및 발전 방향으로, 유치원 교사와 보육교사의 자격 기준이 전문가로서의 자격 기준 요건에 부응하지 못하고, 보육교사의 경우 자격증제도가 전문가로서 교사의 질적 수준에 미치지 못하고 있어 이에 대한 심각한 우려가 제기되고 있다. 이에 현재의 유아교사 자격 기준을 초·중등 교사와 같이 전문가적 수준으로 자격 부여 요건을 강화하는 방향으로 개선할 것을 제안하고 있다.

넷째로, 현재 우리나라의 유아교사를 위한 현직교육은 유아교사의 전문성과 수월성을 확보하기에는 여러 가지 문제점을 가지고 있으므로, 유아교사가 직면하고 있는 문제를 직접 제기하고, 공동으로 해결할 수 있는 체계가 개발되어야 한다. 교사가 요구하는 재교육 내용은 교사 경력 및 발달단계에 따라 차이가 있으므로, 교사의 요구와 수준별로 다양한 현직교육 체계가 마련될 필요가 있다. 또한 사전의 철저한 계획에 기초하여 주기적·계속적·체계적 현직교육이 이루어질 수 있도록 하고, 교사의 적극적인 참여를 유도하는 다양한 형태의 교사연수 방법이 개발되어 적용되어야 한다.

토의 문제

- 우리나라의 유아교사 양성 체제에 대해 어떠한 문제들이 있는지 토의하고, 이에 대한 해결책으로 각자의 의견을 제시해 봅시다.
- 우리나라 유아교사를 위한 현직교육의 문제점이 무엇인지 토의하고, 개선 방안에 대해 각자의 의견을 제시해 봅시다.

참고문헌

김영옥(2010). 유아교육 선진화의 핵심 가치와 실현 방안. 2010 한국열린유아교육학회 추계학술대회 자료집, 유아교육 선진화와 과학기술의 만남, 3-23.

나정(2001). 유아교육의 기능 변화와 교원 양성 정책: 양성체제와 양성과정 정책을 중심으로. 교육이론과 실천, 11(2), 경남대학교 교육문제연구소, 71-95.

문은식(2006). 유아교육의 질적 향상을 위한 유치원 교사 양성체제의 발전 방향. 2006년도 춘계학술대회 및 국제 심포지엄 발표 자료집.

양옥승(2002). 유치원 교사 양성체제와 유아교육의 전문성 신장. 한국교원교육연구, 19(1), 25-43.

윤정일(2002). 교육의 질적 향상을 위한 교사 양성체제의 발전 방향. 한국교원교육연구, 19(1), 5-14.

찾/아/보/기

인 명

내 용

저자 소개

■ **신은수**

덕성여자대학교 유아교육과 교수로 재직하고 있다. 이화여자대학교 대학원에서 아동심리 전공으로 석사학위를, 미국 일리노이 대학교(University of Illinois at Urbana-Champaign) 대학원에서 유아교육 전공으로 박사학위를 받았다. 주요 관심 분야는 유아교육정책과 교사양성제도, 유아교육과정과 교사의 핵심역량, 놀이의 교육적 적용 및 교사의 역할 등이다.

■ **유흥옥**

제주국제대학교 유아교육과 교수로 재직하고 있다. 중앙대학교 대학원에서 유아교육 전공으로 석사학위와 박사학위를 받았다. 주요 관심 분야는 유아교육과정, 유아교사양성제도, 교육실습과 실습지도교사의 역량 등이다.

■ **안부금**

창신대학교 유아교육과 교수로 재직하고 있다. 부산대학교 대학원에서 유아교육 전공으로 석사학위를, 덕성여자대학교 대학원에서 유아교육 전공으로 박사학위를 받았다. 주요 관심 분야는 유아교육과정, 교사의 전문성과 핵심역량, 놀이의 교육적 적용 및 교사의 역할 등이다.

■ **안경숙**

호원대학교 유아교육과 교수로 재직하고 있다. 덕성여자대학교 대학원에서 유아교육 전공으로 석사학위와 박사학위를 받았다. 주요 관심 분야는 유아교육과정, 예술경험 영역에서 교사의 전문성, 교사양성제도와 정책, 유아교육기관의 운영 등이다.

■ **김은정**

제주국제대학교 유아교육과 교수로 재직하고 있다. 덕성여자대학교 대학원에서 유아교육 전공으로 석사학위와 박사학위를 받았다. 주요 관심 분야는 유아교육정책, 놀이의 교육적 적용, 교수학습법과 교사의 전문성 등이다.

■ **유영의**

순천향대학교 유아교육과 교수로 재직하고 있다. 한국교원대학교 대학원에서 유아교육 전공으로 석사학위를, 덕성여자대학교 대학원에서 유아교육 전공으로 박사학위를 받았다. 주요 관심 분야는 놀이의 교육적 적용 및 교사의 역할, 유아교사의 핵심역량 등이다.

■ **김소향**

부산교육대학교 유아교육과 교수로 재직하고 있다. 덕성여자대학교 대학원에서 유아교육 전공으로 석사학위와 박사학위를 받았다. 주요 관심 분야는 유아교육정책과 교사양성제도, 유아교육기관의 운영제도, 수학교육과 교사의 전문성 등이다.

유아교사론

2013년 9월 5일 1판 1쇄 인쇄
2013년 9월 10일 1판 1쇄 발행

지은이 • 신은수 · 유흥옥 · 안부금 · 안경숙 · 김은정 · 유영의 · 김소향
펴낸이 • 김진환
펴낸곳 • (주) 학지사
121-837 서울시 마포구 서교동 352-29 마인드월드빌딩 5층
대표전화 • 02-330-5114 팩스 • 02-324-2345
등록번호 • 제313-2006-000265호

홈페이지 • http://www.hakjisa.co.kr
커뮤니티 • http://cafe.naver.com/hakjisa

ISBN 978-89-997-0099-6 93370
정가 17,000원

이 도서의 국립중앙도서관 출판시도서목록(CIP)은 서지정보유통지원시스템 홈페이지(http://seoji.nl.go.kr)와 국가자료공동목록시스템(http://www.nl.go.kr/kolisnet)에서 이용하실 수 있습니다.
(CIP 제어번호: CIP2013014999)